Péan · Gott befohlen!

Charles Péan

Gott befohlen!

Christliche Verlagsanstalt Konstanz

KONSTANZER TASCHENBUCH 62

Die französische Originalausgabe erschien unter dem Titel A-DIEU-VAT!
© 1973 bei Delachaux & Niestlé SA, Neuchâtel (Switzerland).
Aus dem Französischen übertragen von Gerlinde Quenzer.

Meinen Kampfgefährten
Meiner Frau

1. Auflage 1975
Deutsches © Christliche Verlagsanstalt GmbH, Konstanz
Satz: IBV Lichtsatz KG, Berlin
Druck: Max Jacob KG, Konstanz
Bindearbeiten: Christliche Verlagsanstalt, Konstanz
Printed in Germany
ISBN 3 7673 7062 X

INHALT

„Wenn Sie sich ein bißchen in der Stadt umsehen wollen, hier sind zwei Antillen-Dollar für einen Kaffee oder ein Eis. Aber verirren Sie sich nicht. Und wenn Sie zurück wollen, fragen Sie am besten so nach dem Weg: Zur Heilsarmee, bitte."

Das sagte der Leiter des Heilsarmeepostens in Trinidad zu zwei entkommenen Sträflingen aus Cayenne, von denen einer berühmt werden sollte: Henri Charrière, genannt Papillon.

Ich kenne keinen, der so wie Papillon in die Irre gegangen war und danach innerhalb von zwei Jahren ein sagenhaftes Vermögen zusammenbrachte, was allerdings nichts daran änderte, daß er im dritten Jahr starb.

Der Leuchtturm an der Hafeneinfahrt von Cayenne heißt „der Verlorene Sohn", und die Inseln, auf denen die aufsässigen Gefangenen untergebracht waren, trugen den Namen „Heilsinseln".

Fürwahr seltsame Namen!

Ich bin gewiß der Letzte, der Papillon am Zeug flicken möchte, weil er manchmal die Tatsachen vergröbert oder sich Abenteuer beigelegt haben mag, die andere erlebten. Wenn einmal ein „verlorener Sohn" solch einen aufsehenerregenden Wiederaufstieg schafft, ohne sich gefälschter Schecks, Dummenfängerei oder einer Maschinenpistole zu bedienen, freue ich mich, und das habe ich ihm auch in einer Rundfunksendung 1970 gesagt.

Dabei möchte ich Papillon nicht gerade als Vorbild empfehlen, obwohl es ihm weder an gesundem Menschenverstand, noch an Phantasie fehlte. Er freute sich übrigens auch, mich wiederzusehen.

„Wie könnte ich Genf vergessen", schrieb er, „wo mich die Welschschweizer Rundfunkanstalt damit überraschte, daß sie in einer Direktübertragung den Mann aufs Podium stellte, der Christus in die Strafkolonie brachte: Major Péan."

Jedenfalls ruft Papillon mir immer wieder den Satz jenes anonymen Heilsarmeesoldaten ins Gedächtnis: "...Wenn Sie sich verirren..." Heutzutage ist es gewiß nicht schwierig, den Weg zu verfehlen und eine falsche Richtung einzuschlagen. Manche kennen kein anderes Ziel, als alle Wegweiser und Markierungen an der Lebensstraße des Menschen verschwinden zu lassen, so daß es kaum mehr möglich ist, die Grenze zwischen Wahrem und Falschem, Tugend und Laster, Schönem und Häßlichem zu erkennen. Unsere Maßstäbe zerspringen unter dem blinden Zuschlagen einer Entwicklung, die die Menschen nicht mehr unter Kontrolle haben, und mit dem Verlust des Sinns für Wert und Unwert verliert man die Achtung vor Menschen und Dingen. Unter diesen Umständen ist die Fahrt durchs Leben eine gewagte, wenn nicht gefährliche Sache. Wie hält man sich flott? Wenn wir mit allen Verhaltensregeln auch den Kapitän über Bord werfen und das genau in dem Augenblick, wo wir den Kurs ändern müssen, damit wir nicht an einem mörderischen Riff stranden; wer wird dann unsere Manöver kommandieren und uns im entscheidenden Moment zurufen: „Gott befohlen!"?

VORWORT

Albin Peyron ist ein großartiger Chef. Innerhalb weniger Jahre hat er die Aktivitäten der Heilsarmee durch zahlreiche Evangelisationskampagnen und eine weitgespannte Sozialarbeit verdreifacht, die seine Truppe begeistert und die Sympathie der Allgemeinheit erweckt.

Er ist 58 Jahre alt, groß, schlank, weißhaarig; starke Brillengläser lassen die lebhaft und energisch blickenden Augen größer erscheinen: ein Chef im vollen Sinn des Wortes. Durch ihn wurde ich in die Heilsarmee aufgenommen, und seither ist er für mich, den subalternen Offizier, der Herr und Meister.

An diesem Vormittag im Frühling 1928 hat er mich in sein Hauptquartier in der Rue de Rome rufen lassen. Er sitzt hinter seinem Schreibtisch und übergibt seinem Sekretär einige Schriftstücke, mit denen dieser hinausgeht. Er wiegt sich ein wenig in seinem Stuhl, und ich spüre, wie sein Blick durchdringend und prüfend auf mir ruht. Was hat er mir wohl zu sagen? Wenn mich nicht soviel Zuneigung und Bewunderung mit meinem Chef verbänden, würde ich mir Sorgen machen.

Doch nun erhellt ein Lächeln sein ausdrucksvolles Gesicht.

„Péan, ich habe beschlossen, Sie auf die Teufelsinseln zu schicken!"

Wahrscheinlich bin ich bei dieser überraschenden Nachricht zusammengezuckt, denn er muß hell auflachen.

„Ja", fährt er mit plötzlich ernst gewordener Stimme fort, „ich glaube, es ist an der Zeit, daß ich darangehe, einen Plan auszuführen, an den ich schon seit langem denke. Jetzt habe ich die Genehmigung der Regierung und die Zustimmung des Ministers."

Sein Blick läßt mich los und wandert in die Vergangenheit.

„1910 hat mir die Frage der Strafkolonien zum ersten Mal Herz und Gewissen beschwert. Zu jener Zeit war ich in Südfrankreich;

ich las in einer Zeitschrift, die berichtete, wie Großes und Wunderbares der Geist Gottes bewirkte, der einen jungen Bergmann in Wales beseelte. Menschen verzichteten auf ihr eigenes Wohl, um einem Ideal zu dienen, und glaubten an ein besseres, gütiges, reines, geheiligtes Leben… Plötzlich fiel mein Blick auf einen Artikel in der gleichen Zeitschrift, in dem die Einschiffung der Bagno-Sträflinge in Saint-Martin-de-Ré geschildert wurde. Beim Lesen dieser Zeilen empörte sich alles in mir, als Mensch und als Christ, und ich schrieb an den Justizminister."

Und dann erzählt mir Kommissar Peyron, daß er auf diesen ersten Brief keine Antwort erhielt. Nach Kriegsende 1918, als er eben zum Leiter der Heilsarmee in Frankreich ernannt worden war, griff er die Frage wieder auf.

„Ich schrieb neuerlich an den Justizminister wegen der verbannten Zwangsarbeiter: Lassen Sie Heilsarmee-Offiziere mit diesen Menschen ins Elend gehen… das Schicksal der Sträflinge teilen.

Auch dieser zweite Vorstoß brachte kein Ergebnis. 1921 schrieb ich an Ministerpräsident Herriot. 1924 wurde die öffentliche Meinung durch den Bericht von Albert Londres aufgeschreckt. Damals schrieb ich an den Kapitän im Generalstab Boisson: Es ist eine Höllenvision. Wenn Gott es uns ermöglicht, in diese Nacht einen Hoffnungsstrahl zu bringen, können wir ihn auf ewig preisen für diese Gnade.

Jetzt öffnet sich die Tür, und Sie werden dorthin reisen."

„Wann schiffe ich mich ein?" frage ich mit leicht bebender Stimme.

„In allen Einzelfragen wenden Sie sich an den Generalsekretär."
Er kniet nieder. „Wir wollen beten."

Als ich das Büro verlasse, bin ich fast wie berauscht. Auf meinem Weg über die Rue de Rome begreife ich, daß eben eine wichtige Frage aufgeworfen wurde. Seit achtzehn Jahren trägt Albin Peyron in sich das Bild einer Aufgabe, die es zu erfüllen gilt. Heute nimmt sie Form an, wird etwas Wirkliches.

Ich werde auf die Teufelsinseln fahren!

Zuhause angelangt, ziehe ich mich in mein Zimmer zurück, in mir drängen sich eine Menge brennender Fragen, und eine verlangt dringender nach Antwort als die andere.

Warum ich und was soll ich tun? Ich nehme ein Lexikon zur Hand: Strafkolonie, Cayenne, Guayana. Ich habe das Gefühl absoluter Unwissenheit. Fragen des Strafvollzugs, nach den Straftätern, den Strafkolonien. Doch das Unbekannte, das vor mir liegt, verdirbt mir die Laune nicht, ein Abenteuer hat mich noch nie abgeschreckt. Außerdem spüre ich, ohne sagen zu können, warum, daß dies ein wichtiger Augenblick für mich ist, ein Wendepunkt in meinem Lebensgang.

Gleich am nächsten Tag besorge ich mir ein paar Bücher über das Problem und eine Karte von Guayana. Ich vertraue mich auch meinem Vorgesetzten, dem Leiter der Schule, an und sage ihm, wie armselig ich mich fühle und wie unfähig, mich geistig auf meine Aufgabe vorzubereiten, da meine Abreise schon in zwei Monaten, im Juli stattfinden soll.

„Ein Heilsarmee-Soldat muß immer bereit sein", antwortet er mir. „Und im Hinblick auf Ihre Vorbereitung müssen Sie daran denken, daß Gott uns alle vorbereitet und mit dem ausstattet, was wir zur Erfüllung unserer Aufgabe brauchen."

Er macht mir Mut mit dem Hinweis, daß ich Zeit genug habe, das Wichtigste über die Fragen, mit denen ich mich befassen muß, zu lesen und daß die Wahl, die der Kommissar traf, sicherlich von Gott eingegeben ist, der uns besser kennt als wir selbst. Und dann zitiert er die Stelle aus dem Buch Jeremia, das wir gerade studieren: „Ich kannte dich, ehe ich dich im Mutterleib bereitete, und sonderte dich aus, ehe du von der Mutter geboren wurdest..."

Wäre es möglich, daß in dem Augenblick, als Albin Peyron den Artikel über die zu Zwangsarbeit Verurteilten las, die von Saint-Martin-de-Ré nach Guayana transportiert wurden, und der Geist Gottes in ihm als Antwort ein starkes Gefühl der Gerechtigkeit und Menschlichkeit gegenüber diesen Sträflingen weckte, wäre es möglich, daß dieser selbe Geist Gottes im selben Augenblick einen kleinen Jungen ansah, um ihn zuzubereiten für die ferne Aufgabe, die auf ihn wartete?

Die Worte Jeremias beginnen in mir zu brennen, als ich sie wieder lese, und ebenso der Rückverweis auf den Vers im Buch Jesaja: „Der Herr hat mich gerufen von Mutterleib, er hat meines Namens gedacht, da ich noch im Schoß der Mutter war."

Es ist, als ob ein Scheinwerfer aufleuchte; meine ganze Vergangenheit wird hell und klar. Das erregt mich, wühlt mich auf.

War es also deshalb…?

I. DAS FAMILIENSCHIFF

Man zündet nicht ein Licht an und setzt es unter einen Scheffel, sondern auf einen Leuchter; so leuchtet es denn allen, die im Hause sind.

Jesus

Herkunft und Kindheit

Als meine Mutter nach einigen Ehejahren ihr zweites Kind, einen Sohn, zur Welt brachte, gab ihm mein Vater seinen eigenen Vornamen Charles. Er war der Sohn einer bretonischen Mutter, die einem Genfer Bankier so gut gefallen hatte, daß er sie heiratete. Sie starb, als mein Vater dreizehn Jahre alt war, und er hat ihren Tod nie verwunden. Mein Großvater, der Bankier, war ein Original; nachdem er alle Geschäfte seinem inzwischen erwachsenen Sohn übergeben hatte und seine Aufgabe hier unten mit dem redlichen Erwerb eines Vermögens für erledigt hielt, regelte er sorgsam alle Einzelheiten seiner Beerdigung und machte sich ans Sterben.

Das ist alles, was ich über meine väterliche Familie weiß.

Auf mütterlicher Seite ist der Stammbaum reichhaltiger. Meine Mutter ist 1877 in Luxemburg geboren. Ihre Mutter Marianne Delaitre war Französin. Diese heiratete als junge Lehrerin einen Waliser, John Ellis, mit dem sie zwei Söhne und sieben Töchter hatte. John Ellis hatte ein ziemlich gutgehendes Import- und Exportgeschäft in London. Wie sein Vater war er ein großer Jäger vor dem Herrn. Da sie vermögend waren, kauften sie ein großes Gut in Luxemburg, Schloß Heuenhof, um dort Wildschweine und Wölfe zu jagen und Zuckerrüben anzupflanzen, die der Großvater, ein erfahrener Geschäftsmann, an eine belgische Zuckerraffinerie verkaufte; deren Besitzer war ein Herr Graeffe, Vater von vier Töchtern und vier Söhnen.

Als Folge der Geschäftsverbindungen lernten die Familien sich kennen, und zwei der Töchter Johns heirateten Söhne des reichen belgischen Zuckerfabrikanten. Die Finanz-Transaktionen wurden über eine Schweizer Bank abgewickelt, die Filialen in Brüssel, London und Paris hatte. Der Sohn des Bankiers verliebte sich wahnsinnig in eine dritte Tochter Johns, Eva, meine Mutter, die ebenso schön wie aufrichtig war. Und da seine Liebe sich über alle gesellschaftlichen Konventionen hinwegsetzte, entführte er sie nach Paris, wo sie als seine Frau ein paar glückliche Jahre verlebte, denen sein Tod ein jähes Ende setzte.

Meine Mutter packte ihr Hab und Gut zusammen und kehrte in ihr Heimatland zurück; sie ließ sich in Dover nieder, ich wurde ein kleiner Engländer. Doch gedrängt von ihren Schwestern und von ihrer Mutter, die inzwischen ebenfalls Witwe geworden war, zog sie von Dover nach Brüssel um, wo ich von 1907 bis 1909 zum kleinen Belgier wurde.

Französisch, Englisch und Flämisch wirbelten mir im Kopf herum und waren der Grund dafür, daß ich lange Zeit mit Grammatik und Orthographie auf Kriegsfuß stand; in diesen Fächern war ich immer der Letzte der Klasse.

In Brüssel fand meine Mutter ihre zwei verheirateten Schwestern vor, die eine hatte vier, die andere fünf Kinder, alle in unserem Alter. Wir waren schon in direkter Linie dreizehn, dazu kamen die Kinder von Schwägern und Schwägerinnen.

Mein Onkel Fritz Graeffe wurde zum Vermögensverwalter meiner Mutter. Sein Herz schlug für Frankreich, während sein Bruder Otto, der reichste der vier Brüder, mit Deutschland sympathisierte, ein Anlaß zu vielen Familiendiskussionen. Eine weitere Schwester meiner Mutter hatte einen Engländer geheiratet, damit gab es einen englischen Zweig der Familie, während wir den französischen Zweig darstellten.

Bei Familientreffen unterhielten wir uns englisch, französisch und deutsch durcheinander. Weihnachten vor allem war ein wunderbares Fest. Meine Großmutter, die wir Grannie nannten, versammelte entweder bei Onkel Fritz oder Onkel Otto ihre Kinder, Schwiegerkinder und Enkel um sich, und die luden ihrerseits wieder ihre Brüder und Schwestern ein, so daß wir manchmal fünfzig Personen waren.

Meine Lehrer in der Schule verzweifelten fast daran, mir den Anschluß an die anderen zu ermöglichen, die leicht und mühelos im Labyrinth der Grammatik-Regeln voranschritten.

In der Sonntagsschule ging es auch nicht besser. Ich konnte nur die Geschichten aus dem Alten Testament und die Abenteuer der biblischen Helden behalten. Mit der Moral, die man aus alledem ziehen sollte, war das eine andere Sache.

Einmal fragte der Sonntagsschullehrer am Ende der Stunde: „Warum hatte Joseph im Gefängnis Träume?"

Plötzlich aus meinen Gedanken zurückgerufen, die sich im Land der Pyramiden ergingen mit jenen Midianitern, die Joseph nach Ägyptenland führten, erinnerte ich mich an eine Bemerkung meiner Mutter, als ich nachts einen Alptraum gehabt hatte: „Weil er am Abend zuviel gegessen hatte", antwortete ich mit großem Ernst. Der Lachausbruch, der folgte, beleidigte mich, und ich fand meinerseits, der Sonntagsschullehrer sei recht materialistisch, weil er eine so wunderschöne Geschichte mit einer Frage zur Verdauung in Zusammenhang brachte.

Als wir am Weihnachtsabend jenes Jahres, wie immer nach den üblichen Wartezeiten, die wir zitternd vor Ungeduld überstanden, den Salon betraten und uns die Tanne mit ihren bunten Lichtern entgegenstrahlte, fand sich unter den für uns unterm Christbaum ausgebreiteten Geschenken für mich eine Burg. Für meine Schwester lag da eine Puppe, für meinen Bruder eine Eisenbahn, Bücher und nützliche Dinge, Fäustlinge und Süßigkeiten.

Nach dem Dankeskuß trug ich das umfangreiche Spielzeug aus Pappmaché nach Hause. Ich stellte es auf zwei Stühle neben mein Bett, gleich beim Kopfkissen, legte mich hin und ging mit den Augen in meiner Burg umher; in ihr fühlte ich mich sicher. Und als meine Mutter das Licht auslöschte, traten meine Finger an die Stelle der Augen, ich ertastete die Ketten der Zugbrücke und die Zacken des Fallgatters, die Zinnen und Strebepfeiler. In meinem Schloß war ich ruhig und geborgen. Kein Alptraum störte meinen Schlaf.

Wir bewohnten damals ein großes Haus in der Avenue des Fleurs. Meine Großmutter und ihre beiden jüngsten Kinder – Beatrice, die acht Jahre älter und John, der fünf Jahre älter waren als ich – lebten im oberen Stockwerk, meine Mutter, meine Schwester, die Zwillinge und ich im unteren. Für das gemeinschaftliche Leben trafen wir uns im Erdgeschoß. Einer der Zwillinge starb, wir blieben zu dritt zurück.

Die Kriegsgefahr werde immer drohender, sagten unsere Verwandten, die augenscheinlich Angst vor einer deutschen Invasion hatten. Eines schönen Tages beschlossen meine Großmutter und meine Mutter, einen Zweig der Familie aufzusuchen, der in Algerien Wurzeln geschlagen hatte. „Dort werden uns wenigstens die Deutschen nicht finden!" sagte meine Mutter.

Und im Herbst 1910 machte sich die Expedition auf den Weg. Die ganze Brüsseler Familie stand auf dem Bahnsteig. Wir waren eine schwer zu beschreibende Reisegesellschaft: Grannie führte einen Stockdegen mit sich – anscheinend gab es in Algerien Löwen –, meine Mutter trug den Reiseproviant und eine Tüte Pfeffer, den man den in Küstennähe auftretenden Piraten in die Augen streuen konnte. John und Beatrice waren für die Koffer zuständig, meine Schwester für ich weiß nicht was, und ich hatte die Reiseapotheke mit einem schönen roten Kreuz im weißen Feld wie eine Botanisierbüchse über Schulter und Brust umhängen. Der vierjährige Jacques trug seinen Bären auf dem Arm.

In Marseille schifften wir uns nachmittags nach Bône ein, wo wir am übernächsten Tag gegen Mittag anlangten. Als der Postdampfer am Quai anlegte, öffnete sich für uns eine Wunderwelt.

Eine solche Sonne, einen solchen Himmel hatten wir Menschen aus dem Norden uns nicht vorstellen können, auch nicht diese bunt brodelnde Stadt, die Blumen, die Palmen, die Früchte und gar die Araber, manche in Lumpen, andere im Burnus – und dann die Familie!

Onkel Edouard, ein Bruder meiner Großmutter, war Administrator des gemischten Gebietes von Mondovie gewesen. Er lebte auf dem schönen Gut Moumena zu Füßen der Ausläufer des Atlasgebirges. Zu jener Zeit war der Administrator für die Bewohner seines Bezirks ein mächtiger Mann, er repräsentierte die Zivil- und die Militärgewalt, verfügte über die Polizei und herrschte über die von ihm verwalteten Gebiete nach Lust und Laune. So war denn auch die Stellung von Onkel Edouard. Als Junggeselle ließ er seinen Haushalt von seiner Schwester Rapha führen; sie arrangierte die großen Gesellschaften und überwachte das Hauspersonal.

Eines Tages jedoch machte ein junger, schöner Scheich, Abderhaman Djabart, dem Administrator einen Besuch. Er war Herr eines großen Gutes, Hamimim, machte Rapha den Hof und heiratete sie zur Verblüffung Edouards und zum Erstaunen der ganzen Familie, die, schon bisher reichlich international, nun auch einen arabischen Zweig trieb. Der Administrator, seiner Hausdame beraubt, tröstete sich mit seiner Herzdame, einer liebenswürdigen Weiblichkeit aus Toulouse, heiratete sie und hatte vier Kinder mit ihr; dann starb er.

Auf dem Quai von Bône standen also Abderhaman Djabart, gehüllt in einen prunkvollen Burnus, einen goldenen Turban auf dem Haupt, neben ihm seine Frau, Tante Rapha, europäischer denn je, dazu ihre Adoptivtochter Hasnie, eine hübsche kleine Berberin mit schwarzen Augen, vier Jahre älter als ich, hinter den dreien einige Diener. Die Familie Onkel Edouards war in Hamimim geblieben, fünfunddreißig Kilometer im Landesinnern.

Es war noch sehr heiß, und obwohl die Reise von Brüssel nach

Bône vier Tage gedauert hatte, empfanden wir den Wechsel sehr stark; so wurde denn beschlossen, daß wir am nächsten Tag nach Bugeaud weiterreisen und dort bleiben sollten. Bugeaud war ein kleines Dorf, 1000 Meter hoch über dem Meeresspiegel gelegen, mit idealem Klima und herrlichem Ausblick.

Und dann machten wir uns auf den Weg, die 15 Kilometer in drei zweispännigen Kaleschen zu überwinden. Auf halbem Weg machte man Rast, die Pferde wurden getränkt, die Menschen stillten ebenfalls ihren Durst am sogenannten „Schakal-Pass". Dann führte die Straße in die Korkeichenwälder, die das ganze Gebirge bedecken. Ich erfuhr, daß aus der Rinde dieser Bäume die Flaschenkorken gemacht werden.

Endlich, gegen Abend, als die Bergkämme sich schärfer abzeichneten und die Sonne zum Horizont sank, erblickten wir das erste Haus des Dorfes. Die drei Kutscher setzten ihre Gespanne in Trab, und wir hielten unter Glöckchenklang, Geschrei und Räderknirschen auf dem weißen Fahrweg unseren aufsehenerregenden Einzug bis zum Dorfplatz, wo für uns im Hotel Beaudot Unterkunft bestellt war. Hier sollten wir das Ende des Sommers verleben.

In Bugeaud ließen sich Onkel Abd und Tante Rapha eine Villa bauen, in der wir uns einrichten sollten, aber da erst der Rohbau fertig war, mußten wir bis zum Einzug noch ein paar Monate warten.

Wir ließen uns also in zwei Hotel-Appartements häuslich nieder, Grannie mit ihrem Stockdegen, John und Beatrice im einen, Mama, ihre Pfeffertüte und wir drei im andern. Ich hing meine Reiseapotheke über meinem Bett auf, bereit, eventuellen Verletzten unverzüglich Hilfe zu leisten.

Im Spätherbst ließ uns Onkel Abd wissen, daß wir den Winter in Hamimim verbringen könnten. Man bereitete also die Abreise vor. Eines schönen Morgens brachte uns die Eilpost zum Bahnhof von Bône und von dort ein Eisenbahnzug zum Dorf Barral. Hier erwartete uns der Onkel mit einem regelrechten Gefolge; da war ein hochrädriger Break für unsere Mütter, die Mädchen und Jacques und ein leichter Einspänner für die Jungen und das Gepäck. Der Onkel und zwei Diener begleiteten uns zu Pferde. Es war eine schöne Fahrt durch unbewohntes Land, zuerst der Eisenbahnlinie folgend, dann im rechten Winkel nach Süden abbiegend zum Fluß. Dort stiegen die beiden Kutscher ab, nahmen die Pferde am Zügel und führten uns durch die Furt. Der Onkel kreuzte die Beine über dem Hals seines Pferdes, das Wasser reichte den Kutschern bis zum Hals und bis zum Boden der Wagen.

Am anderen Ufer erkannten wir Anzeichen organisierten Lebens, einen Weg, Bäume, die Hecke eines Gartens, und begrüßt vom wilden Gebell dreier Kettenhunde kamen wir auf dem Gut an. Der Gutshof war ein weitläufiges Gebäude aus Stein, das wie eine Karawanserei einen großen Innenhof hatte; eine Seite nahm das Herrenhaus ein. Die Stallungen für dreißig Pferde, etwa dreihundert Schafe und viele Rinder, Schuppen und Werkstätten bildeten die anderen drei Seiten. Die Hütten der auf dem Gut arbeitenden Araber und ihrer Familien bildeten darum herum ein Dorf von etwa 200 Einwohnern. Im Hof standen große, zerzauste Eukalyptusbäume, deren Rinde sich schälte, als wären sie Schlangen, die ihre Haut abwerfen; Perlhühner und herrliche Pfauen hatten sich in den Kronen niedergelassen.

Vor dem Herrenhaus lag ein großer Blumen- und Gemüsegarten, mit Orangenbäumen, anderen Nutzpflanzen, zwei schönen Pfeffersträuchern. Das Ganze war umgeben von einer undurchdringlichen Dornenhecke mit weißen, stahlharten Stacheln, die so lang waren wie Nägel. Nachts wurden alle Zugänge verrammelt und die Hunde losgelassen.

Am Abend sahen wir von unseren Fenstern im ersten Stockwerk in die Nacht hinaus und sogen die Luft ein, in der sich die Gerüche der nahen Berge und der Ställe mischten.

Nach und nach nahm das Leben einen gewissen Rhythmus an. Tante Rapha besann sich auf ihren früheren Lehrerinnen-Beruf und brachte uns Notenlesen und Klavierspielen bei, vor allem den Mädchen; John und ich versuchten, die Stunden etwas abzukürzen. Auch Grannie erinnerte sich daran, daß sie einmal Lehrerin gewesen war, und gab uns Unterricht. Mama leitete uns im Zeichnen und

Malen an.

Als die Familie des verstorbenen Onkels Edouard kam, um bei verschiedenen Arbeiten zu helfen, lernten wir Tante Ines und unsere verwaisten vier Cousinen und Vettern kennen.

Am Sonntag zog sich die Familie zum Gottesdienst „gut" an, man versammelte sich im Salon. Tante Rapha begleitete am Klavier die Choräle, in die wir alle eifrig einstimmten, außer Onkel Abd, der still und gesammelt dabei saß; dann las Grannie aus der Bibel vor und erklärte kurz die Stelle. Das gemeinsam gesprochene Vaterunser schloß die Andacht. Dann kam das Sonntagsessen, das immer „besonders" war, und nachmittags ein Familienspaziergang.

Am Montag fing das Alltagsleben wieder an, und außer den Unterrichtsstunden begeisterte mich alles. John hatte eine Schreinerwerkstatt, in der wir miteinander bastelten. Er machte Bienenstöcke, reparierte beschädigte Werkzeuge und Geräte. Dann machten wir lange Ausritte.

Weihnachten nahte. Unsere Mütter hatten bei einem Pariser Warenhaus große Bestellungen aufgegeben, und eines Tages sahen wir zwei Maultiere mit Kisten auf dem Rücken ankommen. Das Auspacken der Behältnisse, die mir riesig vorkamen, war eine einzige Freude. Auf unseren Streifzügen hatten wir einen Olivenbaum entdeckt, der weniger gewunden war als die anderen; wir schlugen ihn und stellten ihn im Salon auf, damit unsere Mütter ihn als Christbaum schmücken konnten.

Und wieder war es ein sehr schönes Weihnachtsfest. Es wurde gesungen, vorgetragen, musiziert. John bekam einen wunderbaren Werkzeugkasten für einen perfekten Schreiner, und Onkel Abd schenkte ihm Trelli, die schöne Stute, die er oft ritt. Ich erhielt eine Jäger-Ausrüstung, und der Onkel erlaubte mir, das Maultier, das ich ritt, als mein eigen anzusehen. Nach dem Festmahl, das durch den traditionellen brennenden Plumpudding gekrönt wurde, verzogen John und ich uns in den Stall, sattelten unsere Reittiere und durchstreiften das Bergland, Freiheit und Weiträumigkeit in vollen Zügen genießend.

Die beiden großen Ereignisse des Jahres waren die Tabakernte und das Dreschen. Der Tabak wurde getrocknet, zu Ballen gepackt, an Ort und Stelle gewogen und versteigert. Der Onkel überwachte das Ganze, denn das war die Haupteinnahmequelle des Gutes. Dann kam das Dreschen. Die Dreschmaschine kam uns wie ein Ungeheuer vor; brüllend verschlang sie ganze Garben, die ihr der Arbeiter hinhielt, und gab auf der einen Seite schönes Getreide, auf der anderen Stroh von sich. In einiger Entfernung stand eine Lokomobile, das das apokalyptische Tier in Gang setzte, mit ihm durch einen langen, breiten Transmissionsriemen verbunden. Eine Aureole von Staub und Spreu, von Dampf und Rauch umgab das mit Holz beheizte Ding. In dieser Zeit waren wir den ganzen Tag auf der Dreschtenne und betrachteten fasziniert das phantastische Schauspiel.

Die Erwachsenen hatten sich einen genauen Zukunftsplan ausgeklügelt: John sollte Hasnie heiraten und als Gutsherr Nachfolger von Onkel Abd werden. Mama, die über ein kleines Kapital verfügte, kaufte ein angrenzendes großes Stück Land, auf dem ich mich niederlassen sollte, wenn ich erst erwachsen wäre.

Da brach ein Konflikt aus, der recht banal begann, aber ernsthafte Folgen hatte. Es gab schon vorher Andeutungen von Unstimmigkeit zwischen Tante Rapha, meiner Großmutter und meiner Mutter wegen der Araber. Meine Mutter sprach sie mit „Sie" an und redete höflich mit ihnen, die Tante ging ziemlich rauh mit ihnen um und duzte sie.

Nun machte man zu Hasnies Geburtstag einen Kuchen, in dessen Teig ein Fingerhut, ein Goldstück und ein Verlobungsring versteckt wurde. Alles war gespannt, als Tante Rapha zum Dessert den Kuchen in gleichmäßige Stücke aufschnitt. Dann deckte man die Platte mit einem Tuch zu, und wenn die Tante ein Stück in der Hand hielt, mußte Jacques sagen, für wen es sei. „Mama", rief er, „für mich... Hasnie... Beatrice, John..." Jeder erhielt ein Teil.

„Vorsicht, beißt euch keinen Zahn aus", sagte Mama, während Jacques sehr unfein den Fingerhut ausspuckte.

Lautes Lachen. „Er wird wohl Schneider werden", sagte Mama. „Oh", meinte Grannie, „ich spüre etwas..." Sie kam nicht dazu, zu Ende zu reden, Beatrice wies auf John, der stumm dasaß.

„Er hat den Ring."

„Du mußt ihn einem Mädchen geben."

„Deiner zukünftigen Frau", sagte Jacques mit der ungeschickten Treuherzigkeit seines Alters.

John blieb still, und Hasnies Augen blitzten vor Ungeduld.

„Nun komm schon", sagte Tante Rapha, „spann uns nicht länger auf die Folter."

„Nicht jetzt", sagte John, ein wenig rot im Gesicht.

„Doch, doch", riefen wir alle.

Da stand John auf und gab den kleinen Ring mit der Perle seiner Schwester Beatrice.

Hasnie errötete tief und stürzte vom Tisch, um ihre Tränen zu verbergen. Unsere Mütter sahen sich bestürzt an. Wir verstanden überhaupt nichts.

Es gab anscheinend lange Erklärungen, Auseinandersetzungen, Gesten, Anspielungen, kurz, eine gewisse Kühle. Grannie beschloß daraufhin, Hamimim zu verlassen und mit ihren beiden Kindern nach Belgien zurückzukehren. Mama, die das Land liebte und hier eine gewisse Zukunftshoffnung für mich sah, wollte in Bugeaud wohnen bleiben, wo der Onkel ihr sein Haus zur Verfügung stellen würde.

Zu Beginn des Sommers, als die Hitze erstickend wurde und man sich vor Schirokko und Buschfeuer flüchtete, verließ die ganze Familie Hamimim und fuhr nach Bône, wo Grannie sich mit Beatrice und John nach Marseille einschiffte, um dann nach Brüssel weiterzureisen.

Eine neue Seite der Familiengeschichte war aufgeschlagen.

Bugeaud

Mama mietete eine Kalesche, das Gepäck sollte mit der Abendeilpost nachkommen.

Wir richteten uns im Haus von Onkel Abd ein. Es hieß das „Große Haus", denn es war das geräumigste des Dorfes und bestand aus einem Mittelteil und zwei Seitenflügeln. Da es auf einem felsigen Ausläufer des nördlichen Gebirgsabhangs erbaut war, bot es einen herrlichen Ausblick auf das Meer. Zwei Hektar Garten waren auf zwei übereinanderliegenden Terrassen angelegt. Europäische Früchte wie Äpfel, Birnen und Pflaumen standen hier neben Feigen, Aprikosen, Pfirsichen, Mandeln, Granatäpfeln, Mispeln und Beeren. Den Zugang zum Garten schmückte ein riesiger Mimosenbaum, und zum Haus gelangte man durch eine dreifache Allee von Rosenbäumchen. Hamida, ein guter, braver Mensch, war Gärtner und Hüter des Hauses.

Hier sollten wir den Sommer verbringen, fern von der Brutofenhitze der Ebene. Frühmorgens schlossen wir alle Fensterläden, um das Haus kühl zu halten; abends öffnete man sie wieder, damit die frische Nachtluft überall eindringen konnte. Tagsüber bewegte man sich im Halbdunkel, nur wir Kinder gingen hinaus, unbekümmert um die Sonne.

Mir fehlte der Gutsbetrieb, vor allem die Tiere. Manchmal streifte ich lange allein durch die Wälder oder träumte auf einem Felsen vor mich hin.

Nach einiger Zeit kaufte Mama ein Haus am Waldrand, an der Grenze der Dorfgemarkung. Man nannte es im Gegensatz zu dem, das wir nun verließen, das „Kleine Haus", Mama ließ einen Flügel und einen Schuppen anbauen. Vorne heraus trennte uns eine einen Hektar große Wiese von der Straße, von wo man aufs Meer sah; im Süden und Osten lagen kilometerweit Wälder, im Westen ein Stück Brachland und das Dorf.

Im Frühling zogen wir um. Wir lebten nun unter einem eigenen Dach, und das gefiel uns sehr. Freilich hatten wir nicht mehr den Ausblick und auch nicht mehr die großzügigen Raumverhältnisse wie im „Großen Haus", aber das unsere hatte einen ganz eigenen Reiz. Alle Fenster besaßen Gitter und die drei Eingangstüren waren mit Eisen beschlagen, was uns ein starkes Gefühl der Sicherheit gab; das nächste Haus, die Knabenschule, war nämlich einen Kilometer entfernt, und im Winter waren die Nächte lang.

Bald hielten wir Geflügel, Hühner, Gänse, ein paar Perlhühner und einen oder zwei Puter. Wir brachten unsere Mutter sogar soweit, daß sie sich erweichen ließ und von einem Araber für 15 Francs zwei Esel kaufte. Wenn einer zu schreien anfing, stimmte der andere sofort in ein Duo mit Variationen ein, die uns entzückten. Deshalb nannte meine Mutter sie „Trompete" und „Klarinette". „Trompete" war ziemlich bockig, während „Klarinette" zum Liebling aller wurde. An einem Nachmittag waren wir Kinder allein, und wir versuchten mit Erfolg, „Klarinette" in den Salon zu locken. Wir streuten kleine Brotbrocken, die sie schrecklich gern fraß, auf die Klaviertasten und amüsierten uns köstlich an ihrem pianistischen Talent.

Jacques stand mit Schaufel und kleinem Besen dienstbereit hinter dem Tier für den schlimmen Fall, daß die musikalische Erregung „Klarinettes" ein stürmisches physiologisches Bedürfnis ausgelöst hätte. Glücklicherweise geschah nichts derartiges, aber durch eine ungeschickte Bewegung meines Bruders fiel die große Bibel auf die Tasten, ein volltönender Akkord erklang. „Klarinette" erschrak und wollte fliehen; dabei rutschte sie auf dem glatten Boden aus, stieß an den Tisch, der samt der Blumenvase darauf umfiel, und beförderte mit einem Auskeilen einen kleinen Hocker durchs Fenster, während wir unser Heil in der Flucht suchten. Glücklicherweise hatten wir genug Zeit, um wieder Ordnung zu machen, ehe meine Mutter kam, der wir erklärten, die Esel hätten so lautstark geschrien, daß das Fenster davon vibriert habe und zersprungen sei.

„Und die Blumenvase?" fragte Mama.

Naiv unterbrach Jacques das verlegene Schweigen:

„Denk dir, Mama, ‚Klarinette' kann auch klavierspielen!"

An diesem Abend bekamen wir kein Dessert.

Bugeaud war ein Kolonistendorf, das ganz aus Elsässern bestand, die nach 1870 hatten Franzosen bleiben wollen. Der Fuhrhalter hieß Santmann, der Kolonialwarenhändler Kitler, der Cafébesitzer Maurer, der Lehrer Sulter. Das ganze Dorf bestand aus zehn bis zwölf Familien, dazu ein paar Nonnen, die die Mädchenschule leiteten, und einem Pfarrer, der uns auf Distanz hielt, denn wir waren ja Protestanten – wie die Deutschen, sagten manche, die uns beneideten.

Wir fühlten uns nicht einsam, eher isoliert. Die Dorfbewohner hatten Angst vor dem Pfarrer, so gingen sie uns aus dem Weg. Wir waren froh und zufrieden in unserer Familie und unserem Heim, und wir empfanden Sympathie mit den Arabern, auf die sie mit gleichen Gefühlen antworteten. Sie nahmen unsere Haltung ihnen gegenüber sehr wohl wahr. Das Dorf war drei bis vier Kilometer entfernt; alle liebten Mama, die ihnen mit Achtung begegnete und durch ihre Kenntnisse als Krankenschwester kleine Dienste erweisen konnte. Gelegentlich machte sie sich ihnen auch als Schreibhelferin nützlich. Es gab eine Poststelle mit einem einzigen Bediensteten, dem Briefträger, aber weder Telefon noch Telegraf. Briefe holte und brachte die Eilpost.

Die Schule wurde zum Problem. Mama unterrichtete uns in Französisch, wir lasen die Klassiker; dazu gab sie uns Englisch, Zeichnen, Malen und Musikunterricht. Doch war das alles nicht sehr systematisch. So beschloß sie denn zu Herbstbeginn, uns in der Gemeindeschule anzumelden, Maggie bei den Nonnen, mich beim Lehrer. Über dieses Thema könnte man ein Epos schreiben! Sicher, Bugeaud war keine sehr beneidenswerte Stelle für einen jungen Mann, der vom Lehrerseminar kam. Ich lernte auch drei davon in zwei Jahren kennen. Der erste war ein braver Mensch, den seine schwache Gesundheit dazu gebracht hatte, den Posten in dem hochgelegenen Dorf anzunehmen. Im folgte ein schöner, junger Mann, der unter der jüngeren Weiblichkeit des Ortes einige Brände legte. „Er verdreht den Frauen den Kopf", sagte meine Mutter, und da ich mir das sehr schmerzhaft vorstellte, ging ich ihm aus dem Weg. Er verschwand übrigens still und heimlich aus dem Dorf, von manchen beweint, doch gewiß nicht von seinen Schülern. Der dritte war ein Koloß; er schloß mich ins Herz. Wenn er mit uns ein Diktat machte, ging er zwischen den Bänken hin und her und überwachte unsere Rechtschreibung. Entdeckte er einen Fehler, umkreiste sein langes Lineal das Haupt des Sünders, oft das meine; und wenn ich den

Grund seiner Geste nicht gleich erkannte, suchte er ihn mir mit leichten Schlägen aufs Gehirn klarzumachen, da half kein Kopfeinziehen. Abends hatte ich dann manchmal Kopfweh. Deshalb ging meine Mutter zu ihm und bat ihn, mir Rechtschreibung nicht unbedingt durch die Schädeldecke einzutränken.

„Aber das tue ich nur, weil ich ihn sehr gern habe, Ihren Jungen. Leider ist er schwer von Begriff, kriegt nichts in den Kopf."
Jedenfalls schuf diese Behandlung keine Abhilfe. Mit der Rechtschreibung stand ich auf dem Kriegsfuß.
Dagegen brachte er mir Fechten bei, und nicht aus jedem Gang ging er als Sieger hervor. Sicher sah es aus, als kämpften ein Känguruh und ein Elefant gegeneinander.

„Du mußt lernen, dich im Leben zu verteidigen, als einziger Protestant hier… und dann natürlich ich als Republikaner", setzte er voll Stolz hinzu. „Man muß die Augen offenhalten."
Ich sah mich schon mit gezogenem Degen dem Pfarrer und seinen Truppen Widerpart leisten.
Er brachte mir auch Revolverschießen bei mit einem so klobigen Schießeisen, daß ich es mit beiden Händen halten mußte. Das sind die einzigen beiden Fertigkeiten, die ich der Gemeindeschule von Bugeaud verdanke.
Eines Abends kam ich mit Halsschmerzen aus der Schule und brauchte deshalb keine Hausaufgaben zu machen. Am nächsten Tag hatte ich 39 Grad Fieber, und Mama diagnostizierte eine Angina. Abends war die Temperatur über 40 Grad angestiegen, sie machte sich Sorgen; dann bekam ich einen Husten- und Erstickungsanfall, meine bestürzte Mutter erkannte die Symptome der Diphterie. Es war 19 Uhr. Hamidas Tochter spülte das Geschirr.
„Laß alles liegen, lauf und hol deinen Vater, er soll gleich kommen, aber lauf schnell, sonst stirbt der Kleine."
Wie eine junge Bergziege sprang Tamina durch den Wald davon, ohne sich Gedanken zu machen über die hereingebrochene Nacht und herumstreunende Tiere. Eine Stunde später war Hamida völlig außer Atem da. Mama führte ihn an mein Bett.
„Hör gut zu, Hamida. Der kleine Charles ist sehr krank. Willst

du gleich nach Bône zum Doktor? Wenn der nicht morgen vor Sonnenaufgang da ist, stirbt der Junge." Und sie erklärte ihm, wo der Doktor wohnte.

„Du mußt ihn finden, ihm diesen Brief geben und sofort mit ihm zurückkommen. Hier ist auch ein Brief für die Polizei, wenn man dich anhält oder wenn der Doktor nicht da ist. Und hier ist Geld. Lauf, und Gott schütze dich."

Hamida nahm seinen derben Stock, steckte die beiden Briefe und das Geld in seinen Turban, winkte wortlos zum Abschied und tauchte in den nachtschwarzen Wald ein.

Nun begann für meine Mutter eine endlose Nacht. Sollte sie auch diesen Sohn verlieren nach dem Kleinen, der ihr in Ville d'Avray genommen worden war, und dem kleinen Bernard, der in Brüssel gestorben war?

Sie versuchte, sich zu beruhigen, begann zu rechnen: Hamida würde eineinhalb bis zwei Stunden brauchen für die 15 Kilometer bergab, auch wenn er lief und die Abkürzungen benützte, denn nachts war es schwierig und gefährlich, die kleinen Pfade zu begehen. Die Uhr zeigte halb neun. Um zehn Uhr konnte er in Bône sein... Lieber Gott!

Das Kind war unruhig, sie maß die Temperatur, es waren über 41 Grad. Sein röchelnder Atem klang wie das Sägen von Holz. Sie sah in seinen Hals, wo sich das schreckliche weiße Häutchen bildete, das es in ein paar Stunden unweigerlich ersticken würde; sprechen konnte es schon nicht mehr.

Zehn Uhr. Nun mußte Hamida in Bône sein.

Elf Uhr. Sie nahm ihre Bibel zur Hand. „Da der Elende rief, hörte der Herr ihn", las sie in Psalm 34, und danach: „Der Engel des Herrn lagert sich um die her, die ihn fürchten, und hilft ihnen aus."

Mitternacht. Sie sah nach, ob genug Petroleum in den Lampen sei, und machte Kaffee. Sie konnten noch nicht da sein. Vom Bett des Kindes eilte sie zum Fenster des Salons, das sie ein wenig offen gelassen hatte, um auf jedes kleinste Geräusch zu lauschen.

Ein Uhr. Sie machte kochendes Wasser. Das Kind lebte noch, doch ging sein Atem immer mühsamer.

Halb zwei. Noch immer nichts. Plötzlich hörte sie knirschende Räder, stürzte hinaus, sah die Lichter der Kutsche von der Straße zum Haus einbiegen. Sie waren da.

„Schnell, schnell Herr Doktor."

Der hatte schon seine Instrumente und das Serum herausgeholt, und ohne den Mantel abzulegen, gab er dem Kind eine doppelte Spritze.

„Hamida, danke..." Die Stimme meiner Mutter bebte bewegt. Der brave Kerl, der sich keuchend in den Wettlauf mit dem Tod stürzte, sich die bloßen Füße an den Wegsteinen aufriß, er konnte nicht ahnen, daß der kleine Junge, dessen Leben er rettete, einmal übers Meer fahren würde, um der Strafkolonie zweitausend seiner Brüder zu entreißen und sie heimzuführen.

Das Kind reagierte nicht; man machte ihm einen Wickel, um das Fieber zu senken, das nun nahezu bei 42 Grad lag.

„Ich warte hier", sagte der Arzt und bereitete alles vor, um einen Luftröhrenschnitt zu machen, falls das Serum nicht rasch genug wirken sollte.

Meine Mutter und er tranken eine Tasse Kaffee. Um drei Uhr schien der kleine Kranke ruhiger, das schreckliche weiße Häutchen löste sich.

„Er ist gerettet", sagte der Arzt. „Ich hoffe nur, daß es keine Epidemie gibt, die Krankheit ist sehr ansteckend."

Es gab keinen weiteren Diphteriefall im Dorf.

Diese dramatische Geschichte hat mir meine Mutter viele Male erzählt. Obwohl ich in jener aufregenden Nacht nicht bei mir war, habe ich die Illusion, sie erlebt und im Gedächtnis behalten zu haben.

Bald nahm das Leben wieder seinen normalen Lauf. Jeden Monat kamen Illustrierte und andere Zeitschriften aus Europa zu uns. Als wir eine Illustrierte durchblätterten, gaben Bilder von der Beerdigung des Generals Booth meiner Mutter Gelegenheit, uns zu erzählen, was sie von der Heilsarmee wußte. Ihre reiselustige Familie hatte eine zeitlang im Norden Londons gewohnt, neben der Familie Booth. Sie erinnerte sich, daß sie als junges Mädchen den edlen

Mann gesehen hatte, der jetzt in die Ewigkeit eingegangen war. Zum ersten Mal hörte und las ich das Wort: Heilsarmee.

Bald wurde die Schule wieder zum Problem. Maggie arbeitete bei den Nonnen gut, aber mein Fall war beunruhigend. Mein geistsprühender Lehrer brachte mir nichts anderes bei als Fechten. Einmal ertappte er mich dabei, wie ich den Hühnerhof des Nachbarn beobachtete, wo schöne Hähne über einen gut bestückten Harem herrschten.

„Warum jagen und hacken die Hähne eigentlich die Hühner und steigen ihnen auf den Rücken? Das ist doch gemein..."

„Mit den Hühnern?"

„Aber nein, das machen sie doch, damit die Hühner Eier legen. Wenn du erwachsen bist, machst du es genau so."

„Mit den Hühnern?"

„Aber nein, Dummkopf, mit Frauen. So bekommen sie Kinder."

Ich blieb nachdenklich zurück. Heimgekommen schnappte ich mir eine von unseren Hennen und begann, sie auf den Rücken zu drücken – erfolglos, sie legte kein Ei.

Als ich mit einem Schulkameraden auf der Straße einer schwangeren Frau begegnete, sagte ich:

„Die ist ja schrecklich dick. Sie muß krank sein."

„Aber nein, du Idiot, sie bekommt bloß ein Kind."

„Und ihr Mann drückt ihr dann auf den Rücken, daß es herauskommt?"

„Nicht auf den Rücken, auf den Bauch", sagte der andere.

Diese ersten Stücke des Lebenspuzzles reichten nicht aus, daß ich die Bemerkung des Lehrers hätte verstehen können.

Ich sprach mit meiner Mutter darüber, und sie sagte zu mir:

„Das wirst du später erfahren."

Es waren dann andere Jungen, die mir die fehlenden Puzzlestücke lieferten, und da ich nicht sehr schlau war, brauchte ich einige Zeit, bis ich begriff, was die Erwachsenen uns verhehlten und was der Hahn mit den Hennen macht.

Unerbittlich verrann die Zeit, und so wurde beschlossen, daß ich als Internatsschüler nach Bône aufs Gymnasium sollte. Das tat nicht gut. Der Unterricht interessierte mich nicht, die Stunden, in denen wir selbständig lernen sollten, wurden mir qualvoll, ich hatte keine Kameraden. Ich träumte vor mich hin und wurde schließlich krank. In der Krankenstube wußte man nicht, was man dazu sagen sollte. Ich magerte ab, hatte Fieber. Das Heimweh plagte mich. Nach sechs Monaten holte meine Mutter mich zurück. Nach ein paar Tagen war ich vollkommen gesund und quietschvergnügt.

Was nun mit der Schule? Onkel Abd, der uns manchmal besuchte, riet Mama, während des Schuljahrs in Bône zu leben. Sie mochte die Stadt nicht, auch unseretwegen. Aber die Vernunft trug den Sieg davon, und wir zogen in eine Villa am Stadtrand. Die Esel wurden verkauft – als Ausgleich bekamen wir Fahrräder –, die anderen Tiere erhielt Hamida. In den Ferien sollten wir nach Bugeaud zurückkehren.

Bône

Ich durchlief also Quinta und Quarta im Gymnasium, noch immer abscheulich schlecht in Orthographie, ziemlich gut im Aufsatz und in Geographie, durchschnittlich in den anderen Fächern und ausgezeichnet im Turnen.

Ich wurde Pfadfinder und hatte bald eine Gruppe von Kameraden um mich.

An einem Morgen wurden wir in aller Frühe – es war wohl kaum vier Uhr – durch Kanonendonner aus dem Schlaf gerissen. Alles rannte ans Fenster. Ein Mann, der Besitzer unseres Hauses, rannte durch den Garten und rief uns zu, als er uns sah: „Es ist Krieg!" Es war der 2. August 1914. Zwei deutsche Kriegsschiffe waren in den Hafen eingedrungen, hatten mit Artilleriebeschuß ein paar vor Anker liegende Frachtschiffe versenkt und einige Granaten über der Stadt detonieren lassen, zum Glück ohne viel Schaden anzurichten.

„Geh und schau, was da vorgeht", sagte meine Mutter zu mir. Ich stieg auf mein Rad und fuhr zum Hafen, wo ich gerade noch die beiden Piraten verschwinden sah, das Geschrei der Menge hörte und erlebte, wie die amtlichen Verlautbarungen herauskamen, überall Fahnen auftauchten, Umzüge sich bildeten auf denen begeistert die Marseillaise gesungen wurde, Meldebüros für Freiwillige ihre Türen öffneten, die Mobilmachung erklärt wurde...

Der Gefühlsüberschwang, der sich vom Singen patriotischer Lieder nährte, hielt ein paar Wochen lang an. Dann fuhren die ersten Transporte mit jungen Männern an die ferne nordfranzösische Front. Die ersten Schwierigkeiten machten sich bemerkbar, Meldungen über die ersten Niederlagen trafen ein. Es kamen die ersten Schiffe mit Verwundeten, die Listen der ersten torpedierten Schiffe, der ersten Gefallenen.

Auch für uns änderten sich die Verhältnisse. Das Vermögen meiner Mutter war in Belgien angelegt, wo es Onkel Fritz verwaltete. Zwischen Brüssel und uns aber lag nun nicht nur die weite Entfernung, sondern deutsche und französische Schützengräben. Nichts kam mehr durch, weder Briefe, noch Geld. Meine Vettern waren alle Soldat geworden, die einen in der belgischen, die andern in der deutschen Armee, John diente im kanadischen, Frank im englischen Heer.

Nach ein paar Monaten hatte meine Mutter kein Geld mehr. Sie verkaufte das Gelände bei Barral und begann als Oberschwester im Lazarett zu arbeiten. Als der Verkaufserlös aufgebraucht war, mußten wir uns auch vom „Kleinen Haus" trennen. Mir kam es vor, als würde damit meine ganze Kindheit verkauft.

In der Schweiz

Der Krieg zog sich grausam in die Länge, Mama beschloß, nach Europa zurückzukehren aus Angst, sie könnte eines Tages allein und ohne Geld in einem Land dastehen, in dem der Kriegszustand die Selbstsucht anwachsen ließ.

Nachdem alles gepackt und die nötigen Schritte unternommen waren, warteten wir auf die Aufforderung, an Bord zu gehen, die immer erst eine Stunde vor dem Auslaufen erging, um eventuelle Spione zu täuschen. Der Gedanke an eine Torpedierung war drückend. Schließlich gingen wir in finsterer Nacht, bei gelöschten Lichtern, an Bord und wurden alle vier in einer Kabine verstaut und eingeschlossen; das Bullauge war verrammelt, damit kein Lichtschein nach außen dringen konnte.

Morgens konnte man dann auf die Brücke gehen, doch von da sah man nur tote Schafe und Trümmer eines Transportschiffes herumschwimmen, das in der Nacht torpediert worden war. In der zweiten Nacht wurden wir wieder eingeschlossen; das Schiff machte einen Umweg zur spanischen Küste. Der Steward erzählte uns, daß sich im Laderaum 250 deutsche Kriegsgefangene befänden, die nach einer Intervention des Roten Kreuzes nach Frankreich zurückgebracht wurden. Die Nacht war bedrückend, ohne Licht und Luft. Meine Mutter betete, um ihre Angst zu stillen. Plötzlich standen die Maschinen still, man hörte laute Befehle, dann Schläge gegen die Tür der Kabine, in der sich der einzige Passagier außer uns befand. Der begann aus Angst zu schreien. Auf der Brücke rasche Schritte, dann der harte Tritt marschierender Soldaten an Deck. Nun wieder Stille, noch beängstigender als zuvor. Plötzlich erhob sich volltönend und mächtig der Gesang eines Liedes in die Nacht: „Deutschland, Deutschland über alles". Die Gefangenen sangen; danach einen Choral und noch ein Lied. Alle waren aufgewacht, hielten den Atem an. Wieder erklangen Befehle, wieder Marschtritte, die Maschinen liefen an.

Beim Morgengrauen wurde unsere Kabine geöffnet, als wir den Leuchtturm von Planier passierten. Ein Offizier entschuldigte sich und erzählte uns, ein deutsches Unterseeboot habe unser Schiff angehalten, und der Kapitän habe sich dadurch aus der Affäre gezogen, da er die 250 Kriegsgefangenen an Deck holen ließ. Alle waren erschöpft, aber sehr glücklich, als wir landeten. Wir waren gerettet.

In Marseille zerstreute sich die Familie. Maggie wurde nach England zu Tante Juliette geschickt, wo sie ihre Ausbildung als Krankenschwester beginnen sollte. Ich fuhr in mein neues Internat nach Coppet in der Schweiz, dort sollte ich der Kriegsatmosphäre entgehen, die über ganz Frankreich lastete. Mama und Jacques fanden Zuflucht in Florac in den Cevennen; sie mietete dort das „Haus an der Tarn-Brücke."

Die Schweiz war für uns Jungen, die aus einem kriegführenden Land kamen, ein Paradies. Das Internat hatte damals 80 Schüler. Im zeitlichen Abstand erkenne ich, daß das pädagogische System der Schule ausgezeichnet war für alle, die Lust am Lernen hatten, aber für die anderen....

Ich hatte immer noch den Wunsch, Landwirt zu werden, so daß ich im Sommer 1916 darum bat, auf einem Hof arbeiten zu dürfen. Alle versuchten, mir das auszureden, man wollte mir einen technischen Beruf einreden, doch ich blieb bei meinem Wunsch, und meine Mutter erteilte mir brieflich die Erlaubnis.

Gleich zu Ferienbeginn machte ich mich also auf den Weg nach Colombier, wo sich der Pächter eines reichen Gutsbesitzers einverstanden erklärt hatte, mich auszubilden. Drei Monate harter Arbeit, dauernder Hänselei durch die Landarbeiter, drei Monate voll Mühen und Plagen entmutigten mich nicht, im Gegenteil. Ich war ganz einfach glücklich, wenn ich abends nach dem Melken mit meinen zwanzig Kühen und dem Stier auf die Weide zog, ein paar Kilometer vom Hof weg an den Bergflanken des Jura. Ich wußte, wie die Glocke jedes Tieres klang, und wenn das Läuten leiser wurde, holte ich das betreffende Tier auf die Wiese zurück. Gegen Morgen kam dann ein Arbeiter und half mir, die Herde zurückzutreiben.

Das Ende des Sommers war herangekommen. Ein Brief meiner Mutter machte mir klar, daß ich trotz des noch immer andauernden Krieges nach Hause zurückkehren müsse. Ich unterrichtete meinen Dienstherrn von dieser Lage der Dinge; er lobte mich sehr für mein Durchhalten und gab mir drei Fünffranken-Stücke, für jeden Monat eins. Verblüfft sah ich das Geld an, es war das erste, das ich selbst verdient hatte. Mein Erzieher löste für mich eine Fahrkarte 3. Klasse

Neuchâtel–Florac über Dijon, Lyon, Langogne, Ste-Cécile-d'Andorge. Es war im Oktober 1916. In Pontarlier mußte ich mich ganz
ausziehen, damit man mich durchsuchen konnte, und handelte mir
dabei eine strenge Verwarnung ein wegen einer kleinen Schachtel
Saccharin, das in Frankreich anscheinend verboten war.
Nach all den Aufregungen schlief ich im Zug ein und erwachte
erst in Paris. Hier hielt mich ein Kontrolleur für einen Schwarzfahrer
und wollte mich zur Polizei bringen; ich entwischte ihm in der
Menge, und als ich einen Zug nach Clermont-Ferrand und Nîmes
sah, stieg ich in eins seiner Abteile ein, das voll war von Fronturlau-
bern.
„Du bist noch zu jung, du kannst kein Soldat sein", sagte einer
zu mir, „und dieser Zug ist nur für Urlauber."
Dann bemerkte er, wie elend ich aussah, und fragte mich: „Wo
willst du denn hin?"
Ich erzählte meine Geschichte.
„Mach Platz für ihn", sagte ein anderer, „das ist ein guter Junge."
„Zieh den Mantel da über, denn wenn sie dich hier so zivil ausstaf-
fiert finden, schmeißen sie dich raus."
Ich verkroch mich also in den Militärmantel und machte mich ganz
klein zwischen den Frontsoldaten.
Die Reise schien kein Ende zu nehmen. Einen ganzen Tag brauchte
ich bis Clermont, eine ganze Nacht bis Langogne, und gegen Abend
des nächsten Tages stieg ich endlich in Ste-Cécile-d'Andorge aus.
Dort mußte ich die Nacht über warten, bis mich am Morgen der
Bummelzug nach Florac mitnahm.
Das Wetter war schön, die sich durchs Land windende Eisenbahn
brauchte fünf Stunden, um die Endstation zu erreichen. So lernte
ich die Cevennen kennen. Die mit Holz beheizte Lokomotive ließ
den Reisenden genügend Zeit, die Gegend zu bewundern. Schließlich, am frühen Nachmittag, fuhr das Bimmelbähnchen stolz in der
Endstation Florac ein.

Von Florac nach Philippeville

Ich nahm meinen Koffer und ließ mir von einem freundlichen Passanten den Weg zeigen. Eine Stunde später erblickte ich in der Ferne das „Haus an der Tarn-Brücke". Wie überrascht war meine Mutter, und wie freuten wir uns, wieder beieinander zu sein.

Meine Schwester war noch in England, und Jacques hatte Mühe, hier weiterzukommen. Noch immer war Krieg, und Mama erhielt nichts aus Brüssel. Aber nun war ich ja da, und ich würde arbeiten. Ich wollte Mama meine 15 Franken geben, meinen ersten Lohn, doch sie nahm das Geld nicht an. Da ging ich hin und kaufte ihr eine neue Bibel, denn ich hatte gesehen, daß ihre alte so abgenutzt war, daß sich Seiten daraus lösten, und die neue mußte die schönste sein, die ich auftreiben konnte.

Ein paar Tage später verdingte ich mich als Heizer einer Lokomobile in einer Sägerei. Noch vor Morgengrauen ging ich von zu Hause weg, um die Maschine unter Dampf zu setzen, damit die Männer gleich zu Arbeitsbeginn ans Werk gehen konnten. Tagsüber half ich ihnen, die Blöcke auf den Wagen zu rollen und überwachte den Druck in der Maschine. Abends kam ich glücklich und zufrieden heim. Wie früher las meine Mutter aus der Bibel vor, und wir beteten zu dritt. Nach einer Woche trug ich meinen Lohn nach Hause, und am selben Tag brachte der Briefträger einen Einschreibebrief mit tausend Francs, die Onkel Fritz uns über die Schweiz hatte zukommen lassen können. Das war ein unverhoffter Segen! Mama beschloß, ich sollte meine Schulbildung fortsetzen.

Die alte Frage: „Was willst du werden?"

„Ich habe mir's nicht anders überlegt, ich möchte immer noch Landwirt werden."

Nach einigem brieflichen Hin und Her fiel die Entscheidung, ich sollte auf die Landwirtschaftsschule von Philippeville in Algerien gehen.

Und so stand ich denn bald mit dem Koffer in der Hand auf der Haustürschwelle. Meine Mutter küßte mich, sie schien gerührt.

„Gott behüte dich!" sagte sie zu mir, als ich Florac verließ.

Es war eine gefährliche Überfahrt. Das Schiff lichtete in Marseille nachts die Anker, ohne vorher eine genaue Zeit anzugeben, alle Lichter an Bord waren gelöscht, um keine deutschen Unterseeboote auf sich aufmerksam zu machen.

Nach achttägiger Reise kam ich gesund und munter am Ziel an; als erstes erfuhr ich, daß die Schule ihre Pforten schloß, nachdem auch die letzten Lehrer zum Militärdienst eingezogen worden waren. Der Direktor brachte mich auf dem größten Gut der Gegend unter. Es umfaßte tausend Hektar, von denen etwa die Hälfte mit Reben aller möglichen Sorten bepflanzt war, einen Orangengarten, Getreidefelder, einen Stall mit achtzig Pferden, dazu einen Zuchthengst, fünfzig Ochsen und ebensoviele Kühe, einen großen Geflügelhof und außerdem einen widerlichen Verwalter und 350 Landarbeiter; hier fing ich an als Landwirt in spe.

Der für die Anbauarbeiten zuständige Vorarbeiter gab mir Unterricht und schickte mich alle zwei Monate in eine andere Sparte, je nach den Erfordernissen des Augenblicks. Bei meiner Ankunft waren die Herbstarbeiten in vollem Gang, ich teilte die Arbeiter ein, untersuchte den Zustand des Bodens und bestimmte danach, welcher Pflug benützt werden sollte, ich maß die zu bearbeitenden Flächen ab, berechnete die notwendige Zeit und achtete darauf, daß die Arbeit in den Weinfeldern gut gemacht wurde.

Dann wurde ich in die Obstpflanzungen gesteckt, die zehn Hektar ausmachten, überwachte das Reifen herrlicher Früchte, von denen ich auch reichlich selber aß, es gab außerdem Versuche, Bananen, Ananas und andere exotische Früchte anzubauen. Ich kontrollierte auch den Schnitt der Ölbäume.

Die anschließenden paar Wochen in den Ställen machten mich mit den Rindern und vor allem mit den Pferden vertraut. Und bald danach verlangten die Rebenpflanzungen die Arbeit aller. Meine Aufgabe war vor allem, die jungen Blätter genau zu beobachten und die kleinsten Anzeichen von Faulschimmel oder Mehltau zu entdecken. Dann rannte ich los und sagte dem landwirtschaftlichen Leiter Bescheid, der unverzüglich mit Schwefel und Kupfervitriol spritzen ließ. Manchmal legte ich dreißig Kilometer am Tag in diesen herrlichen Weingärten zurück. Vor der Ernte mußte man bestimmte Parzellen mit einer starken Pumpe bewässern, die das segenspendende Naß zwischen den Rebzeilen ausgoß und dabei den Fluß fast trockenlegte. In der heißen Juni- und Julisonne schwollen die Trauben bis zum Bersten. Ich kontrollierte ihren Reifegrad, und Anfang August begann die Ernte. Riesige Keller standen bereit, um Tonnen von Wein aufzunehmen. Die intensive Arbeit wurde nur nachts unterbrochen. Um zehn Uhr abends fiel ich auf mein Bett; und wenn mich das Horn des Wächters um drei Uhr früh wieder weckte, hatte ich das Gefühl, ich hätte höchstens eine Stunde geschlafen.

Ende September war ich mit allen Arbeitsbereichen vertraut gemacht worden. Der Krieg dauerte an, die Schule blieb geschlossen. Ich schiffte mich also wieder ein, nicht ohne ein leichtes Angstgefühl wegen der Torpedos, und kam schließlich nach Florac zurück. Ich hatte mich ziemlich verändert. Obwohl ich erst sechzehn war, sah ich wie ein junger Mann aus. Meine Schwester, aus England zurückgekehrt, wollte ihre Schwesternausbildung in Nîmes beenden.

Noch immer war Krieg. Die Verlustlisten wurden länger, der Winter 1917 kündete sich schmerzlich an. Eine Landwirtschaftsschule nach der anderen schloß aus Mangel an Lehrkräften, die Schüler wurden eingezogen, sowie sie achtzehn Jahre alt waren; sie konnten sich schon mit siebzehn melden, und viele taten das auch.

Der Besitzer eines Schloßgutes im Departement Gard wollte einen jungen Absolventen der Landwirtschaftsschule in Dienst nehmen, ich bewarb mich und bekam die Stelle.

Da veränderte ein unerwartetes Ereignis den Lauf unseres Lebens. An einem Herbstnachmittag dieses Jahres 1917 schlenderte ich durch den Flecken und bemerkte eine Menschenansammlung. Zwei seltsam gekleidete Frauen sangen auf dem Marktplatz. Sie wirkten befremdlich: Beide waren noch ziemlich jung, hatten in ihren Uniformjacken etwas Militärisches an sich und trugen dazu erstaunliche Hüte mit einem roten Band, dessen Inschrift ich nicht lesen konnte. Sie sangen einen Choral, den ich kannte, und ich fand es nicht normal, daß sie sich solchem religiösen Tun auf offener Straße widmeten. Ich lief heim, um meiner Mutter davon zu erzählen, und sie zog den Schluß: „Das muß die Heilsarmee sein."

„Wenn sie nicht wissen, wohin, sag ihnen, sie sollen zu uns kommen und bring sie her."

Als ich die Kolonialwarenhändlerin nach ihnen fragte, antwortete sie mir:

„Sag deiner Mutter, der Pastor will sie nicht aufnehmen, und ich kann es nicht mit dem Laden."

Da der Pastor der Meinung war, er sollte ihnen seine Kirche nicht zur Verfügung stellen, und die Freikirche ihnen auch kein Angebot machte, fand die erste Heilsarmee-Versammlung in unserem Wohnzimmer statt.

Die „Offizierinnen" kamen vom Posten St-Jean-du-Gard. Sie erzählten meiner Mutter davon, daß man an der Front Soldatenheime gegründet habe. Das genügte Mutter für ihren Entschluß, sich als Oberschwester anzubieten. Die Offizierinnen blieben über Nacht bei uns.

Die nun folgenden Wochen waren ausgefüllt mit Besorgungen, Kofferpacken, Abreisen. Meine Schwester war schon in Nîmes, Jacques wurde in Pension gegeben, meine Mutter machte sich auf den Weg zur Front, während mich der Zug zu meiner neuen Arbeit in Malérargue brachte.

Auch wenn die Entfernung von Florac nur etwa hundert Kilometer betrug, war die Reise doch lang. Zuletzt war ich der einzige Fahrgast und der Zugführer fragte mich:

„Was wollen Sie denn in Thoiras machen, da gibt es keine Menschenseele, nur den Bahnhof; das Dorf ist drei Kilometer weit weg."

„Ich will nach Malérargue."

„Aufs Schloß?"

„Ja."

„Aber das liegt zehn Kilometer vom Bahnhof! Erwartet Sie wenigstens jemand? Es wird nämlich bald Nacht…"

„Ich hoffe es."

Malérargue

Es war wirklich Nacht, als der Zug an der Station Thoiras-Lassale hielt. Vor dem Bahnhof fiel das Licht zweier Laternen auf die Flanken eines Pferdes, und dahinter ahnte ich mehr als ich sie sah, eine zweirädrige Kutsche, neben der ein Mann stand. „Charles Péan?" Ich trat näher, er stellte sich vor. Es war der Schloßherr von Malérargue persönlich.

Der Bahnhofsvorstand half mir, meinen Koffer unter dem Rücksitz zu verstauen, und ich setzte mich neben meinen Chef. Die Lichter beleuchteten kaum das trabende Pferd, das mit seinem Hufschlag die Stille der Nacht störte. Wie konnte mein Arbeitgeber in dieser mondlosen Finsternis die Straße erkennen?

„Das Pferd weiß den Weg", sagte er mit einer so seltsamen Aussprache, daß ich mich fragte, aus welchem Land er wohl stammen möge. Man hätte meinen können, er bewege beim Reden kleine Kugeln im Mund hin und her. Wieder war es, als ob er meine Gedanken erriete:

„Wegen einer Kriegsverletzung kann ich nicht reden wie andere Leute."

Er bewegte mit der linken Hand die Zügel und ließ sie leicht auf die Kruppe des Pferdes niederfallen, damit es weiter im Trab lief. Ich traute mich nicht, ihn mehr zu fragen, denn ich hatte das Gefühl, daß Sprechen für ihn eine unangenehme, mühsame Sache war.

„Hier ist die Straße nach St. Jean." Er deutete mit der Peitsche darauf, während wir nach links abbogen und einen Berg hinauffuhren, den das Pferd im Schritt nahm; so hörte und spürte ich die Nacht noch besser.

Nach einer Stunde Fahrt zeigte er mir eine dunkle Masse links von der Straße, einen Pachthof, der im Dunkel schlief. „Hier beginnt das Gutsland."

Und als ob er damit gewartet hätte, bis er in seinem Eigentum war, begann er nun, mich zu fragen, was ich konnte und was ich in der Landwirtschaft gelernt hatte, er erkundigte sich nach meiner Familie, meiner Religion, meinen Hoffnungen...

„Wir sind hier mitten im Tal. Zwischen uns und Nîmes liegt die Heide. Hier ist der einzige immer kühle und grüne Fleck, sogar im Sommer. Und da ist das Schloß."

Seine Peitsche wies irgendwohin, aber ich konnte nur große Bäume erkennen, die wie Schatten vorüberglitten, flüchtig erhellt von unseren Laternen.

„Ich lebe seit meiner Entlassung vom Militär vor eineinhalb Jahren mit meiner Mutter. Meine verwitwete Schwester und ihr Sohn bewohnen den rechten Flügel, dort sind sie zu Kriegsbeginn eingezogen. Ich gehe nie dorthin. Ich habe für die landwirtschaftlichen Arbeiten noch einen jungen Mann Ihres Alters engagiert, Marcel. Ich hoffe, er wird Ihnen ein guter Kamerad."

Nach etwa einem Kilometer Fahrt über Gutsgelände war der Wagen bei der steilen Zufahrt, die in Haarnadelkurven zur Empfangsterrasse führte. Dort erwartete uns ein Diener mit einer Lampe; wir betraten eine weite Halle. Der Schloßherr nahm einen Leuchter und ging die monumentale Treppe hinauf, dabei forderte er mich auf, ihm zu folgen. Mein Zimmer lag im ersten Stock, am Ende eines langen Ganges im linken Flügel. Die Nacht erfüllte das große Bauwerk.

„Hier sollen Sie wohnen. Holen Sie Ihren Koffer, und in einer Viertelstunde werde ich Sie zum Essen rufen."

In dem kleinen Eßzimmer, in das er mich führte, war der Tisch für vier Personen gedeckt, zwei Leuchter erhellten den Raum. Kristallgläser und Silberbestecke mit dem Wappen des Schloßherrn reflektierten das flackernde Kerzenlicht.

„Meine Mutter", sagte er und wies auf eine kleine, schwarzgekleidete Dame. Über dem weißen Haar, das ihr sanftes, schwermütiges Gesicht umgab, lag eine Mantille. Sie streckte mir ihre feine Hand entgegen und lächelte mich an. Ich verbeugte mich tief. Dann schüttelte ich Marcel die Hand, und wir setzten uns zu Tisch. Nun konnte ich den Schloßherrn etwas genauer ansehen.

Er mochte zwischen vierzig und fünfzig sein; als unverheirateter Berufsoffizier hatte er gefährliche Aufträge übernommen, und dabei war ihm von einer Granate der Unterkiefer abgerissen worden. Die damals noch in ihren Anfängen steckende Gesichts-Chirurgie hatte ihm ein Kinn geformt und eine komplizierte Zahnprothese verpaßt, mit der er zwar essen und sprechen konnte, aber nur unter ständigen Schmerzen. Ich fand ihn sympathisch.

„Sie werden wie Marcel mit an meinem Tisch essen."

Nach dem Essen entließ er mich und setzte sich mit Marcel zu einer Partie Dame nieder.

Als ich eben, meinen Kerzenleuchter in der Hand, das Zimmer verlassen wollte, fragte er mich: „Spielen Sie Schach?"

„Ja."

„Ach", rief er voll Freude, „dann werden wir morgen eine Partie spielen."

Und so geschah es am nächsten und an den folgenden Tagen.

Bei Sonnenaufgang konnte ich die klaren, schönen Konturen dieses Adelssitzes bewundern, dessen Mauerwerk von Efeu überwachsen war. Viele Räume waren unbenutzt, der große Salon im Erdgeschoß, der große Speisesaal, der Audienzraum, ganze Zimmerfluchten, allein die Bibliothek war offen. Hier verbrachten Marcel und ich oft unsere freien Stunden, und hier entdeckte ich Werke über die Cevennen, die Camisardenaufstände und das Los der Hugenotten-Gefangenen, die als Galeerensklaven zu Tode gemartert worden waren. Die Lektüre war nicht immer erbaulich. Im ersten Stockwerk spielte sich das Leben ab. Hier hatte die alte Dame ihr Zimmer, und auch das Zimmer des Schloßherrn sowie sein Büro, das kleine Eßzimmer und ein Salon lagen auf dieser Etage.Marcel und ich wohnten an den beiden Enden des langen Ganges.

Es war Winter, man heizte mit Holz. Für Marcel und mich gab es wenig zu tun. Irgend etwas in der Atmosphäre des Landes hinderte uns am leichtsinnigen Leben; es ließ sich nicht definieren, doch es störte Marcel, der sich ganz gern ein wenig amüsiert hätte. Auf mich hingegen wirkte es sich heilsam aus.

Gegen Ende des Winters fuhren wir nach Alès und kauften uns

Fahrräder. Das machte uns unabhängiger und ermöglichte uns Streifzüge durch das Land, dessen Luft eine besondere spirituelle oder mystische Qualität zu haben schien. Unser Herr und Gebieter sah die Neuerwerbung nicht allzu gern. Mir wurde dabei klar, daß er unsere Gesellschaft wünschte. Er war sehr einsam.

In den ersten Frühlingstagen begann die ernsthafte Arbeit: Baumbeschneidung, Feldbestellung, Mistfahren, Neuanpflanzungen. Am Sonntag gingen die Dorfmädchen auf unsere Wiesen, um Narzissen zu pflücken. Uns gefiel das sehr, doch der Schloßherr befahl uns, sie davonzujagen.

„Sie zertrampeln das Gras", sagte er zornig. Wir waren ganz froh, daß wir mit ihnen in Verhandlungen eintreten konnten. Marcel suchte sich eine Große, ich eine Kleine aus, aber wir flirteten nur in Gedanken, denn wir sprachen niemals allein mit ihnen und erfuhren nie ihren Namen, er, weil er unbeholfen, ich, weil ich schüchtern war.

Dann kam die Zeit, in der man Heu und Öhmd einbrachte. Wir hatten den Kauf einiger Landmaschinen angeregt, die die Arbeit erleichtern sollten. Aber unsere geringe Erfahrung mit den regionalen Gegebenheiten und die verhältnismäßig kleinen Flächen rechtfertigten derartige Ausgaben nicht. Die Bauern – die echten – amüsierten sich über die Grillen unseres Chefs und machten sich über unsere Theorien in aller Freundlichkeit lustig. Mit den Mitteln, die ihnen zur Verfügung standen, machten sie gute Arbeit; wir mit unseren modernen Ideen lieferten oft Pfusch.

Vom Morgengrauen bis zur Dunkelheit waren wir auf den Wiesen, mähten, wendeten das geschnittene Heu, rechten es zusammen, luden es auf die Wagen und brachten es in die Scheunen. Abends waren wir müde zum Umfallen. Da blieb keine Zeit mehr für Schachpartien, manchmal aßen wir sogar zusammen mit den Arbeitern in der Küche, wenn es darum ging, das Heu vor einem drohenden Gewitter einzufahren. Der Schloßherr war einmal auf der einen, einmal auf der anderen Wiese und konnte weder Entscheidungen treffen, noch Anordnungen geben. Manchmal hatte ich schon gedacht, Glück sei gleichbedeutend mit Reichtum und Nichts-tunmüssen. Hier hatte ich das Gegenbeispiel vor Augen: einen, der reich, an nichts wirklich interessiert und der allein war.

Als der Krieg zu Ende war, hielt ich es für nützlich, meine landwirtschaftlichen Kenntnisse mit dem Abschluß einer Fachschule zu vervollkommnen. Meine Mutter dagegen wollte vorher für meine Schwester und mich schöne Ferien; sie ließ uns also den Sommer über nach Straßburg kommen, wo sie ein Soldatenheim leitete.

Im Frühsommer verließ ich Malérargue, und der Abschied von der Lebensart, der Gegend und den Menschen, mit denen ich fast ein Jahr gelebt hatte, tat mir ein wenig leid.

Straßburg

An einem schönen Julimorgen stieg ich in der großen Elsässer Stadt aus, die nach einem halben Jahrhundert wieder französisch geworden war.

Das Soldatenheim befand sich im Erdgeschoß eines Gebäudes, das früher ein Möbelgeschäft beherbergt hatte. Es war erst von 17 Uhr an geöffnet, samstags von mittags an und am Sonntag den ganzen Tag.

Nach und nach öffneten die Landwirtschaftsschulen wieder ihre Pforten, eine, die am 15. September anfing, hatte mich angenommen. Für die Zwischenzeit entschied meine Mutter:

„Du solltest etwas lernen und nicht zwei Monate lang nichts tun."

So nahm ich eine Stelle in einer Autowerkstatt an und machte meinen Führerschein. Ich übte auf einem alten Ford, der dem Soldatenheim gehörte, und mein Chef in der Werkstatt gab mir nach drei Wochen eine schriftliche Bestätigung für den Prüfer, daß ich über ausreichende technische Grundkenntnisse verfügte; nach der noch geltenden deutschen Gesetzgebung war eine derartige Garantie notwendig. In Wirklichkeit verbrachte ich die meiste Zeit mit dem Reinigen verölter Motoren und dem Flicken geplatzter Reifen. Dennoch war ich stolz auf den Besitz des rosa Scheins, der mich ermächtigte, ein Fahrzeug mit mechanischem Antrieb zu steuern.

Die französische Heilsarmee erbte von der deutschen ein Erziehungsheim für Mädchen und einen Evangelisationsposten mit einer verhältnismäßig großen Zahl von „Soldaten"; darunter befand sich eine starke Gruppe Jugendlicher, ein Chor und ein Musikzug, der sich mit der Zahl der entlassenen Soldaten verstärkte.

Die jungen Salutisten-Mädchen kamen ins Soldatenheim und halfen dort mit. Mit einem von ihnen, Suzanne Trautmann, schloß meine Schwester Freundschaft; sie, ihre vier Schwestern und ihre Eltern bildeten eine reizende, typisch elsässische Familie. Unter dem starken Einfluß dieser jungen, lebendigen Menschen trat meine Schwester in die Heilsarmee ein, und ich sah sie mit dem erstaunlichen Hut an Versammlungen teilnehmen und aktiv am Leben des Postens mitwirken.

Ich stand dieser Bewegung ablehnend gegenüber, ohne sie zu kennen. Die Versammlungen wie alle anderen Aktivitäten gingen in deutscher Sprache vor sich – manchmal auch im Elsässer Dialekt –, und das war ein Hindernis für mich. An einem Sonntag sollte jedoch ein Amtsträger der Heilsarmee aus Paris eine Versammlung leiten, und auf das Drängen meiner Schwester und ihrer Freundinnen versprach ich hinzugehen. Der Versammlungssaal befand sich im Erdgeschoß einer Altstadt-Gasse. Nur mit Mühe fand ich einen Platz in der dichten Menschenmenge. Ein paar Blechinstrumente, die eigentlich die Lieder begleiten sollten, machten einen Riesenlärm zum Rhythmus der großen Trommel. Auf dem Podium standen Frauen in Uniform, die aussahen wie die in Florac. Es war sehr heiß und laut, von den Reden verstand ich nichts. In der Hoffnung auf frische und etwas kühlere Luft ließ einer der Verantwortlichen ein Fenster öffnen. Das ging jedoch auf einen Hof, an dem sich auch ein Käselager befand, und die Gerüche, die bald den Saal erfüllten, waren sehr volksnah. Am hinteren Saalende stehend, fragte ich mich betroffen, wie ich hier wohl herauskäme, als eine der Militärdamen zu mir trat und mich fragte: „Junger Mann, was machen Sie aus Ihrem Leben?" Ich verstand diese Frage nicht, mein Leben war, wie ich fand, klar vorgezeichnet, und ging diese vorlaute Person nichts an. Ich wußte nichts zu antworten und suchte erfolgreich mein Heil in der Flucht, ein paar mißbilligende Worte murmelnd. Ich schwor mir, nie mehr einen Fuß in einen Saal der Heilsarmee zu setzen.

Im Spätsommer bei den Vorbereitungen für den Eintritt in die Landwirtschaftsschule wollte ich einen Umweg machen und an einem Treffen der ehemaligen Schüler meines Schweizer Internats teilnehmen. Auch für meine Mutter ging die Straßburger Zeit zu Ende. Der Chef der Soldatenheime, ein gewisser Major Boisson, löste sie nacheinander auf.

Alles, was an Einrichtung und Material noch brauchbar war, wurde nach Paris verfrachtet. Die Autos schickte er nach Audincourt am Doubs, wo er eine große Evangelisation organisierte, die drei Wochen dauern sollte. Ich war schon über Delle auf dem Weg in die Schweiz, als meine Mutter ein Telegramm ihres Chefs erhielt mit der Bitte, ich solle den Wagen des Heims nach Audincourt bringen. Ich dagegen erlebte die unangenehme Überraschung, daß man mich nicht über die Grenze ließ, weil mein Paß ein nicht vorschriftsmäßiges Amateurfoto enthielt. Ich saß also recht enttäuscht in Audincourt herum, wo man mir eine preiswerte Pension genannt hatte, um auf den Schulbeginn zu warten. Es handelte sich um eine Unterkunft der Heilsarmee! Tatsächlich entzog ich mich also dieser seltsamen Armee in Straßburg nur, um mich nur noch tiefer in diese seltsame Gesellschaft zu verstricken. Die Erinnerung an die Kontakte, die ich in Straßburg mit der Welt dieser Leute gehabt hatte, lockten mich kaum einzutreten: Lärm, Käsegeruch, die Zudringlichkeit der Salutistin... Dennoch, ich durfte nicht heikel sein, mein Studentenvermögen war mehr als bescheiden.

Bekehrung

Die Frau, die mir die Tür öffnete, mußte etwa im Alter meiner Mutter sein. Ihr Gesicht war still, sie lächelte.

„Was kann ich für Sie tun?"

Ich erklärte ihr meine Lage.

„Kommen Sie herein, wir werden sehen, was sich machen läßt. Wegen der Evangelisation ist alles besetzt, aber ich habe noch ein Dachzimmer."

Ich wagte einen Blick in den großen Speisesaal, aus dem Stimmengewirr drang, als würden sich Leute streiten. „Die Heilsarmee!" dachte ich. Da eines der Mädchen die Tür offen gelassen hatte, wurde ich Zeuge einer nicht alltäglichen Szene. Ein bärtiger Koloß in Uniform, von furchterregendem Aussehen, gestikulierte und schrie jedem, der es hören wollte entgegen, es sei in dieser Stadt der Peugeot-Werke anscheinend unmöglich, einen Chauffeur zu finden für seinen Wagen. Die Frau, die mich in Empfang genommen hatte, trug ebenfalls Uniform und war weißhaarig. Ihre Ruhe und Sanftmut hoben sich seltsam gegen die Lebhaftigkeit dieses Menschen ab, der mich an einen Gewichtheber auf dem Jahrmarkt erinnerte. „Das ist Major Boisson, der Leiter der Soldatenheime", sagte meine Wirtin.

Zwischen der gelassenen Freundlichkeit der „Majorin", wie das Mädchen sie nannte, und der Erregung des Chefs meiner Mutter stehend, faßte ich den heroischen Entschluß, den fürchterlichen Mann anzusprechen. Ich sagte ihm, wer ich sei, und daß ich ihm aus der Verlegenheit helfen könnte, wobei ich meinen nagelneuen Führerschein hervorzog. Diese Worte und dieses Stück Papier löschten die Zornesglut und stillten den Sturm. Unverzüglich brachte er mich zu dem Fahrzeug, von dem, wie es schien, der Erfolg des Unternehmens abhing, und ich begriff auf den ersten Blick, warum kein Peugeot-Chauffeur dafür zu haben war. Es handelte sich um einen vom Militär abgegebenen Ford mit Fußschaltung und Gas unterm Lenkrad. Er war hochrädrig, machte Känguruh-

Sprünge, und mein neuer Chef hätte mich fast an einer Mauer zerquetscht, als er mir seine Glanzleistungen vorführte.

Dann legte Major Boisson meinen Lohn fest, die Majorin meinen Pensionspreis. Ich kam einfach nicht davon los, jetzt war ich sogar Angestellter der Heilsarmee!

Am selben Abend noch machte ich meine ersten Fahrten, holte die an der Evangelisation Beteiligten vom Bahnhof ab, zuletzt auch ihren obersten Chef, Oberstleutnant Albin Peyron und seine Frau. Ich wurde „der Chauffeur".

„Hallo, Chauffeur!" rief man von da, und rief man von dort.

Außer Major Boisson und meiner Wirtin kannte niemand meinen Namen, aber ich wurde unter den Angehörigen des „Missionskorps" rasch populär.

Nachmittags waren Erbauungsversammlungen und jeden Abend öffentliche Evangelisationen im Stadttheater von Audincourt oder im Festsaal von Valentigney oder in irgendeinem anderen kleinen Ort der Gegend nach einem Plan, von dem ich keine Ahnung hatte. Meine Pflicht war, die Utensilien – das hieß Fahne, große Trommel, Teppich für die Bußbank, Bücher und Gesangbücher – zu transportieren, und dann alle diensttuenden Offiziere, was fünf bis sechs Fahrten bedeutete, je nach dem Abend.

Ich arbeitete also mehrere Stunden. Doch wenn die Nachmittags- oder Abendversammlungen begannen, blieb ich im Wagen sitzen, las oder döste vor mich hin, bis die Leute herauskamen: ein Zeichen, daß mein Dienst wieder anfing.

Es war Ende September 1919, der verfrüht einsetzende Herbst war kalt. An einem Abend fing es bei stark gesunkenen Temperaturen zu regnen an. Ich stieg aus dem Wagen aus und suchte Zuflucht im Theater. Die Heilsarmeeversammlung war in vollem Gange. Überwältigt vom Licht, den leuchtenden Farben der Fahnen, der Lebhaftigkeit, dem begeisterten Singen, der festlichen Atmosphäre, die herrschte, hörte ich höchst erstaunt zu. Major Jeanmonod sprach wie ein Naturwissenschaftler über das Vogelauge, dieses Wunder der Natur, und zog daraus Schlüsse vom Evangelium her, Oberst Peyron packte das Publikum, indem er ihm die Schlange aus dem

Garten Eden vor Augen stellte, die Urheberin aller Übel, unter denen die Menschheit leidet. Es war hier etwas anderes als in Straßburg.

An diesem Abend tat ich meinen Dienst unter dem Eindruck dieser Versammlung, und gegen Mitternacht, vor dem Einschlafen, holte ich unten aus meinem Koffer die Bibel hervor, die meine Mutter dort eingepackt hatte. Ich las einige Stellen.

Am nächsten Tag, in Valentigney, nahm ich nach meinem Dienst an der Versammlung teil, und danach versäumte ich keine mehr. Eine Frage drängte sich mir auf: Wenn es Gott gibt – und daran hatte ich nie gezweifelt – ist es unmöglich, so zu leben, als gäbe es ihn nicht. „Natürlich bist du Christ", sagte ich mir, „du bist als Kind getauft worden, deine Eltern sind Christen. Man hat dir das Beten und den Katechismus beigebracht, du führst ein anständiges, moralisches Leben. Sicher. Aber Gott? Denkst du an ihn? Wenn die Bibel Gottes Offenbarung ist – machst du sie irgendwann auf? Du betest nicht. Du glaubst vielleicht an Gott, aber in deinem Leben ist er nicht vorhanden. Du verfügst über dich, über deine Zukunft, regelst alles, was dich betrifft, ohne dich um ihn zu kümmern." Ich war verwirrt.

So verging die erste Woche. Ich sollte mit dem Dienst aufhören und in die Landwirtschaftsschule eintreten. Da kam ein Brief vom Direktor, der mir mitteilte, daß der Unterrichtsbeginn um drei Wochen verschoben wurde, weil ein Unwetter die Schulgebäude beschädigt hatte. Verärgert und glücklich zugleich blieb ich noch eine Woche in den Diensten von Major Boisson.

Eines Abends brachte ich die an der Evangelisation Beteiligten von Valentigney nach Audincourt zurück, dann hatte ich noch eine letzte Fahrt zu machen, um drei Leutnantinnen zu holen, die den Saal nach der Versammlung in Ordnung brachten. Es war kalt, Schneematsch behinderte das Fahren mit dem schnaufenden Ford, dessen Scheinwerfer nur Licht gaben, wenn der Motor auf Hochtouren lief. Es war Mitternacht, Windstöße fegten über die Straße.

Die Leutnantin, die neben mir saß, schien schläfrig, die beiden anderen schliefen auf dem Rücksitz. Wir waren todmüde. Dort, wo die

Straße den Kanal entlangführt, rief meine Nachbarin plötzlich: „Halt, ich habe jemand auf der Straße gesehen." Sie zwang mich zu wenden, und wirklich, die Scheinwerfer erfaßten eine seltsame Gruppe: eine Frau, die zwei im kalten Wind zitternde und verängstigte Kinder an sich drückte. Wir stiegen alle aus.

„Was machen Sie Arme denn hier zu dieser Zeit?"

Mit vor Kälte klappernden Zähnen erzählte die Frau, daß ihr Mann betrunken heimgekommen sei, alles kurz und klein geschlagen und gedroht habe, sie umzubringen. Sie war in die Nacht hinaus geflohen und wußte nicht, wohin.

„Wo wohnen Sie?" fragte die Offizierin. Die Frau zeigte auf ein wackliges Gebäude, etwa hundert Meter entfernt, eine dunkle Masse, die wir in der Finsternis erahnten.

„Wir gehen hin", entschied die junge Offizierin.

„Nein, er ist gewalttätig, er wird Sie umbringen."

„Chauffeur, nehmen Sie die Lampe."

Keine Widerrede möglich. Ich schraubte eine der Öl-Laternen des Autos ab, und schon waren wir auf dem Weg zur Höhle des Löwen, ein Zug, der von Regen troff. Über eine brüchige Treppe zum ersten Stock, dort eine weit offene Tür zu einem schmutzigen Zimmer, umgestürzte Möbel, zerschlagene Teller und Gläser, im Raum daneben zerwühlte Betten und auf dem einen ein angekleideter Kerl, der schnarchte. Ich hielt die Lampe in der Hand, die diese Szene erhellte. Zum ersten Mal im Leben sprang mir das Elend mitten ins Gesicht.

Im Handumdrehen brachten die Mädchen alles wieder in Ordnung. Der Mann wurde auf einer Matratze ins erste Zimmer gezogen und schlief dort seinen Rausch aus, ohne zu spüren, was vor sich ging. Die Offizierinnen brachten die Frau und die Kinder ins Bett. Geschickt bewältigten sie diese ihnen fremde Aufgabe. Dann sprach eine ein Nachtgebet. Leise schlossen sie die Tür, und wir fanden in der windigen Nacht auch glücklich unseren Wagen wieder. Es war ein Uhr früh. Keiner sprach, während wir den Rest der Strecke zurücklegten.

Unter meinem guten Obdach angelangt, hatte ich trotz meiner Müdigkeit Mühe, Schlaf zu finden.

Am nächsten Tag bat mich eine der Leutnantinnen, mit ihr die Familie des Betrunkenen aufzusuchen. Sie erwartete uns, armselig, aber sauber gekleidet. In den Augen der Mutter stand Dankbarkeit, der Blick des Vaters verriet eine gewisse Scham. Bei der Versammlung im Theater von Audincourt sah ich sie unter Hunderten von Menschen, während das Programm ablief. Als der Aufruf zur Bekehrung erging, kniete die ganze Familie vor dem Podium nieder. Nach der Versammlung machte ich eine zusätzliche Fahrt und brachte diese zugleich lachenden und weinenden Menschen nach Hause.

Während der letzten Tage der Evangelisation intensivierte sich die Arbeit. Unglücklicherweise suchte sich der Ford genau diesen Augenblick aus, um zu streiken. Mein Chef, der Major, der Gott und die Welt kannte und sich in den verfahrensten Situationen zu helfen wußte, schickte mich los, einen Wagen zu übernehmen, den uns eine alte Dame zur Verfügung stellte. Es war eines der teuersten Modelle auf dem Markt, hatte vier Sitze, die wie Kübel aussahen, einen kleinen Zweigang-Motor vorne und vertikale Steuerung. Das Ding wurde selten gefahren, einzig die blitzenden Metallteile waren vorzüglich gepflegt. Ich fühlte mich nicht sehr wohl am Steuer. Auf einer Rückfahrt von Valentigne, ohne Fahrgäste, gab ich einmal Vollgas, um herauszufinden, was der Wagen leisten konnte. Das bekam mir schlecht, denn ich konnte so einem Motorradfahrer, der von rechts in die Straße einbog und mir den Weg abschnitt, nicht mehr ausweichen. Er prallte in voller Fahrt gegen meinen Wagen, ich machte einen Ruck nach links, und der Mann wurde etwa zwei Meter weggeschleudert. Er blieb eingekeilt zwischen einer Mauer und einem Telegrafenmasten hängen, sein Motorrad knatterte unter meinem Auto vor sich hin.

Aufgeregt und ängstlich kam ich meinem Opfer zu Hilfe. Seine unbequeme Position erinnerte an den schiefen Turm zu Pisa, er versuchte offensichtlich zu begreifen, was passiert war. Ich wußte eigentlich nicht, was ich tun sollte, also machte ich es den Heilsarmeeangehörigen nach, schüttelte ihm die Hand und sagte feierlich: „Gott segne Sie."

Er schien gerührt von dieser unerwarteten Anrede und antwortete „Danke."

Doch schon umringten uns Arbeiter aus der nahen Fabrik. Einer visierte eine kleine blaue Plakette an, die der Major an die Windschutzscheibe meines Rennwagens und auf dem Revers meiner Jacke angebracht hatte und auf der in weißen Buchstaben stand: Gott sucht dich; dann sagte er zu mir:

„Gehört der Spirituskocher dir?" und als ich nickte: „Na ja, diesmal hat er dich gefunden."

Schallendes Gelächter.

Wir befreiten den Mann, der nichts gebrochen hatte, sich schüttelte und schnaubte wie ein Hund, den man aus dem Wasser gefischt hat. Ich ließ ihn neben mir einsteigen und lud die Trümmer seines Motorrades ein. Natürlich hatte mich das eine ganze Weile aufgehalten. Als wir vor der Pension ankamen, standen alle wartend draußen auf der Straße und Major Boisson war wütend, sein Bart in Kampfstellung.

„Was soll das heißen?" Er registrierte meine Armsündermiene, das „Unfallopfer" an meiner Seite, das sich seinerseits fragen mochte, warum der Major von uniformierten Frauen umgeben war, schließlich das Blechgewirr hinten im Wagen. Ich brauchte nicht viel zu erklären; er begriff sofort die Situation. Ohne viel Aufheben vertraute er den Mann der guten Majorin an, lud das Motorrad aus, brachte den verbogenen Scheinwerfer in Ordnung und sagte zu mir: „Beeile dich, hol die verlorene Zeit ein und benimm dich nicht wie ein Schwachsinniger."

Abends bemerkte ich überrascht mein Opfer unter den Teilnehmern der Versammlung. Man hatte ihm die Reparatur seines Motorrads und seines zerrissenen Anzugs bezahlt. Ich hielt es für klüger, ihm auszuweichen, doch der Major rief mir mit seiner Donnerstimme, auf ihn weisend, zu:

„Fahr ihn heim!"

Unterwegs entschuldigte er sich beinahe für das Abenteuer, von dem er ein paar Prellungen zurückbehielt, jedoch keine allzu schlechten Erinnerungen.

Je näher das Ende der Evangelisation rückte, um so zahlreicher waren die Leute, die am Ende der Versammlungen vor dem Podium niederknieten. Ratlos, wie ich war, fragte ich den Major: „Was sagt man ihnen denn?"

„Du brauchst nur hinzugehen, dann wirst du sehen."

„Aber warum gehen sie denn überhaupt hin?"

„Weil sie von sich und den andern genug haben und sich bekehren wollen."

„Zur Heilsarmee?"

„Jetzt bist du bald 14 Tage bei uns und hast absolut nichts begriffen! Es geht um Gott und nicht um die Heilsarmee."

Ich war beeindruckt von dem, was ich gesehen und gehört hatte. Abends las ich trotz meines Schlafbedürfnisses manchmal ganze Seiten im Evangelium. Doch diese Lektüre beruhigte mich keineswegs, sie störte mich auf und ich fühlte mich immer weniger wohl in meiner Haut.

Entweder es gab Gott wirklich, und meine Sünde bestand darin, ihn bewußt oder unbewußt zu ignorieren. Oder aber es gab ihn nicht, doch davon konnte ich mich nicht überzeugen. Ich zog also den Schluß, daß ich ein Heuchler sei.

Der letzte Tag der Evangelisation war nahe. Die Sonntagabendversammlung fand in Valentigney statt. Die Dinge überstürzten sich, ich hätte schreien mögen: „Wartet doch, wartet!" Aber unerbittlich verrann die Zeit, und nichts konnte sie aufhalten. Wie immer stellte ich mich ganz hinten in den vollen Saal, als die Versammlung schon begonnen hatte. Die Atmosphäre war voll Freude und Begeisterung. Ich konnte nicht folgen, mich beschäftigte die bohrende Frage: „Nun also – du oder Gott?" Ich ahnte, daß die unvermeidliche Antwort schwere Konsequenzen haben würde. Ich hörte nicht einmal mehr, was gesagt wurde. Ich zwang mich, an die Landwirtschaftsschule zu denken, an das bißchen Geld, das ich in den letzten Tagen verdient hatte und das mir den Start erleichtern würde, an das Diplom, das ich im nächsten Jahr vor dem Militärdienst erwerben wollte; danach würde die Zukunft strahlend vor mir liegen. Meine Mutter hatte wieder Verbindung mit Brüssel, mit ihrer Hilfe ginge sicher alles gut. Man konnte etwas in Algerien kaufen, ich würde mich dort niederlassen, es war auch ihr Wunsch...

„Dann also du“, sagte die seltsame Stimme in mir. „Und Gott?“ Die Frage klang schmerzlich.

Der Aufruf zur Bekehrung begann.

„Was sagt man zu den Leuten, die auf der Bußbank knien?“

„Du brauchst nur hinzugehen“, hatte Boisson zu mir gesagt. War es wirklich nötig, daß ich mich jetzt entschiede? Und warum vor all diesen Leuten?

„Also – du oder Gott?“

In diesem Augenblick hatte ich das Gefühl, eine Hand ziehe mich weg von der Wand, an der ich lehnte, und wie ein Automat ging ich durch den ganzen Saal, um vor dem Podium niederzuknien. Ich hörte, wie ein Raunen durch die Reihen der Offiziere ging: „Der Chauffeur!“

Da fing ich an zu weinen, sicher eine Reaktion auf die Tage der Anstrengung und des inneren Konflikts, auch aus Aufregung, vor allem aber wegen des Bruchs mit der Vergangenheit. Alle meine Träume starben. Mir schien, ich brächte mich selber um. Der Major kniete neben mir nieder und sprach wie ein Vater zu mir. Ich hatte nichts zu beichten. Mein Gang zur Bußbank verdeutlichte nur meine Wahl: Nicht mehr ich, sondern Gott.

Es war schwer, das dem Major zu erklären, der von mir erwartete, daß ich irgendwelche Lügen, Leichtfertigkeiten oder schlechtes Betragen gestehe. Aber ich dachte an nichts dergleichen und wußte auch nichts darüber zu sagen. Die Sache war viel wichtiger, darüber schien er sich nicht klar zu sein. Das machte im übrigen wenig aus. Alles spielte sich zwischen Gott und mir ab. Ich sagte nein zu mir selbst, damit ich ja sagen konnte zu Gott. Von nun an wurde Gott mein Gott, der Gott meines Lebens. Für ihn wollte ich leben und nach seinem Willen. Ich weihte mich ihm.

Wie betäubt erhob ich mich, doch meinen Abenddienst versah ich, als wäre nichts geschehen. Es war der erste Sonntag im Oktober.

*„Ein jeder aber, der da kämpft, enthält sich alles Din-
ges, jene, daß sie eine vergängliche Krone empfangen,
wir aber eine unvergängliche... ich bin jedermann al-
lerlei geworden, damit ich allenthalben ja etliche selig
mache."*

Paulus

Der Neubekehrte

Am Montag Morgen erwachte ich mit einem eigenartigen Gefühl.
Nichts hatte sich geändert, und doch war alles anders. Ich schickte
ein Telegramm an meine Mutter und teilte ihr mit, was geschehen
war. Dann schrieb ich einen Brief an den Direktor der Landwirt-
schaftsschule, in dem ich mich abmeldete und auch sagte, warum.
Als ich in den Speisesaal hinunterging, war ich verlegen, ohne zu
wissen, weshalb. Der Saal stand voller Koffer, ich mußte gleich ein
paarmal zum Bahnhof und zurück fahren.
„Na, wie geht's heute morgen?" fragte der Major und klopfte mir
freundschaftlich auf die Schulter. „Was werden wir jetzt tun?"
„Ich habe mein Leben Gott übergeben, und so möchte ich in die
Heilsarmee eintreten."
„Du willst Offizier werden?"
„Ja, wenn das möglich ist." Er schien verwirrt.
„Und deine Familie?"
„Ich glaube, meine Mutter ist einverstanden, sie ist Christin. Ich
habe ihr heute morgen telegrafiert und warte auf Antwort."

„Für heute mach deinen Dienst weiter, und morgen werden die Wagen beladen, du fährst einen davon nach Paris." Dann ging er weg.

Ich erfuhr, daß zwei andere Jungen meines Alters am Abend zuvor auch zur Bußbank gegangen waren, zwei Einheimische.

Am Nachmittag kam ein Telegramm von meiner Mutter: „Wenn es so Gottes Willen ist, dann erfülle ihn." Mir traten die Tränen in die Augen bei dem Gedanken, was mein unglaublicher Entschluß für sie bedeutete.

„Stimmt etwas nicht?" fragte meine Wirtin. „Schlechte Nachrichten?"

„Nein, im Gegenteil. Meine Mutter ist damit einverstanden, daß ich in die Heilsarmee eintrete."

Sie schaute mich erstaunt an und meinte:

„Sie wollen Offizier werden?" Ich nickte.

„Gott segne Sie, mein Junge."

Vor seiner Abreise von Audincourt traf ich auch den Leiter der Evangelisation, Oberstleutnant Albin Peyron. Major Boisson mußte ihm von unserem Gespräch am Morgen berichtet haben.

„Sie sind noch recht jung, um so über Ihre Zukunft zu entscheiden. Und Ihre Eltern?"

„Mein Vater ist tot und meine Mutter einverstanden."

Er schien nicht sehr glücklich.

„Sie sollten erst Ihre Ausbildung beenden, nachher sieht man dann weiter."

Da war ein Widerspruch, der mich schockierte. Bei jeder Versammlung wurden die Leute dringend aufgefordert, sich zu bekehren, und den jungen Menschen zugerufen, sie sollten ihr Leben Gott weihen; die Salutisten machen die Tür zum Dienst weit auf, und wenn ich dann hineingehen will, fehlt wenig daran, daß sie sie mir nicht vor der Nase zuschlagen...

Am nächsten Tag machten sich zwei Wagen auf den Weg nach Paris. Ich hatte meinen Ford wiederbekommen, er war von Salutisten repariert worden. Im ersten Wagen saßen sie zu zweit, ich war im zweiten allein. Die Reise dauerte zwei Tage und eine Nacht, die ich schlotternd vor Kälte im Auto verbrachte.

Wir sollten zu einem Depot in einer Gasse des Quartier Vaugirard fahren. Aber im Straßengewirr verloren wir uns. Ich setzte keinen großen Eifer ein, um dieses Depot der Heilsarmee zu finden; nach zwei oder drei fruchtlosen Versuchen fand ich die Rue Saint-Antoine und fuhr den staubigen Ford in den Hof der Nummer 111, wo sich die Kadettenschule befand.

Genau dorthin wollte ich.

Die Kadettenschule

Ich klingelte an der Tür. Das ängstliche Erstaunen der Kadettin, die den Pförtnerdienst versah, machte mir bewußt, wie befremdlich ich aussah. Ich hatte die Nacht zuvor im Auto geschlafen, war zwei Tage unterwegs gewesen und daher schmutzig, ich trug einen Khaki-farbenen Militärmantel, den mir der Major, mein Chef, gegeben hatte, und eine gleichfarbige Polizeimütze. Auf den Schrei der Kadettin hin kam der ganze Stab zur Tür, zumindest die wichtigsten Leute: Majorin Rogivue, Adjutantin Ecoffey und die schönste, Kapitänin Irène Peyron.

„Aber das ist doch unser Chauffeur!" rief die Majorin.

Nachdem die Atmosphäre so entspannt worden war, führte man mich in den Vorraum. Nun, da die Überraschung abgeklungen und wieder Ruhe eingekehrt war, erweckte ich neues Erstaunen, als ich mit der Unschuld des Unwissenden erklärte:

„Ich komme hierher, weil ich in die Kadettenschule eintreten will."

Erst kamen laute Ausrufe, dann ein Berg von Gründen für die Unmöglichkeit meines Vorhabens, und dann zeigte sich Sorge auf allen Gesichtern, als ich sagte, ich hätte meine Sachen im Wagen und es gebe keinen anderen Ort, wo ich hingehen könnte, außerdem folgte ich nur dem Aufruf, den Oberst Peyron in Audincourt ausgesprochen habe. Beratungen folgten auf Beratungen, das Telefon klingelte noch und noch. Schließlich ließ ich das Auto im Hof stehen, und man brachte mich in die Unterkunft der Obdachlosen, wo ich meine erste Pariser Nacht im Zeichen der Heilsarmee verbrachte.

Am nächsten Tag ließ man mich wissen, ich solle mich bei der Kadettenschule für junge Männer melden, dort würde ich weitere Befehle bekommen. Ich ging zu Fuß hin, die Unterkunft befand sich in einem ehemaligen Soldatenheim auf dem Boulevard de Strasbourg und umfaßte einen großen Schlafsaal mit fünfzehn Betten, einen Speisesaal, ein Büro und ein Zimmer für den Kapitän.

Ich wurde vom Sekretär für die Kandidaten empfangen, einem bärtigen Adjutanten, der einst der Garde Républicaine angehört hatte. Auch ohne Säbel, Helm und Pferd bot er einen stolzen Anblick. Er nahm sich viel Zeit, um mir auseinanderzusetzen, daß ich die Bedingungen nicht erfüllte, die für einen künftigen Heilsarmeeoffizier gültig waren: Ich hätte mindestens sechs Monate lang Soldat sein, die 119 Fragen des „Großen Formulars" befriedigend beantworten, die Lehr-Grundsätze kennen und anerkennen, mindestens zwei Uniformen besitzen, von X, Y und Z empfohlen sein müssen – von alledem hatte ich nichts vorzuweisen, statt dessen aber die feste Absicht, mich nicht abweisen zu lassen.

Die Sache wurde peinlich. Neue Beratungen und Telefonate entschieden schließlich über mein Schicksal: Man würde mich drei Monate in der Kadettenschule behalten, dann konnte man weiter sehen. Man machte mich mit den anderen Kadetten bekannt. Da ich keine Uniform hatte, gab man mir eine amerikanische Militäruniform mit Wickelgamaschen und passendem Käppi, an dem das Band der Heilsarmee befestigt wurde. Die andern hatten blaue, gut sitzende Uniformen. Einer der Kadetten, der sich als Schneider bezeichnete, erhielt den Auftrag, mir ebenfalls eine zu machen. Er hatte kein Augenmaß, und als ich sein Werk anprobierte, brach schallendes Gelächter aus; er hatte mir wie bei den Uniformen der Damen zwölf Knöpfe und Knopflöcher gemacht, dazu einen so weiten Halsausschnitt, daß ich den Rock nicht aufzuknöpfen brauchte um etwas aus der Brusttasche zu holen. Die Offiziere trösteten mich, das würde mir helfen, mir selber abzusterben, außerdem rieten sie mir, das gute neue Stück nur zu öffentlichen Versammlungen zu tragen, im übrigen aber bei meiner Khaki-Uniform zu bleiben.

Das Sich-selber-Sterben war bei unseren Lehrern ein sehr beliebtes Thema, jede Demütigung, jeder Schmerz, alle Ungerechtigkeiten und Witzeleien wurden als ausgezeichnete pädagogische Mittel gepriesen, dieses Ziel zu erreichen. Ich verstand das nicht ganz, und um ehrlich zu sein, fühlte ich mich auch nicht besonders zu solcher Abtötung veranlagt. Ich überlebte also derartige „Prüfungen", zum großen Erstaunen meiner Offiziere.

Unser Kapitän war ein sympathischer, intelligenter Schweizer. Er hatte keine leichte Aufgabe, vor allem, da er jünger war als manche seiner Kadetten.

Der Kreis der Offiziersschüler bestand, abgesehen von einem einzigen Kameraden und mir, aus ehemaligen Frontsoldaten, die aus dem Schützengraben kamen, darunter ein paar Intellektuelle wie Forissier, der Ingenieur und hochdekorierter kriegsversehrter Offizier war, und ein Analphabet, der Kadett David. Er wurde bei unseren Versammlungen als einstiger Löwenbändiger angekündigt, was großen Effekt erzielte – in Wirklichkeit war er, glaube ich, eher der Stallknecht für die Raubtiere gewesen. Doch unsere Oberen, die uns vorstellten, waren auch nicht immer sich selbst gestorben und verstanden es, Schaum zu schlagen.

Wir wurden oft im nachhinein „befördert", so stellte mich mein ehemaliger Chef, der Major, eines Tages als einen jungen Mann vor, der der Landwirtschaftlichen Hochschule entsagt habe, dabei war ich ganz einfach in eine Schule praktischer Landwirtschaft gegangen; der gute Leblond wurde zu einem wohlbekannten Mann in den belgischen Bergwerken, während er in Wirklichkeit ein braver Grubensteiger war. Leblond bezog daraus neue Lebenskraft für sein Ich, das ja eigentlich sterben sollte. Er war ein schöner Mann, der gern an seinem blonden Schnurrbart zupfte und uns von oben herab musterte.

Jeden Morgen gingen wir zu unseren Schwestern, den Kadettinnen, zum Unterricht, abends, wieder im Gleichschritt, zurück in unsere

Unterkunft. Sonntags waren Versammlungen. Außerdem hatte jeder von uns einen bestimmten Bereich, wo er die Cafés und Restaurants aufsuchen und die Heilsarmee-Zeitschrift verkaufen mußte. Man sollte auch die Leute anreden und fragen, ob sie gerettet seien. Einen Nachmittag in der Woche gingen wir in die schmutzigen Hinterhöfe der Elendsviertel und sammelten die Kinder um uns, um ihnen biblische Geschichten zu erzählen; dann verkündeten wir von Tür zu Tür die Gute Botschaft.

All das ging nicht immer reibungslos ab, manchmal wurden wir zur Seite genommen, manchmal spielte man uns auch Streiche. Einmal wurde einem von uns, während er unsere Zeitschrift anbot, der Packen, den er unter dem Arm trug, von einem Gast angezündet. Und mir landete einmal, als ich in einem Hof sprach, eine Ladung Asche und Schutt auf dem Kopf.

Dann gab es auch die große Sammlung. Von morgens bis abends bettelten wir in den Geschäften der uns übertragenen Straßen. Am ersten Abend kam ich mit hängenden Ohren und geschwollnen Füßen zurück und legte als Ertrag von acht Stunden Sammeln ganze 25 Centimes auf den Tisch. Hätte ich nicht so naiv gewirkt, wäre der Kapitän womöglich auf den Verdacht gekommen, ich hätte das Ergebnis der Kaufmanns-Großmut unseres Viertels unterschlagen. Er selbst war ein Star, er brachte über 100 Franc heim.

Der Unterricht umfaßte Erklärungen von Bibelstellen, Aufklärung über die Lehr-Grundsätze, über das Vorbereiten einer Rede, die Vorschriften der Heilsarmee usw. Das alles war sicherlich interessant, doch Forissier, der schlauste, und David, der stärkste von uns, dazu ich, der Chauffeur, waren die meiste Zeit unterwegs für Besorgungen, Fahrten, Umzüge und andere Dienstleistungen im Auftrag des Hauptquartiers, das kein Geld hatte, um diese Arbeiten von Fachleuten ausführen zu lassen.

Als die Dreimonatsfrist vergangen war, suchte ich den Herrn von der Garde Républicaine noch einmal auf, und er ließ mich die „Kriegsartikel" unterzeichnen, was mich zum Heilsarmeesoldaten machte, dazu die Formulare für die Kandidaten, was der zuständigen Kommission ermöglichte, endgültig über mich zu entscheiden.

Tatsächlich erhielt ich dann auch ein paar Wochen danach die Mitteilung, ich sei angenommen an der Kadettenschule. Ich stieß einen so lauten Halleluja-Ruf aus, daß die ganze Klasse zusammenfuhr. „Kadett Péan, Sie müssen sich beherrschen", sagte der Kapitän zu mir.

„Er ist sich selbst noch nicht gestorben", meinte der Offizier. Kurz darauf wäre ich beinahe wieder „geflogen", und das mit gutem Grund; sicher war ich mir selbst noch nicht so gestorben, wie es nötig gewesen wäre.

War es die Reaktion auf eine Daseinsform, in die ich noch nicht hineingewachsen war, die Spannung, die aus einer öffentlichen und geistlichen Aktivität kam, die Tatsache, daß ich der jüngste war, jedenfalls verfiel ich auf die alberne Idee, ich müsse mich selbst bestätigen.

Eines Abends, als alle Kadetten im Saal friedlich schliefen, nahm ich eine Schere und schnitt katzengewandt Leblond den halben Schnurrbart ab. Die so gewonnene Beute umwand ich mit einem blauen Band, steckte sie in einen Umschlag mit seinem Namen und legte das ganze zur Post für die Schule. Dann schlief ich lächelnd, ohne alle Gewissensbisse ein.

Am nächsten Morgen wurden wir alle vom lauten Schimpfen Leblonds jäh aus dem Schlaf gerissen. Wir hatten oft gesehen, wie er sich beim Aufwachen reckte und an seinem schönen Schnurrbart zupfte. Diesmal hatte die rechte Hand nichts fassen können, er war zum Spiegel gestürzt, wo nun alle um ihn herumstanden und die Missetat sahen. Der Lärm, den dieses Erwachen verursachte, rief den Kapitän herbei; er war noch im Schlafanzug, als er die zornigen Erklärungen des Verstümmelten entgegennahm.

„Sie alle ziehen sich jetzt an, wir werden das später regeln."

Waschen, Rasieren, Bettenmachen, Schuheputzen, alles ging in tiefer Stille vor sich. Das Frühstück war höchst ungemütlich. Jeder betrachtete verstohlen das asymmetrische Gesicht und die beleidigte Miene des schönen Leblond.

Es konnte nicht mehr lange dauern.

„Derjenige, der das getan hat, soll sich bei mir melden." Und das tat ich mit der erforderlichen zerknirschten Miene.

Beratungen, Telefonate, Besprechungen, Rapport. Ich war nahe daran, vor die Tür gesetzt zu werden, doch zuvor mußte ich mich demütigen, um Verzeihung bitten, wiedergutmachen, und das vor den andern. Und dann auf die Entscheidung der Chefs warten. Zum Rapport erschien ich mit hängenden Ohren und erhielt Pardon. Ein Seufzer entspannte die Atmosphäre, der Kapitän ging daran, die Post zu verteilen. Da ertönte ein Wutschrei, Leblond hatte den Umschlag geöffnet und seinen halben Schnurrbart herausgeholt. In dem ganzen Umtrieb hatte ich vergessen, das Ding zurückzuholen. Und nun mußte ich alles noch einmal von vorn beginnen.

Als wir bei den Kadettinnen ankamen, war Leblond ohne Schnurrbart. Die Leiterin der Schule war ein wenig kurzsichtig und bemerkte erst am lauten Gelächter, das immer wieder ausbrach, die Veränderung im Gesicht ihres großen Kadetten. Und nun ging die ganze Geschichte zum drittenmal an, einschließlich der Sache mit dem Umschlag. Da lächelte sie sehr charmant und ein wenig maliziös:

„Nun ja", sagte sie, „er hat wieder gutgemacht und zurückgegeben, was er weggenommen hatte." Dieses Schlußwort setzte der ganzen Aufregung ein Ende, die Schule nahm wieder ihren üblichen Gang, nachdem die Affäre von unseren Chefs zu den Akten gelegt war.

Manche Versammlungen beunruhigten mich, weil sie mir den Ernst der Berufung zum Bewußtsein brachten, für die ich mich recht jung und alltäglich fühlte.

Kadett Péan und Sie, Kadett X, Sie werden am Donnerstag die Versammlung im Obdachlosenheim halten." Wir teilten uns die Aufgabe.

„Du läßt singen und leitest die Versammlung, ich nehme die Bibel und halte die Predigt."

Darüber gab es keine Diskussion, denn der Kadett redete gern, und ich wußte nie, wie beginnen, was sagen und wann enden.

Als wir den kleinen Saal betraten, warteten dort etwa fünfzehn ziemlich abgestumpfte Clochards auf uns.

Ich wollte ein mir bekanntes und liebes Lied singen lassen, doch keiner machte mit. Ein paar betrachteten uns verblüfft, andere dösten vor sich hin.

„Du weißt nicht, wie man es macht", sagte der Redner-Kadett zu mir, und als er an der Reihe war, das Wort zu ergreifen, hielt er eine Rede mit weitausholenden Gesten und dazu passendem Getöne, das am Ende auch die Widerstandsfähigsten einschläferte.

„Du rufst zur Bekehrung auf", sagte er, als er geendet hatte. Ich lud jeden, der sich bekehren wollte, ein, vorne niederzuknien. Ein einziger kam. Wir waren beglückt über unseren Erfolg. Neben ihm kniend legte ich ihm das Heilsgeschehen in Jesus Christus dar, wie man es uns in der Schule lehrte.

„Haben Sie das verstanden?"

„Oh ja, Kapitän."

„Dann wollen wir jetzt beten."

„Ja, aber wenn Sie in Ihrer großen Güte... sehen Sie, meine Jacke ist ganz zerrissen, wenn Sie mir eine andere hätten..."

„Aber darum geht es jetzt nicht, sondern um das Heil Ihrer Seele." Ich begann also wieder davon zu reden, „wie man gerettet wird". Ich hatte meine Lektion gut gelernt.

„Haben Sie jetzt verstanden?"

„Oh ja, aber wenn Sie die Güte haben würden..."

„Sie bekommen Ihre Jacke, aber denken Sie an die Ewigkeit."

„Ja, und wenn Sie mir auch noch eine Hose hätten..."

Meine Reserven waren erschöpft, ich rief den Redner zu Hilfe, doch auch zu zweit hatten wir nicht mehr Erfolg, wir versprachen ihm sogar noch ein Paar Schuhe zu Hose und Jacke. Ich begriff ein für allemal, daß das Reden von Gott zu Menschen im Elend ans Lästerliche grenzt, wenn man ihren Kummer und ihr Elend nicht teilt. Diese Erfahrung und Erkenntnis ließ mich ziemlich erschüttert zurück.

Zu diesen seelischen Belastungen kam ein oft unerträgliches Schuldgefühl. Man sagte uns – sehr zu unrecht –, unsere Unvollkommenheiten hinderten Gott daran, an uns und durch uns zu wirken, und unsere Fehler stellten eine Art Bann dar, der den anderen Christen den Sieg raube; all das wurde mit vielen zwingenden Beispielen aus dem Alten Testament belegt.

Gewissensskrupel überfielen mich. Ich mühte mich um mehr Vollkommenheit, damit ich meiner Berufung würdiger sei. Verlorene Mühe, vergebliche Anstrengungen.

Da hatte ich einen Traum.

Ich stand allein in einem runden Raum, in dem ringsum geschlossene Türen waren, und dachte über mein Schicksal nach, als eine der Türen sich ein wenig öffnete und ich darin ein teuflisches Wesen erblickte. Mit einem Sprung war ich an der Tür und schlug sie zu. Mein Herz pochte angstvoll. Im selben Augenblick ging eine andere Tür auf, ich sah dahinter die gleiche Grimasse, sprang hin und verjagte den Dämon. Ich war noch nicht wieder zu Atem gekommen, da erschien er an der dritten, der vierten, der fünften Tür. Ich stürzte von einer zur andern, atemlos vor Entsetzen. Schon wollte ich den ungleichen Kampf aufgeben, ich fühlte mich verloren; da fiel ich auf die Knie und schrie zu Gott. Im selben Augenblick wurde die Decke des Raumes hell und ich hörte alle Türen gleichzeitig zuschlagen.

Schweißgebadet erwachte ich. Ich hatte eben die wunderbarste Lehre begriffen, die Gott dem Menschen erteilen kann: Es waren also nicht meine eigenen Kräfte, mein Mut, meine Energie und Wachsamkeit, die mich dahin brachten, die ungleichen Kämpfe im Leben zu gewinnen, sondern einzig mein Gottvertrauen. Großer Friede überkam mich. Von da an war ich innerlich verwandelt, und auch mein Verhalten änderte sich.

Während meiner Kadettenschulzeit wurde unter Leitung von Oberst Peyron eine große Evangelisation im Quartier Latin durchgeführt, mit drei Versammlungen am Tag. Eines Abends begann der Brigadier, der für die Evangelisationsposten verantwortlich war, eine sehr gefühlvolle Geschichte zu erzählen, die die Zuhörer rühren sollte. Er war nahe dabei, sein Ziel zu erreichen, die Leute schienen bewegt, als von der Galerie herunter ein echter Pariser Gassenjunge ihm zurief: „Hör auf, so zu reden, sonst muß ich weinen!" Ein Riesengelächter, betretene Gesichter beim Stab...

Bei jeder Versammlung wurden ein, zwei Salutisten aufgerufen,

„Zeugnis abzulegen", das heißt, sie erzählten, wie sie gerettet und Heilsarmeesoldaten geworden waren. Das war immer interessant, und wenn die Reihe der Zeugnis gebenden Offiziere zu Ende war, blieben immer noch die Kadetten.

Oft wurde Forissier aufgerufen. Als der Krieg zu Ende war, kehrte er in seine Heimat an der Loire zurück; seine linke Hand hatte er verloren, dafür brachte er hohe Orden mit nach Hause. An einem Sonntag ging er in der Stadt spazieren und sah eine Menschenansammlung, in deren Mitte ein weibliches Wesen auf die Leute einredete. Es war ein schlankes, zartes Mädchen, anmutig und tapfer; die Menge, die sie umgab, schien recht feindselig, und Forissier mußte den Mut und die Leidenschaft, die von dem zerbrechlichen Persönchen ausgingen, bewundern. Die Leutnantin, die der mädchenhaften Kapitänin beistand, kündigte die Fortsetzung der Versammlung in einem Saal an und lud die Zuhörer dazu ein. Forissier leistete ihr Folge, und zum ersten Mal hörte er ganz schlicht von Gott reden und von dem Heil, das allen Menschen angeboten wird. Beim Aufruf zur Bekehrung stand er auf und ging, von einer unwiderstehlichen Kraft getrieben, nach vorn. Er kniete vor der verblüfften Menge auf der Bußbank nieder. Ein paar Monate später trat er in die Kadettenschule ein, wo wir uns kennenlernten. Trotz des Altersunterschieds – er war fünf Jahre älter als ich – schlossen wir Freundschaft miteinander.

David dagegen war ein ganz anderer Mensch. Er stammte aus der Bretagne und sprach oft von seiner Heimat, die keiner von uns kannte. Als er Soldat war, wurde sein Regiment dazu bestimmt, ein Todeskommando auf Galipoli zu übernehmen. In Marseille warteten sie unter strenger Geheimhaltung auf den Tag der Verschiffung; deutsche Unterseeboote machten erfolgreich Jagd auf die Transportschiffe, die sie ausmachen konnten oder die ihnen angekündigt wurden. Während der paar Wochen Wartezeit besuchten David und seine Kameraden oft das Soldatenheim der Heilsarmee, das von einer frommen Frau geleitet wurde. Sie hatte eine besondere Sympathie für den jungen Mann, der nie schrieb und nie las – mit gutem Grund: Er war Analphabet. Sie machte es sich zur Aufgabe, ihm das Lesen beizubringen, und benützte dazu eine Bibel mit sehr großen Buchstaben.

Mehrmals am Tag beschäftigte sie sich mit ihrem Schüler, so daß er nach kurzer Zeit eifrigen Lernens die ersten Geschichten aus dem Neuen Testament selbst lesen konnte.

Eines Tages sah ihn die Majorin nicht mehr. Voll Angst dachte sie an das Schicksal, das all diese jungen Menschen erwartete, und sie betete inbrünstig für sie, besonders aber für Fernand David. Der Truppentransporter fuhr mit gelöschten Lichtern durch die Nacht zum Ägäischen Meer, als noch vor dem Morgengrauen des zweiten Tages zwei Explosionen das große Schiff erschütterten, das innerhalb weniger Minuten versank, von zwei Torpedos getroffen. Von den 1800 armen Kerlen, die aus dem Schlaf ins Meer gerissen wurden, überlebten nur wenige. David konnte sich an einer Holzplanke festklammern, er wartete auf den Tag. Als die Sonne aufging, war er allein, von der Dünung hin und her geschaukelt. Die Stunden vergingen, er fühlte sich verloren. Seine Gedanken gingen zu der guten Majorin im Soldatenheim, er sagte sich vor, was sie ihn gelehrt hatte, und zum ersten Mal betete er, überzeugt, daß er sterben werde. Seine Kräfte ließen nach, langsam ging es gegen Abend. Er wußte, daß er eine zweite Nacht nicht überstehen würde. Er befahl sich also der Barmherzigkeit Gottes und wollte schon seine Planke loslassen, als er, von einer Woge hochgehoben, eine Rauchfahne am Horizont sah. Neue Kraft erfüllte ihn, das Schiff lief auf ihn zu. Er zerriß sein Hemd und winkte verzweifelt damit. Man bemerkte ihn. Als die Sonne am Horizont versank, wurde er an Bord geholt.

Nach Marseille zurückgebracht, ging er gleich nach der Entlassung aus dem Lazarett zu der Majorin, um ihr zu erzählen, wie Gott ihn errettet habe. Ein paar Monate später trat er in die Kadettenschule ein. Forissier gab ihm weiter Unterricht.

Wenn unser Kapitän öffentliche Versammlungen vorbereitete und David an der Reihe war zu sprechen, freuten sich alle Kadetten. Manchmal sagte unser junger Chef zu ihm:

„Kadett David, Sie geben das erste Lied an.“

Dann konnte man David im Schlafsaal mit seinem Gesangbuch sehen, wie er Vers um Vers auswendig lernte. Bei der Versammlung stand er selbstsicher auf und sagte mit seiner starken Stimme: „Wir singen jetzt miteinander das Lied, das so lautet…" und nahm sein Gesangbuch zur Hand und „las" Strophe um Strophe vor, ohne auch nur einmal zu stocken, und wir, hinter ihm auf dem Podium, stellten manchmal fest, daß er das Buch umgekehrt in der Hand hielt.

Der am meisten „geheiligte" unter den Kadetten war auch der bravste und fügsamste; er hieß Laurent. Das Lernen fiel ihm sehr schwer, doch unsere Lehrer rühmten uns immer seine große Frömmigkeit, was uns nicht eifersüchtig machte, aber manchmal auf die Nerven ging. Diese personifizierte Heiligung beeindruckte uns nicht sehr. Abends wenn wir in unserem Speisesaal alle um den Tisch herum am Lernen waren, ließ Laurent sich fromm an seinem Platz nieder. Er legte ein paar Bücher vor sich hin, lehnte daran das Handbuch der Lehrgrundsätze, in dem er beharrlich seine Studien trieb, mit aufgestützten Ellbogen das gedankenschwere Haupt tragend. Ziemlich bald wurde seine Atmung ruhig und gleichmäßig, was uns ankündigte, daß ihn seine Meditationen in das Reich der Träume entführt hatten.

„Laurent, du schläfst", rief einer von uns.

In die Wirklichkeit zurückgeholt, seufzte er und antwortete: „Nein, ich bete."

Eines Abends, als wir wußten, daß der Kapitän kommen würde, respektierten wir den Schlaf des Gerechten. Im Lesesaal des Soldatenheims hatten wir einen Schmöker über die Taten des „Kaspar Eisenarm" stibitzt, den legten wir sacht vor das Handbuch der Lehrgrundsätze. Als der Kapitän eintrat, herrschte Stille; er bemerkte, daß Laurent schlief.

„Kadett Laurent, was studieren Sie?"

„Die Lehrgrundsätze, Herr Kapitän", antwortete er erstaunt.

Unser unterdrücktes Gelächter brach los, als der Kapitän, irritiert durch die Illustrationen, die nicht zu dem frommen Buch paßten, den Streich entdeckte.

Es war Frühling geworden. Die Bäume an den Boulevards waren Schatten, und ich sehnte mich nach dem Land. Ich hatte gehört, daß es in der Provinz Heilsarmee-Posten gebe, in den Cevennen und am Oberlauf der Loire. Sicher würde man mich an einen solchen Ort schicken, ich hoffte es, ich betete sogar darum.

In den letzten Wochen wurden wir durch geistliche Einkehrtage, Gebet und Andacht auf unsere nahende Indienstnahme vorbereitet. Ich hatte mich Gott für immer und unter allen Umständen übergeben und erneuerte nun dieses Versprechen, doch immer mit dem leicht bittern Gefühl, daß meine Landwirtsausbildung nun zu nichts nütze sei und ich einen Weg gehen müsse, der mir nicht zusagte. Trotzdem ging ich ihn weiter im vollen Vertrauen auf Gott.

Am 2. Juni 1920, dem Tag unserer öffentlichen Einsegnung und der Übergabe unseres ersten Marschbefehls, hatten wir alle neue Uniformen an. Vom Podium der Salle Centrale, die bei dieser Gelegenheit voller Menschen war, verteilte Oberst Peyron die Marschbefehle. Zwei von uns wurden nach Reims beordert, Forissier zum Hauptquartier. Man erklärte uns, daß er als Einarmiger nicht in einem der sozialen Werke arbeiten konnte, denn er war nicht imstande, den Obdachlosen die Betten zu machen, und auch nicht auf dem Kampffeld, denn dann hätte er seinen Haushalt selbst besorgen müssen, und das konnte er auch nicht.

Als mein Name aufgerufen wurde, klopfte mein Herz zum Zerspringen.

„Kadett Péan", sagte der Oberst mit einem spitzbübischen Lächeln zu mir, „Sie lieben das Land?"

„Ja, Herr Oberst." (Jetzt ist es soweit, dachte ich beglückt, ich gehe in die Cevennen.)

„Nun ja, ich behalte Sie hier in Paris, Sie sind zum Kadett-Leutnant an der Salle Centrale ernannt."

Die Leute im Saal applaudierten. Mir drehte sich alles im Kopf, um ein Haar hätte ich zu schluchzen angefangen, ich war ja noch ein Junge. Ich nahm meinen Umschlag und ging an meinen Platz zurück. „Du bist verloren", sagte ich bei mir selbst, „in Paris, an der Salle Centrale."

Zwei Tage später fand ich mich in der Wohnung der Offiziere der Salle Centrale in der Rue Lafayette ein. Dort erhielt ich einen Brief meiner Mutter:

Mein lieber, guter Charles,
Du hast mir dieses Jahr eine große Freude gemacht, als Du Dich dem Dienst des Herrn weihtest. Für das Jahr 1920 wünsche und erbitte ich in täglichem Gebet, daß Du standhaft bleibst, daß Du immer mehr Erkenntnis Gottes gewinnst und dessen, was er von Dir will.
Ich küsse Dich zärtlich. Deine Dich liebende Mutter
Evangeline Péan

Die Salle Centrale

Kampffeld ist die Bezeichnung für die Gesamtheit der Heilsarmeeposten in einem Land. Zu jener Zeit waren es in Frankreich etwa dreißig, vier oder fünf davon in Paris. Die Salle Centrale lag im Börsenviertel.

Meine Aufgabe war es, den Saal zu pflegen, ihn einmal wöchentlich zu schrubben und nach jeder Versammlung zu kehren. Während der Veranstaltungen mußte ich den Leuten Plätze anweisen, die Kameraden bestimmen, die die Liederblätter austeilten, und die Kollekte in den Reihen der Versammlung organisieren. Manchmal stand ich hinter dem Vorhang am Saalende und trieb die Ratten, die aus einer undichten Falltür herauskommen wollten, in den Keller zurück. Jeden Donnerstag bekam ich ein paar hundert Exemplare unserer Zeitschrift, die für die Verkäufergruppen am Samstagabend zusammengefaltet und hergerichtet werden mußten.

Schließlich hatte ich vor den Versammlungen den „Türdienst" zu machen, das heißt, ich mußte eine halbe Stunde vor Beginn den Saal öffnen, im Winter Feuer anmachen, für Licht sorgen, dann auf der Straße die Leute ansprechen und einladen.

Bei dieser Arbeit war ich nicht allein; gute, tapfere Kameraden halfen mir treulich in ihrer Freizeit. Ich wußte, ich konnte mich auf den oder jene verlassen. Manche kamen nur an einem Wochentag abends, andere immer sonntags, wieder andere nur zum Verkauf der Zeitschrift am Samstag. Das waren Heilsarmeesoldaten. Wir hatten auch wackere Lokal-Offiziere, ein Titel, der ehrenvoller klingt als Unteroffizier und für nebenberuflich Tätige verwendet wird, die örtliche Verantwortung tragen.

Der Posten am Boulevard, wie man die Salle Centrale nannte, stand damals unter dem Kommando von Adjutant Fernand Becquet und seiner Frau. Mit ihren drei Kindern – darunter eine Tochter in meinem Alter – wohnten sie in der Rue Lafayette. Dort landete ich nach der Kadettenschule; mit einem der Söhne teilte ich das Zimmer. Hier hatte ich auch Pflichten zu erfüllen, mußte im Haushalt helfen, die Schuhe der ganzen Familie putzen, was mir von Herzen mißfiel, und auch Geschirr abtrocknen.

Um auch das bißchen Zeit auszufüllen, das mir meine Organisationsarbeit und die Handreichungen ließen, hielt ich donnerstags und sonntags die Kinderversammlungen. Sergeantin Lecoy und ich sammelten das kleine Volk aus den Elendslöchern im Viertel der Hallen auf; im Sommer gingen wir mit ihnen in den Wald von Vincennes, im Winter erzählten wir ihnen in unserem Saal aus der Bibel. Ich war überdies verantwortlich für die Besuche bei Alten und Kranken und mußte donnerstagsabends die Versammlungen leiten. Dafür mußte ich ein Programm machen und die Predigt halten. Ich wußte nicht, wie ich das anstellen sollte, denn ich hatte nicht viel zu sagen. Meine Erfahrung und meine Kenntnisse waren sehr begrenzt.

Da begann ich, mir eine persönliche Bücherei zuzulegen, ich tauschte meine Bücher über Landwirtschaft, Botanik, Tierzucht und Naturwissenschaft gegen Andachtsbücher und Predigtsammlungen ein. Die letzteren haben mir große Dienste erwiesen. Ich suchte mir die Predigt eines großen Kanzelredners der Vergangenheit aus, lernte den Grundplan auswendig, und trug meine Lektion bei der Versammlung vor. Die Leute waren starr vor Staunen.

„Der Junge ist bemerkenswert", sagte eine brave Mutti beim Hinausgehen. „Ja", antwortete ihre Begleiterin, „er wird es weit bringen."

Ich muß sagen, daß ich immer einen Satz einfließen ließ: „Wie Bossuet sagte", oder „Wie de Pressensé schrieb". Jedenfalls war das vernünftiger als meine armseligen eigenen Machwerke ohne rechte Grundlage; es brachte mich selbst sehr viel weiter.

Sobald ich einen Augenblick Zeit hatte ging ich zu den Seine-Quais und wühlte dort in den Bücherkisten der Händler. Manchen Schatz trug ich heim. Mein Lohn war sehr bescheiden, nebenher konnte ich mir nichts erlauben. Neben freier Unterkunft und Verpflegung gab mir Fernand Bequet fünf Francs wöchentlich. Doch die Bücher, die mich interessierten, waren antiquarisch fast umsonst zu haben.

Ein paar Monate nach meinem Dienstantritt erhielt mein Adjutant einen Marschbefehl nach Lyon. Dorthin zog er ab samt Familie, Schuhen und Geschirr.

Als Ersatz kam ein junger belgischer Kapitän, Clairhout. Mit dem Offizierswechsel ging auch ein Wohnungswechsel einher, ich transportierte meine Habe in eine Hinterhofwohnung der Rue Richer. Das Domizil bestand aus drei ineinandergehenden Zimmern und einer winzigen Küche. Die Toiletten waren auf dem Treppenabsatz und dienten drei Wohnungen jedes Stockwerks.

Ein neues Problem komplizierte mein Leben: Kochen. Meine Künste endeten mit Rührei und Pellkartoffeln. Als Willkommensmahl meines neuen Kapitäns wollte ich diese beiden Gerichte servieren, ich hatte gerade genug Geld, um Brot und sechs Eier zu kaufen; Kartoffeln und ein paar Büchsen hatte ich in der Wohnung vorgefunden, sie stammten von den Offizierinnen, die hier unsere Vorgängerinnen gewesen waren.

Clairhout kam an der Gare du Nord an. Zu meiner Verblüffung trug er die Uniform eines belgischen Militärgeistlichen, was mich an meine Bekleidungsabenteuer in der Kadettenschule erinnerte. In der Rue Richer angekommen, bereitete ich das Essen zu, während der Kapitän seine Sachen auspackte. Die Kartoffeln waren zerkocht, ich verwandelte sie also in ein Püree, das nach gar nichts schmeckte.

Da sah ich auf dem Büffet eine Dose mit der Aufschrift „Senfmehl", damit bestreute ich mein Püree und rührte gut durch. Der Geschmack hatte sich verändert, aber kaum verbessert; also würzte ich ein zweites Mal kräftig und servierte das ganze heiß zusammen mit dem Rührei.

Wir aßen wortlos. Glücklicherweise fanden sich in seinem Gepäck Äpfel, die ein vorzügliches Dessert darstellten.

Kurz danach sah ich ihn auf seinem Stuhl hin und her rutschen, und mir selber wurde es heiß im Leib. Das Gesicht des Kapitäns hatte sich grünlich verfärbt, er stürzte zum Treppenabsatz. Ich blieb ratlos zurück. Bald empfand ich die gleichen Regungen wie er und wartete ungeduldig auf seine Rückkehr. So rannten wir zwei, drei Mal hin und her, dann legten wir uns, mehr tot als lebendig, aufs Bett.

Am nächsten Tag las ich auf dem Paket mit Senf, man solle ihn mit Leinsamenschrot mischen und gut heiß auf die Brust des Kranken auflegen. Der lösende Umschlag war innerlich angewandt worden, und Clairhout nahm mir das für immer übel.

Zu dieser Zeit machte ich die Bekanntschaft eines jungen Mannes, der Inspektor bei den Gaswerken war, Georges Simonin. Er bekehrte sich und wurde ein sehr aktiver Christ. Auch seine Braut kam zu den Versammlungen. Oft diskutierten wir miteinander und hatten viel Freude und Nutzen davon.

Bald mußte er seinen Militärdienst ableisten, und zwar in Tunesien. Eines morgens fand auch ich im Briefkasten eine Mitteilung, daß ich mich der Musterungskommission zu stellen hätte, und ein paar Wochen später kam der Stellungsbefehl.

Es war Zeit für eine Änderung der Dinge. Sicher, es war gut für mich gewesen, daß ich in Paris blieb und nicht in die Cevennen kam, denn ich wäre in meiner Unkenntnis über die Heilsarmee draußen unwissend geblieben, während ich hier in der Hauptstadt die Bewegung kennenlernte, die mein Gott übergebenes Leben verwaltete.

Dazu brachte mir der Anblick eines Volkes, das sich müht und in den Elendsvierteln leidet, wo wir den Kindern ein wenig Freude zu schenken suchten, und der andern, die trinken und sich amüsieren, also sich betäuben, Lektionen bei, die ich nie vergesse. Das Zurschaustellen von Luxus und Laster dicht neben Schmutz und Not machten mich immer sicherer in der Berufung, die ich von Gott erhalten hatte.

Trotzdem war ich nahe daran, sauer zu werden, und ich schlug den Weg zur Kaserne zwar etwas beklommen, aber doch mit gewisser Erleichterung ein.

Im 89. Infanterie-Regiment

Im April stellte ich mich in Heilsarmee-Uniform in der Kaserne von Reuilly ein. Wir waren 1800 Rekruten, aber nur einer war die Sensation, bei den Wachen wie auf der Stube, auf den Höfen, in den Speisesälen, Büros und Lagerhallen.

„Was ist denn das für einer?"

Auf der Kleiderkammer bekam ich meine ganze Ausrüstung außer dem Waffenrock, der in meiner Größe nicht mehr da war; also mußte ich drei Wochen lang in meiner Heilsarmeeuniform exerzieren, Küchendienst machen und über die Höfe gehen. So wurde ich bald beim ganzen Regiment bekannt und anerkannt.

„Der Bursche von der Heilsarmee", sagte man.

Die Offiziere fragten mich aus, die anderen Kameraden redeten untereinander über mich.

Eines Tages fiel ich dem Oberst auf und er hielt mich an:

„Was treiben denn Sie hier in diesem Aufzug?" Und ohne meine Antwort abzuwarten, rief er den Offizier vom Dienst, die Ordonnanzen, die Kammerbullen, den Feldwebel vom Dienst und verpaßte jedem der strammstehenden Männer eine Zigarre, mit seiner Reitgerte auf mich zeigend. Mit einem dröhnenden: „Weggetreten!" kam er zum Schluß.

Niemand ließ sich zweimal bitten, sich aus dem Staub zu machen,

nur ich blieb wie der Dorftrottel mitten auf dem Kasernenhof stehen. Der diensthabende Unteroffizier sah mich und rief mich her:
„Kannst du wenigstens lesen und schreiben?"
„Ja."
„Dann geh Kartoffelschälen."
Nachdem die Kadettenschule der Heilsarmee mich nicht dazu gebracht hatte, mir selber zu sterben, übernahm nun das Militär diese Aufgabe.
Ich wurde der Maschinengewehrkompanie des Bataillons zugeteilt. Da ich schreiben und Kartoffeln schälen konnte, schlug man mich für den Zug der Unteroffiziere vor; und von dort holte mich der Hauptmann in den der Reserveoffiziersanwärter.
Da fand ich mich mit dreißig anderen Reserveoffiziersanwärtern in einem Schlafraum; wir waren alle in einem Alter außer einem Verheirateten, der 21, und einem, der schon 22 Jahre alt war.
Das Soldatenleben begann. Ich war vollauf zufrieden, die Kameradschaft, die körperliche Betätigung, die langen Märsche, die frische Luft, alles gefiel mir. Meine Kameraden mochten mich gern, ich war ein bißchen ihr Maskottchen, der Glücksbringer für die Mannschaft, zu der ich gehörte. Auch die Offiziere waren zuvorkommend zu mir. Und mich machte es glücklich, daß ich Zeugnis ablegen konnte.
Ich wurde Unteroffizier in der ersten Kompanie. Einmal befand ich mich an einer Örtlichkeit, die die Zivilisten allein, Soldaten aber in Rudeln aufsuchen. Da hörte ich jemanden den Choral pfeifen:
„Ich will treu sein bis zum Tod..!"
So schnell wie möglich stürzte ich dahin, wo die Melodie herkam und fauchte den Pfeifenden an:
„Konntest du mir das nicht schon längst sagen, daß du ein Bruder bist, wie?"
Meine Strafrede schmückte ich mit so volltönenden Worten aus, daß der andere ganz perplex dastand. Von dem Tag an wurden Edgar Forget und ich Freunde. Sein Vater war Pastor im Limousin, ein Bruder studierte Theologie in Paris, ein anderer stand vor dem Examen als Deutschlehrer und er selbst vor der Prüfung der Banque

de France. Bald sah man uns fast nur noch zusammen.

In unserem großen Kreis trieben wir oft die albernsten Späße, die bald zur allgemeinen Rauferei wurden. Eines Abends überkam uns wieder einmal einer dieser Zustände jugendlicher Verrücktheit; wir stellten die ganze Stube auf den Kopf, die Betten wurden umgeworfen, die Tornister mit unserer Bekleidung lagen am Boden herum. Im Lärm, den wir machten, hörten wir nicht, wie die Tür aufging, bis einer von uns das übliche „Achtung!" brüllte. Wir erstarrten in der Stellung, in der wir uns gerade befanden, vor der gestrengen Erscheinung des Feldwebels.

„Na, das sieht ja schön aus!"

Der Familienvater, dem wir die Hose über den Kopf gezogen hatten, so daß die Arme in den Hosenbeinen staken, hatte in jeder Hand einen Schuh und stand völlig unbeweglich. Forget, ein Kochgeschirr auf dem Kopf, rührte sich nicht. Ein anderer, im Adamskostüm, trug als einzige Bekleidung Koppel und Seitengewehr, drei lagen unter einem Dutzend Matratzen begraben, ich hielt ein Bajonett in der Hand.

„Ihr Maulhelden, was ist das für ein Benehmen, was soll das bedeuten?" Und den am nächsten Stehenden anvisierend fragte er: „Was haben Sie gemacht?"

„Herr Feldwebel, wir haben einen Brief gesucht, den Mignon verlegt hatte."

„Was für einen Brief?"

„Einen Brief von seiner Braut."

Tatsächlich hatte es so angefangen. Jeder wollte der erste sein, der den Brief der Braut las.

„Und deshalb –" er wandte sich an mich – „haben Sie das Bajonett gezogen?"

„Nein, Herr Feldwebel, aber ich habe eine Wanze gesehen" – was ebenfalls stimmte – „und wollte sie umbringen."

Der Feldwebel sah, daß das ganze zur Posse wurde, und wollte sein Prestige nicht aufs Spiel setzen. So sagte er: „Ich gebe Ihnen fünf Minuten, um die Stube in Ordnung zu bringen, dazu acht Tage Ausgangssperre."

Als anständiger Kerl, der er war, kam er nicht auf die Sache zurück und vergaß auch, die Ausgangssperre zu vermerken.

Bald wurden wir in alle Winde zerstreut. Ich blieb allein zurück, in einem Unteroffizierszimmer und mit einer Ordonnanz, die es in Ordnung hielt. Das fand ich sehr befriedigend, denn nun konnte ich ungestört beten und meditieren, während das im Gemeinschaftsleben sehr schwierig war.

Geld hatte ich keines, nur meinen Unteroffizierssold, abzüglich der Verpflegungskosten; von den fünf Francs meines wöchentlichen Heilsarmeesoldes bekam ich für die Militärzeit durch die Gnade des Hauptquartiers fünf Francs monatlich. Ich hob sie sorgfältig auf, um damit Bücher zu kaufen, ich liebte die Gottesgelehrtheit. Die Literatur der Heilsarmee ist ziemlich begrenzt, und meinem Wissensdurst konnte im Hinblick auf die Geschichte der Heilsarmee nur eine geringe Zahl Bücher Abhilfe schaffen.

Die Lektüre dieser Bücher war einerseits sehr interessant durch das Wissen, das sie mir vermittelte, andrerseits stärkte sie meinen Glauben. Vor allem aber las ich unablässig in der Bibel, manchmal ein Buch in einem Zug, das gab mir einen guten Überblick, manchmal ging ich Schritt um Schritt, Wort um Wort voran.

Wenn ich 24 Stunden Urlaub bekam, verbrachte ich ihn oft auf einem unserer Posten in der Provinz. Diese Besuche sind mir in guter Erinnerung geblieben. In Calais war der Saal der Heilsarmee in einem ehemaligen Kino zu Füßen des großen Leuchtturms. Jeden Abend war Versammlung. Fünf Minuten vor Beginn ließ der Kapitän die Kinoklingel ertönen, und der Saal füllte sich mit Frauen und Kindern; die Männer und Väter waren zum Fischfang auf dem Meer. Die Fischersfrauen schliefen niemals ruhig, am wenigsten in Sturmnächten, wenn sie wußten, daß sich die Männer mit dem oft bösartigen Ärmelkanal herumschlugen. Sie beteten inbrünstig, ihre ganze Seele lag in den Liedern, die sie sangen.

Bei einem solchen Sturm blieb der Saal die ganze Nacht offen, die Offizierinnen brachten Kaffee, man betete und sang. Beim Morgengrauen waren wir alle im wütenden Wind der Tagundnachtgleiche auf der Mole, angestrengt nach den zurückkehrenden Segelbooten

ausschauend. War ein Schiff erkannt, stürzte die Frau zur Landungsbrücke. An diesem Tag fehlten sieben Schiffe, eines kam gegen Mittag, ein anderes hatte in einem englischen Hafen Zuflucht gefunden. In der folgenden Nacht schlief niemand, und auch der Saal blieb offen. Morgens erreichten vier weitere Schiffe den Hafen, es fehlte das von Vater Gaure und seinen drei Söhnen. Am dritten Abend waren alle Frauen mit ihren Männern da, eben war mitgeteilt worden, daß das Schiff mit Mann und Maus untergegangen sei. Frau Gaure, die mit ihren jüngeren Kindern da war, stand auf, das Kleinste in den Armen. Sie nahm ihr Gesangbuch und sang mit todtrauriger Stimme: „Herr, du siehest meinen Jammer, und du prüfst mich hart, dennoch preis ich jene Stunde, da ich deiner Liebe inne ward."
„Ohne das Wissen, daß Gott uns liebt", sagte sie, „könnte ich eine solche Prüfung nicht überstehen. Er ist mein Trost."
Einmal kam Simonin auf Urlaub und verbrachte einen Sonntag mit mir, als ich Wachdienst hatte. Mit Freuden nahmen wir unsere Diskussionen wieder auf und genossen unsere Freundschaft.
„Mir hat die Bibel Gott offenbart und die Heilsarmee gezeigt, wie man dient", sagte er zu mir.
„Wie denn das?"
„Du weißt, ich stamme aus einer durch und durch atheistischen Familie, bei mir zu Hause hatte Religion absolut kein Existenzrecht. Wir waren Republikaner und forderten die Trennung von Kirche und Staat wie die meisten Franzosen. Auf der Oberschule hatte ich einen Kameraden, einen katholischen Jungen, der gab mir die Bibel zu lesen. Zuerst lehnte ich es immer ab, dann tat ich es doch. Ich habe sie gelesen, ganz, und das hat mich zum Christen gemacht. Die Heilsarmee aber, du weißt, wie es damit ist. Mein Atheismus wurde durch die Bibel überwunden, aber nicht meine Kirchenfeindlichkeit. Die Heilsarmee hat mir gezeigt, daß man sich in den Dienst Gottes stellen kann, ohne daß man klerikal werden muß, sie ist dabei, mich von meinen falschen Vorstellungen zu heilen. Obwohl, mit den Pfarrern... da bin ich selten einig."
Die Kompanie verließ das alte Fort Nogent, wo ich 22 Monate meines Soldatenlebens verbracht hatte. Wir kamen auf Bastion 10.

Hier war ich schon einen Monat als Rekrut und einen als Gefreiter gewesen, und jetzt würde ich sicher noch einen als Unteroffizier zubringen, hoffentlich den letzten, bevor ich diese Armee mit einer anderen vertauschte.

Ich schleppte also Tornister, Kochgeschirr und Bücher durch die Gegend und stand wieder in Reih und Glied. Jeden Tag marschierten wir zum Exerzieren in den Wald von Vincennes, wo ich Gelegenheit hatte, bei einer dort übenden Dragonerschwadron ein wenig zu reiten.

Das Ende der Manöver bildete eine große Truppenparade. Unser Oberst, den ich jetzt zum zweiten Mal sah, befahl unserem Hauptmann, einen Unteroffizier zu bestimmen, der das Ausschwärmen der Schützen übernehmen sollte. Das Los fiel auf mich. Ich trat vor, stand stramm und nahm die Befehle des Obersten entgegen, der sein Pferd nervös machte, indem er dauernd am Zügel zog; das wiederum machte mich nervös.

„Herr Unteroffizier, dort ist der Feind, da sind wir. Sie sind Gruppenführer und müssen diese Anhöhe im Sturm nehmen. Was tun Sie?"

„Ich bilde mit meinen Männern eine Schützenlinie und stürme, Herr Oberst."

Aus dem Gesicht des Hauptmanns sah ich, daß meine Antwort gut war, gleichzeitig hatte ich das Gefühl, daß die ganze Kompanie für mich zitterte, der Oberst war gefürchtet.

„Schön, fangen Sie an."

Ich ging also vom einen zum andern meiner Soldaten und sagte: „Du stellst dich dahin, du dort, und wenn dann…"

„Idiotischer Kerl!" brüllte der Oberst los, „mit wem haben Sie es denn zu tun, mit wem sprechen Sie! Sind das Würstchen oder Soldaten, was Sie kommandieren? Gibt man so militärische Befehle?"

Er war puterrot vor Zorn, schnauzte den Hauptmann an, weil er mich so schlecht ausgebildet habe, ließ das Pferd meine Dummheit entgelten und wandte sich dann wieder in Richtung der versteinert dastehenden Kompanie:

„Wer hat mir eine solche Bande von Dummköpfen vorzuführen

gewagt? Was machen Sie denn im Zivilberuf, so dumm, wie Sie sind?" Und ich antwortete ungerührt, in tadelloser Haltung, die Hand am Käppi:

„Herr Oberst, im Zivilberuf bin ich Offizier der Heilsarmee."

Eine Bombe hätte nicht verblüffender wirken können. Absolute Stille. Der Oberst saß mit offenem Mund und verschwommenem Blick auf seinem Pferd, der Hauptmann nahm wieder Farbe an. Ich stand unbeweglicher als eine Denkmalsfigur, obwohl mir der Schweiß am Körper hinunterlief.

Der Oberst machte auf der Hinterhand kehrt und galoppierte davon. Ich ließ die Hand sinken.

„Rührt euch!" rief der Hauptmann.

Fast wäre ich im Triumph davongetragen worden.

Wir begannen, die Tage zu zählen. Im Juni 1923 wurde ich zum Kapitän der Heilsarmee ernannt und erhielt einen Marschbefehl für den Posten Marseille II. Unsere Entlassung aus dem Militärdienst rückte immer näher.

Der Hauptmann rief uns auf dem Hof der Bastion 10 zusammen und hielt eine kleine Rede. Er drückte mir die Hand:

„Jetzt können wir von gleich zu gleich reden."

Wir waren recht glücklich.

Das Hauptquartier der Heilsarmee hatte mir eine Uniform geschenkt, die ich unter all den Rekruten in der Kaserne einweihte; sie sahen mir sehnsüchtig nach, ich ging mit Freuden.

Den Dienst in der Heilsarmee nahm ich mit dem Gefühl wieder auf, ich sei ein Mann geworden, der während der mehr als zwei Jahre Gottes Gnade und Güte bewahrt hatte.

Kapitän in Marseille

Vor meiner Abreise aus Paris gab mir das Hauptquartier einen Leutnant bei, der ganz frisch von der Kadettenschule in London kam.

Er war 22 Jahre alt und kannte kein Wort französisch; glücklicherweise spreche ich ein paar Worte englisch.

Howe und ich nahmen den Abendzug, wie üblich dritter Klasse,
das Gepäck in Reichweite, damit kein zusätzliches Geld dafür bezahlt werden mußte. Beim Morgengrauen erholten sich die blassen,
übernächtigten Reisenden bei einem guten Kaffee und einem Hörn-
chen am Bahnhofsbüffet von Avignon. Der Zug wartete großmütig,
bis sie sich die Beine vertreten hatten. Von da bis Marseille standen
wir am Fenster und konnten den Blick nicht von der Landschaft
der Provence wenden, die die aufgehende Sonne vergoldete; die
Harmonie der Formen und Farben verzauberte uns.

Als wir aus dem Rove-Tunnel herausfuhren, lag die große Stadt,
überragt von Notre Dame, unmittelbar vor uns ausgebreitet am
blauen Meer, auf dem die Inseln und das Château d'If schwammen.
„Das ist die Stadt, die Gott uns gibt", sagte ich.

Am Bahnhof erwartete uns mein zweiter Leutnant, ein Bursche,
der englisch sprach wie ein Engländer, was er auch war, obwohl
er in Frankreich geboren war und immer hier lebte.

Alexander Matthyssens war 22 Jahre alt, ein großer gut gewachsener
Sportler in tadelloser Uniform, begeistert und fröhlich. Er brachte
uns zum Posten Marseille II.

Das Haus lag neben einem Kino. Im Erdgeschoß befand sich ein
Speiselokal, was uns von Küchenqualen befreite. Die Leiterin, Ad-
jutantin Dumas, empfing uns freundlich; wir bezahlten 20 Francs
Pensionspreis wöchentlich, und da die Leutnante 35 Francs, der
Kapitän und der Älteste der Mannschaft – 23 Jahre alt! – 37 Francs
Löhnung bekam, blieben uns demnach 15 bis 17 Francs. Wir waren
reich.

Der Divisionskommandant erklärte mir:

„Die Heilsarmee, unter deren Zeichen alleinstehende Männer und
Frauen, Ehepaare und Familien Gott dienen, sichert ihren Offizieren im Rahmen des Möglichen einen Lebensunterhalt zu, der auf
der Grundlage eines Facharbeiterlohnes berechnet wird, wie er in
der betreffenden Gegend üblich ist. Allerdings muß sich der Posten
oder das soziale Werk, das er leitet, diese Ausgabe leisten können.

Wenn man Ihnen etwa Lebensmittel, Obst oder Marmelade schenkt, ziehen Sie das von ihrer Löhnung ab und tragen es in der Rubrik ‚Gaben in Naturalien‘ ein." Im Augenblick zählte das so wenig in meinen Gedanken, daß ich diese seltsame Regelung kaum zur Kenntnis nahm.

Als erstes mußte man die Liste der Soldaten und Rekruten zur Hand nehmen, sie kennenlernen, die „lokalen Offiziere" aufsuchen und dem Tätigkeitsplan folgen, den der Divisionskommandant aufgestellt hatte.

Zur Ausrichtung meiner Arbeit verfügte ich über

1. die „Regeln und Verordnungen", ein Buch von 50 Seiten für die Soldaten, von 250 Seiten für die Offiziere. Diese Bücher versuchten jede Situation, in die ein Soldat oder Offizier geraten könnte, vorherzusehen und Rat zu geben, wie man damit fertig wird.

2. das „Handbuch der Lehrgrundsätze", das – so summarisch es sein mag – ein Schutz gegen Irrtümer, phantasievolle Bibelauslegungen und andere Lehrabweichungen darstellt und gleichzeitig eine Richtschnur für die Unterweisung von Soldaten und Neubekehrten ist.

Diese beiden Bücher dienten mir als Krücken bei meinen ersten Schritten als Postenchef und wurden nach einiger Zeit zu den Gleisen, auf denen ich den „Zug des Heils" ohne allzuviel Anecken durch Marseille rollen zu lassen versuchte.

Unter den Soldaten befand sich ein Philosophie-Lehrer, der drei Jahre zuvor zum Adjutanten ernannt worden war, sein Sohn bewarb sich als Offizier. Schatzmeister war ein griechischer Kaufmann, Sekretär ein Marseiller Bürger; die Witwe eines Marinearztes unterrichtete die Kadetten, ein paar Sergeanten und Sergeantinnen übten andere Funktionen aus. Auch gab es eine schöne Jugendgruppe. Die Arbeit war begeisternd, aber auch ermüdend. Sonntag nachmittags begannen die Kameraden und ich eine Versammlung auf dem großen Platz, obwohl die Polizei das verboten hatte. Einer stand auf der Lauer und warnte uns, wenn ein Polizist auf der Bildfläche erschien. Konnte die Versammlung weitergehen, traten manchmal Störer in Aktion, die uns angriffen, uns unsere Zeitungen wegrissen, und mehr als einmal mußten wir die hundert Meter bis zum Saal im Laufschritt zurücklegen. Manchmal regnete es auch Steine, die auf den Gehweg prasselten. Seltsamerweise stärkte die heftige Opposition nur unseren Mut. Ehrlich gesagt, verstand ich nicht, warum die Leute uns böse waren und hinter uns herschrien: „Nieder mit dem Pfaffenpack!"

Samstagabends bildeten wir vier oder fünf Brigaden, die sich in den Stadtvierteln verteilten und bis lang nach Mitternacht unsere Zeitung verkauften. Wenn ein Junge sich bekehrte, wurde er mit einbezogen und verkaufte zusammen mit einem kampferprobten Kameraden. Man muß allen die Gute Nachricht bringen, die frohe Botschaft vom Heil.

Das Zeugnis des Salutisten lautet: „Ich bin glücklich, weil ich gerettet bin."

Wenn ein Mensch entdeckt, wie es wirklich mit ihm steht vor Gott, empfindet er zum einen das Bedürfnis nach Vergebung, denn er hat Gottes Gesetz übertreten, zum andern den dringenden Wunsch, aus der Sklaverei der Sünde befreit zu werden.

Unser Handbuch der Lehrgrundsätze erklärt:

„Wir glauben, daß unser Herr Jesus Christus die ganze Welt durch sein Leiden und Sterben mit Gott versöhnt hat; so kann, wer immer es will, gerettet werden."

All das ging in meinem Kopf etwas konfus durcheinander, und daher hatte ich Mühe, es zu erklären. Doch wenn auch meine Vernunft kein Mittel einer klaren Formulierung fand, so empfand ich doch die Gewißheit des Heils als wunderbare Wirklichkeit.

Diese völlige Veränderung des Lebens, die ich auch bei meinen Kameraden beobachtete, die Möglichkeit zum Neubeginn, das Freiwerden von sich selbst, der Sieg der Gegenwart über die Vergangenheit – was war das für eine gute Nachricht!

Allmählich kam ich auf den Gedanken, der Schlüssel zu dem ganzen Problem liege in der Vorstellung, die wir uns von der Sünde machen, im Sinn, den wir diesem Ausdruck geben. Daraus können sich ärgerliche Begriffsverwirrungen ergeben.

So bezeichnet man als Sünden alles, was gegen die Moral verstößt, wie Lügen, Stehlen, Brutalität oder Laster. In Wirklichkeit aber ist Sünde etwas viel Ernsteres, das sich auf anderer Ebene abspielt, nicht ein Bruch des Moralgesetzes, sondern Getrenntsein von Gott, sich selbst Gott vorziehen, sich an seine Stelle setzen, ihm die ganze Macht und Autorität über sich streitig machen, letztlich seine Existenz leugnen.

Das ist die Sünde, wie die Bibel sie zeigt, und alles übrige wie Lüge, Gewalttat, Ungerechtigkeit, Diebstahl und Unmoral sind nur die unvermeidlichen Folgen.

Daraus muß man ableiten, daß Gerettet-Sein heißt, versöhnt sein mit Gott und in Jesus Christus den Herrn und Meister erkennen, der uns offenbart, daß Gott ein Recht auf uns hat; und es heißt auch, daß man instand gesetzt wird, die Gebote des Evangeliums zu halten.

Sonntags bei den Versammlungen war eine Wolke von Zeugen da, jeder erzählte seine Erfahrungen die Woche über. Unter unseren Getreuen war auch ein Clochard ganz außergewöhnlicher Art, Richard. Ein echter Landstreicher dem Äußeren nach, aber immer bereit, uns zu helfen. Er schlief im Saal auf der Erde, akzeptierte nie eine Matratze oder ein Kissen, höchstens im Winter eine Decke. Manchmal verschwand er für zwei Wochen, dann war er wieder da, ohne jede Erklärung.

„Ich muß mal wieder ’raus. Die Freiheit… Wenn’s keine Polizei gäbe, würde ich draußen schlafen, das ist zu schön.“

Er duzte alle Welt, und keiner wußte etwas von ihm. Er mußte zwischen dreißig und vierzig sein, er liebte Gott und die Heilsarmee, die ihm eine Art der Frömmigkeit gezeigt hatte, die ihm zusagte. Samstags war er immer da, um den Saal sauberzumachen, uns diese Arbeit abzunehmen.

„Geh, bereite deine Versammlung vor, ich mach das schon.“
Nie nahm er Geld für seine Arbeit.

„Hör mal, gestern bei deiner Versammlung hast du eine Dummheit erzählt…“

Er bewies es mir, seine Bildung war erstaunlich, seine Sprechweise (mit uns) ausgefeilt, er sprach auch perfekt Deutsch. Die Heilsarmee war ihm eine Art Zuhause.

„Du, Richard, ich habe einen neuen Anzug für dich."

„Ich mag ihn nicht, wie würde ich aussehen mit den Klamotten."
Alle liebten ihn.

Nach ein paar Monaten verließ uns Matthyssens und wurde auf den Posten Grenoble versetzt. Howe und ich führten den guten Kampf weiter. Da bat uns ein junger Mann um Beistand für eine Evangelisation, die er im Stadttheater von Hyères veranstalten wollte. Sämtliche Kosten sollten von ihm bestritten werden.

Zu dritt begaben wir uns also nach Hyères, einem hübschen Fremdenort am Mittelmeer, den hauptsächlich golfspielende Engländer aufsuchten.

Der Saal füllte sich mit einem recht gemischten Publikum: protestantische Gemeinde, ein paar Leute aus der Stadt, eine Gruppe aufgeregter Jugendlicher, die die erste Galerie stürmte.

Der Abend war fürchterlich. Als ich zu Beginn meine Bekehrung erzählte, wurde die letzte Silbe jedes Satzes im Chor wiederholt. Einigermaßen durcheinandergebracht sangen wir ein Duo; an allen Ecken und Enden brach Gelächter aus. Erfolglos versuchten die braven Protestanten den Lärm zu beschwichtigen, kein „Pst! Seid doch still, seid doch höflich!" half. Der Freund, der uns in dieses Abenteuer hineingezogen hatte, war sehr blaß. Nach unserem Lied stellte ich Howe vor, der mit einem wunderschönen englischen Akzent Zeugnis ablegte:

„Liebe Freunde, ich bin glücklich, daß ich Ihnen sagen kann, mein Herz ist gewaschen im Blut des Lammes."

„Das ist ein Metzger", brüllte einer der Jungen.

„Also drauf, Kinder!" schrie ein anderer.

Und sie stiegen über die Bänke und Sessel, ließen sich von der Galerie fallen, teilten Püffe aus und stürmten aufs Podium. Die Bühnenarbeiter öffneten die Notausgänge und wollten den Vorhang fallen lassen. Ich fand mich wieder am Boden sitzend, zwischen zwei Türen. Howe war verschwunden, irgend jemand stellte den Strom ab, das Theater lag im Dunkel. Der Feldhüter und ein Gemeinderat stürzten herbei, Feuerwehrleute eilten mir zu Hilfe, der ich allein im Dunkel herumtastete, um meine Mütze und meinen Leutnant wiederzufinden. Unseren Freund entdeckten wir schließlich mehr tot als lebendig in der Requisitenkammer.

Glücklicherweise hatte es mehr Lärm als Unheil gegeben. Wir kehrten mit hängenden Ohren nach Marseille zurück, mit einem etwas bitteren Nachgeschmack und dem dringenden Wunsch, unseren Kameraden nichts von unseren Taten zu erzählen. Es sollte nicht jeder, der will, eine Evangelisation veranstalten, wir jedenfalls waren nicht aus dem Holz geschnitzt, daß wir derartige Abenteuer bestehen konnten.

Als Folge dieser Niederlage machte ich mir meine Unwissenheit zum Vorwurf. Wenn ich nur klüger gewesen wäre – ich fand mich entsetzlich armselig.

Zu diesem Zeitpunkt schickte mir meine Mutter, besorgt um meine Zukunft, Geld und eine Fahrkarte nach Chikago, damit ich zwei Jahre lang das Moody-Bibelinstitut besuchen könnte. Ein paar Tage lang war ich sehr verwirrt. Welch verlockende Sache! Sie war so genau zur rechten Zeit gekommen, daß ich darin eine Falle des Bösen zu spüren meinte und trotz aller Anziehungskraft der Reise und möglicher Studien nein sagte. Aufs neue setzte ich meine Hoffnung für Gegenwart und Zukunft auf Gott. Das alles schrieb ich voll Liebe an meine Mutter.

Wenig später erhielt ich einen Marschbefehl zum Bastille-Posten in Paris.

Kapitän im Bastille-Viertel

Am 19. Juni 1924 zog ich in die Wohnung ein, die den Offizieren dieses Postens vorbehalten war. Sie lag an einem Hinterhof. Auf dem gleichen Stockwerk hatte die Heilsarmee eine große Wohnung für die Kadetten gemietet, das Soldatenheim am Boulevard de Strasbourg war geschlossen worden.

Der Saal des Postens befand sich in der Rue du Chemin-Vert und faßte etwa 150 Personen. Das gleiche Haus beherbergte außerdem den „Armenschrank", eine Art Kleiderkammer für das Volk, und ein Sozialwerk, den „Dienst der Nächstenliebe". Diese Einrichtung wurde von einer Offizierin geleitet, einer Dame aus der oberen Gesellschaftsschicht Hollands; ihre Ausstrahlung bekam das ganze Viertel zu spüren.

Der Posten, dessen Kapitän ich wurde, befand sich mitten in der Entwicklung; er hatte 80 Soldaten, darunter eine regelrechte Schweizer Kolonie.

Da ich schon etwas Erfahrung mit der Führung eines Postens hatte, zog ich als erstes die Bücher zu Rate und vertiefte mich in das Programm, das wie in Marseille vom Divisionskommandanten aufgestellt worden war. Da standen eindrucksvolle Dinge:

„Der Offizier muß unbedingt 18 Stunden wöchentlich auf Besuche außerhalb des Postens verwenden. Täglich hat er 9 Stunden effektive Arbeit zu leisten", hieß es in der einschüchternden Instruktion.

Das Tagebuch, das Buch der Besuche, das der Soldaten, der Finanzen und der wöchentlichen Rapporte machten mich endgültig mit der vor mir liegenden Aufgabe vertraut.

Gewiß würde mir die Vorbereitungsarbeit in Marseille gute Dienste tun, hier, wo ich es mit anderen Menschen, anderen Soldaten zu tun hatte. Und ich hoffte auch auf die wirksame Hilfe der Lokal-Offiziere.

Jedenfalls würden die verschiedenen Versammlungen immer wieder neue Gedanken und Zeit zur Vorbereitung erfordern. Ich mußte mich also in acht nehmen, daß ich nicht der Versuchung erlag, alte Notizen vorzukramen. Man konnte wohl die gleichen Themen wählen, aber dann hatte man sie neu zu bedenken und für ein neues Publikum und den jetzigen Zeitpunkt zu bearbeiten. Sonst rochen sie ranzig.

Wir hatten eine Blasmusik, und wenn wir sonntags zur Versammlung auf der Bastille-Esplanade marschierten, waren wir oft zwölf bis fünfzehn begeisterte junge Männer in Uniform, und manchmal stellten sich andere am hellen Tag der Berufung zum Dienst des

Herrn. So gab es wirklich schöne Versammlungen unter freiem Himmel und im Saal. Beim Gottesdienst am Sonntagmorgen schien uns die Gegenwart Gottes manchmal greifbar, so inbrünstig wurde gebetet und gesungen. Sicherlich mußte man auch Gelegenheit zur Sammlung geben, was nicht immer leicht fiel, oft hing es von einem passenden Lied ab, einem Gebet, einem vom Geist eingegebenen Wort, einer scheinbar bedeutungslosen Kleinigkeit.

Eines Tages bemerkten zwei unserer Soldaten bei der Heimkehr vom Verkauf unserer Zeitungen eine dunkle Masse im Rinnstein; es war ein Betrunkener. Sie brachten es fertig, ihn auf die Beine zu stellen, fanden seine Adresse und brachten ihn nach Hause. Beim Verlassen des Zimmers ließen sie unsere Zeitschrift auf dem Tisch zurück. Wie auf jedem Exemplar war auch auf diesem ein Stempel mit der Anschrift unseres Postens. Als der Mann erwachte, brauchte er erst eine Weile, bis er begriff, was mit ihm geschehen war; er sah die Zeitung, las unsere Adresse und kam zur Versammlung am Sonntagabend. Dort erkannten ihn unsere beiden Verkäufer und erzählten ihm die ganze Geschichte. Am Ende der Versammlung ging er zur Bußbank und bat Gott um Hilfe. Und durch seine Bekehrung wurde er ein nüchterner Mensch. Im Monat darauf ließ er sich als Soldat einschreiben, bestellte eine Uniform, und da er ziemlich dick war, verlangte der Schneider zusätzlichen Stoff. Dieser Türke mit einem schönen schwarzen Schnurrbart war erfüllt von lobenswertem Eifer; er brachte von seinem eigenen Arbeitsplatz immer wieder Tagelöhner mit, die er zum Ende der Versammlung um die Schulter faßte und mit sanfter Gewalt zum Niederknien auf der Bußbank zwang. Wir mußten seine Begeisterung immer wieder dämpfen und ihm erklären, daß die Menschen aus eigener Überzeugung und nicht bedrängt von anderen vortreten sollten. „Und warum? Schau dir an, was Gott für mich getan hat, ich lag im Rinnstein, und jetzt bin ich ein Mensch. Er tut das auch für sie."

An einem Sonntag wurde die Versammlung von Albin Peyron geleitet, der eben zum Kommissar befördert worden war. Eine Reihe von Zeugnissen war abgelegt worden, alle von Männern.

„Wenn wir nun noch ein Mädchen hören könnten, das Zeugnis einer Schwester."

Er hatte nicht ausgesprochen, als unser Herkules sich erhob und zum Podium strebte, ohne sich um das Lachen zu kümmern, das er auslöste. Nachdem er gesagt hatte, was er sagen wollte, setzte er sich ans Ende der Bank.

„Wir wollen uns erheben, um zu beten."

Unser braver Türke, den die Ansprache sicher etwas schläfrig gemacht hatte, überhörte die Aufforderung. Da aber alle andern auf der Bank Sitzenden Folge geleistet hatten, fand er sich am Boden sitzend wieder, und die Bank ragte gen Himmel, was der Feierlichkeit eines Versammlungsabschlusses ganz und gar unangemessen war.

Während meiner Tätigkeit im Bastille-Posten bekam ich Gelegenheit, die Offiziere der Hauptstadt näher kennenzulernen, vor allem die, die bei mir Versammlungen hielten. In erster Linie mein unmittelbarer Vorgesetzter, der Kommandeur der Division von Paris, Major Alex Ebbs. Er war jung, groß, schlank, ein ausgezeichneter Geiger und großartiger Organisator. Obwohl er Engländer war, sprach er korrektes Französisch. Da er recht großzügig war, brauchte er ständig Geld für seine Posten. So veranstaltete er in den Räumen des Hauses der Zivilingenieure einen Bazar, der viele Persönlichkeiten der Pariser Gesellschaft anlockte, was dazu führte, daß Leute, denen es an Initiative fehlte, von Weltlichkeit redeten. Er war sogar so kühn, an den Präsidenten der Republik heranzutreten; er erhielt von ihm eine herrliche Sèvres-Vase und ein Handschreiben. Der Bazar dauerte drei Tage und sollte durch ein Konzert wohltätiger Künstler abgeschlossen werden. Das abscheuliche Wetter dieses Abends schadete leider dem zahlenmäßigen Erfolg, doch nicht dem qualitativen. Der Saal war hauptsächlich von Salutisten bevölkert, die sich das Gesicht verhüllten, als eine berühmte Sängerin sich mit ihrer Stimme in den höchsten Koloraturen erging und dabei die Rundungen ihrer freigiebig dekoltierten Büste hob – schauderndes Entsetzen!

„Was sollen unsere jungen Offiziere denken!" ächzte eine Unteroffizierin respektablen Alters mit einem Blick auf mich. Ich fand das natürlich und eher angenehm.

Der arme Major Ebbs mußte erfahren, daß jede Neuerung, jedes Abgehen von ausgetretenen Wegen die Kritik der Mittelmäßigen herausfordert. Man braucht dazu Mut, hier könnte man sagen, heiligen Mut.

Kommissar Peyron fehlte es daran nicht, und alle andern folgten ihm. Das öffentliche Aufsehen, das der Bazar gemacht hatte, benützte er zu einer Evangelisations-Kampagne im gleichen Saal der Zivilingenieure. Alles wurde mobilisiert, das ganze Viertel besucht, mit Handzetteln überschwemmt, überzogen mit Versammlungen unter freiem Himmel, Umzügen und Liedern. Ebbs stellte aus Freiwilligen ein Orchester zusammen, ein Dutzend Geigen, ein Cello, einen Kontrabaß; ein Kamerad blies Klarinette, ich Flöte. Eine Viertelstunde vor jeder Versammlung ließ unser Major-Dirigent uns Heilsarmee-Lieder spielen. Wir begleiteten den Gemeinschaftsgesang, was allen Leuten gefiel. In unserem Gelegenheitsorchester musizierten auch ein paar Kinder von Offizieren und zwei Berufsmusiker mit, die Ebbs durch seine liebenswürdige Überzeugungskraft gewonnen hatte.

„Man sollte Choräle nicht von Leuten spielen lassen, die nicht bekehrt sind", säuselte süßsauer eine gute Christin, der es offensichtlich an geistiger Weite mangelte.

Am Ende der zweiten Versammlung, als alle still beteten, stimmte der Kommissar ein Lied an und lud die Menschen ein, sich zu bekehren. Mehrere gingen nach vorn. Das gut gedrillte Orchester nahm rasch die Melodie auf, doch ich hörte den Kontrabaß nicht mehr, der den Takt angeben sollte. Suchend blickte ich hinüber, sein Instrument lehnte an der Wand, er selbst kniete auf der Bußbank.

Oft kam ich mit Matthyssens zusammen, wir waren wieder Nachbarn. Er war Sektionsoffizier an der Schule und sollte sich mit den Kadetten befassen, einer Schar prächtiger Jungen. An einem Mittag brachte ich ihn zur Bahn, er reiste nach London, und das Hauptquartier betraute mich mit der Aufgabe, ihn während seiner Abwesenheit in der Schule zu vertreten.

Ich übernahm meine neuen Funktionen und behielt gleichzeitig die Verantwortung für den Bastille-Posten. Es war nicht leicht, zwei den Menschen so ganz beanspruchende Aufgaben nebeneinander gut auszuführen.

Nach dem Abenteuer mit dem Bazar wurde Ebbs nach Italien geschickt; das bedeutete eine Beförderung. Brigadier Dejonghe und seine Frau folgten ihm als Divisionskommandeur. Die beiden, ein kinderloses Ehepaar, erschienen uns sehr alt, obwohl sie erst um die vierzig waren: sie übten keine Anziehungskraft auf junge Leute aus.

Zu dieser Zeit wurde Kommissar Peyron die schlimme Lage der Obdachlosen deutlich. Ihn verfolgte die große Zahl der Menschen, die unter den Brücken von Paris schliefen oder nachts in den Metro-Schächten kauerten. Er entwickelte einen großen Hilfsplan, der mit der Einrichtung eines „Volks-Hotels" für Männer begann. Zuvor hatte es nur die Obdachlosenunterkunft gegeben, in der ich meine erste Pariser Nacht zugebracht hatte, und ein ähnliches Haus für Frauen. Es gab auch ein städtisches Nachtasyl, wo man nach drei Nächten rausflog und erst nach einem Monat wiederkommen durfte, und die „Goldene Traube", wo die Nacht einen Liter Wein kostete. Abends wurden Seile durch den Großen Saal gespannt, die Kunden schliefen, indem sie die gekreuzten Arme auf das Seil stützten und den Kopf darauf legten. Am frühen Morgen schnitt der Inhaber das Seil durch und alle Oberkörper fielen nach vorn, jeder wurde sich recht brutal bewußt, daß sein Hundeleben weiterging. Bei den Frauen war es eine andere Sache, wenn sie jung oder doch einigermaßen gut erhalten waren. Wenn nicht, blieben ebenfalls die „Goldene Traube", verlassene Keller, die Heizungsschächte der Präfektur oder die Brücken.

Es gelang der Heilsarmee, im 13. Arondissement eine aufgegebene Gummisohlen-Fabrik ausfindig zu machen. Mit Geld- und Arbeitsaufwand wurde sie erworben und in eine schöne, einfache Herberge mit 300 Betten in kleinen Zimmern verwandelt; sie erhielt den Namen „Volks-Palais". Natürlich waren wir alle mobilisiert, um das Haus herzurichten. Doch das brauchte Zeit, und der Winter war schrecklich für die Menschen, die weder ein Dach über dem Kopf noch ein Feuer besaßen, um sich zu wärmen. Daher beschloß der Kommissar, jede Nacht Suppe austeilen zu lassen. Der „Gespenster-Karren" mit einem riesigen Kessel dicker, heißer Suppe ging von 22 Uhr bis 3 Uhr morgens von den Hallen zur Place Maubert, ein weiterer Karren folgte mit einem Sack voll Brot. Bald ersetzte ein Lastwagen den Karren.

In der Rue Saint-Sauveur wurde auch eine Baracke als Zuflucht für obdachlose Frauen errichtet. Der Winter war so hart, daß der Kommissar befahl, unsere sämtlichen Säle zu öffnen und hier alle, die nicht wußten wohin, im Warmen auf Strohsäcken schlafen zu lassen. Das Evangelium kann nur dann das Herz richtig erwärmen, wenn es auch den Körper wärmt.

Bardiaux, der das „Volks-Palais" leitete, tat wahre Wunder, kaum einen Monat nach seiner Eröffnung mußte man schon Leute zurückweisen, also hieß es: vergrößern, was glücklicherweise möglich war; es entstand ein Anbau mit vier Schlafsälen zu jeweils 25 Betten. Bis auf die Flure und Treppen hinaus mußten Unterbringungsmöglichkeiten geschaffen werden.

Ermutigt durch den Erfolg des „Volks-Palais" machte sich Albin Peyron an das, wie manche Salutisten glaubten, verrückte Unternehmen, ein „Palais der Frau" zu schaffen.

Es gelang, zu günstigen Bedingungen in der Rue de Charonne ein sehr großes Gebäude zu erwerben. Während des Krieges war es vom Militär, später von Ministerien benützt worden, nun stand es leer und war schrecklich verwahrlost. Die Wiederherstellung kostete ebensoviel wie der Kauf. Das ganze war ein Abenteuer. Monatelang war die ganze Heilsarmee mobilisiert, um die nötigen Mittel zu sammeln und die 750 Zimmer des Hauses einzurichten.

Auf meinem Posten fühlte ich mich sehr wohl. Jeden Sonntag kam ein Besuchs-Prediger, um die Versammlung zu halten, und wir Jungen urteilten im allgemeinen nicht sehr nachsichtig darüber.

Die Sekretärin für die weiblichen Sozialeinrichtungen war eine sehr fähige Frau, die aus einer hoch geachteten Welschschweizer Familie stammte. Wir mochten diese Offizierin sehr gern, aber bei Ver-

sammlungen sprach sie immer viel zu lange. Einmal kontrollierten wir die Zeit mit der Stoppuhr: 45 Minuten für die Einführung...
„Ich habe vielleicht ein wenig lang gebraucht, aber man muß die Dinge beim Namen nennen", sagte sie zu mir als Entschuldigung.
„Nach dem Lied werde ich noch die Botschaft ausrichten."
Der Sermon dauerte 50 Minuten, wir explodierten innerlich. Dabei war das, was sie sagte, interessant. Einmal erklärte sie mir:
„Man darf nie vor einer Aufgabe zurückweichen, Kapitän, nie einen Appell zurückweisen, niemandem nein sagen. Es gibt immer eine Lösung des Problems, man muß sich nur die Zeit nehmen, sie zu suchen." Und sie wandte sich um und ging davon wie eine Königin. Was sie sagte, das tat sie auch; ich habe von ihr zwei Dinge gelernt: nicht zu lange zu predigen, und immer ja sagen zu können.
Ich fühlte mich fest mit der Heilsarmee verbunden, und Gott liebte ich mehr denn je. Seit etwa einem Jahr traf ich mit der Leutnantin vom Posten Montparnasse zusammen, die Begegnungen verwirrten mich. Sollte das Liebe sein? Ich wurde unruhig. Himmlischer Vater, solltest du sie für mich und mich für sie zubereitet haben? Und würde diese Liebe nichts von der wegnehmen, die wir dir schuldig sind? Tausendmal lieber wollte ich allein bleiben, als jemand anderen den Platz einnehmen lassen, den Gott in mir hatte.
Die Zeit verging. Die Offizierinnen im kanonischen Alter lamentierten darüber, daß ich noch immer unverheiratet sei. Ich hatte den Verdacht, daß sie sich darüber unterhielten, wen man mir suggerieren könnte. Das Gefühl, daß andere in einer so persönlichen Angelegenheit für mich denken wollten, war mir entsetzlich. Eine Dame vom Generalstab sagte zu mir in einer Direktheit, die mich verletzte:
„Werden Sie sich in absehbarer Zeit entscheiden? Oder bilden Sie sich ein, der Herr würde Ihnen eine Frau auf dem Präsentierteller herbringen?"
„Genau das erwarte ich."
Eine andere konstatierte Kommissar Peyron gegenüber:
„Ärgerlich, daß der Junge nicht heiratet."
Auch meine Schwester spielte mit bei der Partie. Schließlich – beein-

flußt, dirigiert oder auf den Geschmack gekommen – begann ich
der jungen hübschen Leutnantin den Hof zu machen, keine Kunst
bei diesem musikalisch und dichterisch begabten, intelligenten und
charmanten Mädchen. Doch schon ein paar Tage später fühlte ich
leider, daß es doch „nicht das Richtige" war. Warum? Ich hätte
Mühe gehabt, es zu sagen. Und nach ein paar Monaten kehrte sie,
sicherlich meine Zweifel teilend, in ihre Heimat nach England zurück. Die Briefe, die wir wechselten, wurden seltener und hörten
schließlich auf.

Im Hauptquartier war man ungehalten. Ich wurde vom Kommissar
zu sich zitiert, das Gespräch fand auf dem Bahnsteig statt, von dem
er nach Bordeaux abfuhr.

„Diese Sache ist ernst, mein Junge. Haben Sie es sich gut überlegt?
Sie hat alles, um eine ausgezeichnete Frau und Offizierin zu werden."

„Ja, das stimmt."

„Warum also?"

„Ich liebe sie nicht mit der richtigen Liebe."

Dieser Grund schien meinem Chef einzuleuchten. Er wollte für
mich beten. Ein wenig weh hatte der Bruch doch getan.

Zu dieser Zeit bekam ich meinen vierten Marschbefehl. Mein Nachfolger am Bastille-Posten wurde mein Freund Dufays, ich dagegen
Chef der Kadetten an der Kadettenschule.

Es war der 8. Oktober 1925, sechs Jahre zuvor hatte ich mich bekehrt, und seit fünf Jahren diente ich als Offizier.

Lehrkraft an der Kadettenschule

Mein Ruf an die Kadettenschule als Verantwortlicher für die jungen
Männer erfüllte mich mit Freude. Endlich würde ich weniger spora-
disch meine Studien treiben können als auf den Außenposten.

„Das Ziel der Schule, das nie aus den Augen verloren werden darf, ist die Ausbildung von Offizieren, die mit Leib und Seele dabei sind, beseelt vom Heiligen Geist, fähig zusammenzuhalten und die Heilsarmee in allen Bereichen ihrer Aktivität voranzubringen.

Die Ausbildung der Kadetten umfaßt drei Abschnitte:

a) Geistliches Leben
b) Praktischer Unterricht
c) Wissenschaftliche Bildung
d) Körperliche Ausbildung

Die Offiziere der Schule werden vom General ernannt.

Der Schuloffizier soll sein:

Wahr, offen, durch seine Liebe zu Gott von echter Frömmigkeit bestimmt, ein guter Salutist, standhaft, arbeitsam usw."

So steht es in den Ordnungen und Regeln für Offiziere der Kadettenschule.

Der Leiter, Oberst Virginio Paglieri, stammte aus Italien und war sehr angenehm im Umgang. Mit seiner Frau, einer Engländerin, und fünf Kindern wohnte er in einem Vorort.

Mein weibliches Pendant in der Schule während des ersten Schuljahres war die Kapitänin Bonnet.

Ich hatte den Unterricht über Altes Testament und Homiletik zu erteilen, Fächer, die mich begeisterten. Ich mußte auch die praktischen Übungen und die Versammlungen auf der Straße und in Sälen leiten, schließlich auch ein wachsames Auge auf die Gesamtheit der Kadetten haben, ihren Charakter, ihr geistliches Leben, ihre Gewohnheiten usw.

Ich machte mich wieder daran, mein Griechisch zu verbessern, das mir viele Textstellen des Neuen Testaments erhellte. Manche blieben mir dennoch dunkel und verwirrten mich manchmal sogar.

In der Schule wurde das geistliche Leben wie in einem Treibhaus gehegt; das führte manchmal zu überraschenden Reaktionen, doch nützten sie immer dem inneren Fortschritt.

Nachmittags kam eine Sergeantin und bereitete unser Abendessen vor, das Frühstück war Sache des Kadetten vom Dienst. Es bestand aus Milchkaffee, Wasser-Haferbrei und Brot mit Marmelade oder Kunsthonig. Der Haferbrei war entweder nicht durchgekocht oder angebrannt. Jedenfalls eine klebrige Breimasse, die wir abscheulich fanden. Aber man mußte sie hinter sich bringen, das war internationale Regel. Vieles werden Kadetten vergessen, wenn die Schule hinter ihnen liegt, an den Haferbrei erinnern sich alle.

Jedem neuen Jahrgang mußte ich ein gutes Beispiel geben und ohne eine Miene zu verziehen, das widerliche Zeug voressen.

Zwischen den Schuljahren wurde ich zu Vertretungen abkommandiert, zur Salle Centrale oder zur Bastille oder sonstwohin, wo die anderen in Urlaub gingen.

In einem Sommer wurde ich zur Teilnahme an einer Evangelisation im belgischen Steinkohlengebiet bestimmt. Vierzehn Tage lang kämpfte die Heilsarmee unter dem Befehl von Kommissar Peyron ihren guten Kampf. Ein Dutzend Offiziere nahmen sich der Aufgaben an, die eine solche Kampagne beinhaltet. Jeden Tag gab es drei Versammlungen, eine unter freiem Himmel, zwei jeden Abend im Saal, wir sangen an den Fabrik- und Zechentoren, verkauften den belgischen „Kriegsruf" in den Kneipen, besuchten die Neubekehrten, wirkten unter den Kindern.

In den Schlußtagen wurde ein großer Aufmarsch in den Straßen von Quaregnon organisiert; dabei sollte unser Kommandeur den Zug hoch zu Roß anführen. Wir standen alle vor der Tür und besahen das riesige Tier, das ziemlich gutmütig aussah. Das schien die Befürchtungen des Chefs nicht zu zerstreuen, denn er rief seinen Sekretär:

„Studer!"

„Hier, Herr Kommissar."

„Ich glaube, es ist besser, wenn Sie auf das Pferd steigen. Sie als Schweizer sind an Tiere gewöhnt."

Studer wehrte sich erschreckt:

„Nein, niemals, Herr Kommissar, das steht Ihnen zu! Und außerdem haben wir es eher mit den Kühen."

Wir wanden uns, um unseren Lachreiz zu unterdrücken. Schließlich bestieg der Kommissar sein Reittier, das zu beiden Seiten von einem Offizier geführt wurde, und mit Blasmusik und Fahne voraus setzte sich der Zug in Bewegung. Der Aufmarsch war ein bemerkenswerter

Erfolg. An jeder Straßenkreuzung brüllte einer von uns eine Einladung zur Abendversammlung. Als Folge davon war der Saal mit seinen 300 Plätzen viel zu klein für die etwa 500, die sich am Eingang drängten.

Ich hatte die größte Mühe, wach zu bleiben. Betend erging der Aufruf zur Bekehrung. Auf den Knien flehte ich Gott an, mir zu helfen, daß ich den Schlaf überwinde, als mein ehemaliger Chef Becquet mich aufforderte, mit einem Mann zu sprechen, der eben zur Bußbank vorgetreten war. Ich ging ihm nach, und neben ihm kniend fragte ich ihn, was ihn dazu gebracht habe, hierher zu kommen. Er erzählte mir, er sei verheiratet – „aber dann, Sie verstehen, es ist nicht meine Schuld" – kurz, nach vielen Umwegen sagte er mir, er betrüge seine Frau und habe deshalb Gewissensbisse; seine Worte gerieten durcheinander, er wiederholte sich. Allmählich spürte ich, wie sich alles um mich her verschleierte, und eingewiegt vom summenden Ton der Stimme neben mir nickte ich ein. Nach einiger Zeit merkte der Mann, daß ich mich nicht mehr bewegte, und ging an seinen Platz zurück. Kommissar Peyron seinerseits stellte fest, daß ich übermäßig lange auf der Bußbank blieb und dachte, ich hätte selbst Schwierigkeiten; er schickte also Fernand Becquet mir zu Hilfe. Der kniete neben mir nieder, weckte mich, und ich, ohne zu merken, daß da ein anderer war, legte ihm den Arm um die Schultern und sagte, den Gesprächsfaden wieder aufnehmend: „Also, Sie werden jetzt Gott und Ihre Frau um Verzeihung bitten. Es ist sehr schlimm, wenn man seine Frau betrügt."

„Was..." sagte Becquet auffahrend.

„Sie stehen hier erst auf", fuhr ich fort, „wenn Sie Vergebung gefunden haben, denn was Sie tun, ist Ehebruch."

Da merkte ich, daß etwas nicht in Ordnung war, und als ich mich aufrichtete, sah ich an Stelle meines verirrten Schäfleins den Major Becquet. Ich war so bestürzt und er so empört, daß wir nach verschiedenen Richtungen zurückgingen. Diesmal war ich richtig aufgewacht. Am Schluß der Versammlung schnappte ich mir meinen bußfertigen Sünder – den echten – und begleitete ihn heim, um die Beichte zu Ende zu hören und die Absolution zu erteilen.

Bei den Kadettinnen hatte sich die Kapitänin Bonnet mit Kapitän Flandre verheiratet. Poujol und Wallace wurden ihre Nachfolgerinnen.

Ich bekam als Hilfe einen Kapitän, der aus den Cevennen stammte; zu einigen anderen Mißlichkeiten kam seine Farbenblindheit. So konnte es passieren, daß er einen grünen und einen roten Strumpf anzog, was man vom Saal her sah und was den Unterricht störte, weil vor allem die Kadettinnen darüber lachen mußten.

Im Frühjahr 1926 leiteten Oberst Malan und seine Frau eine Evangelisation in der Salle Centrale. Sie waren ein auffallendes Paar, er Italiener, der sich in London bekehrt hatte und dort Offizier geworden war, sie aus einer holländischen Adelsfamilie stammend. Beide waren sehr musikalisch und komponierten Lieder, die die Himmelsfreuden vor Augen stellten, er sang sie, sie begleitete ihn auf dem Klavier. Malan sprach Italienisch, Englisch, Französisch und Deutsch, eine Zeitlang war er Übersetzer des Gründers William Booth. Als sie zusammen in Italien auf Reisen waren, machte Malan die Begleitung des Generals auf die Schönheit der Landschaft aufmerksam. Doch der Gründer unterbrach ihn:

„Sehen Sie lieber die arme Frau an, die sich mit einer Arbeit abmüht, für die sie nicht geschaffen ist."

Malan hatte Prinzipien, die uns erstaunten, aber auch sehr gut gefielen. Bei ihm gab es keine lärmende Reklame, nur einfaches Ankündigen der Versammlungen.

„Wenn sie einen Segen davon haben", sagte er von den Leuten, „werden sie wiederkommen und ihre Freunde mitbringen."

Es zeigte sich, daß die Zuhörer Abend für Abend zahlreicher wurden.

„Wir werden auch nicht mehr ‚fischen'."

„Fischen" hieß, daß man am Ende der Versammlung und während des folgenden Gebets, zu einzelnen Teilnehmern hinging und mit ihnen sprach. Wir mochten dieses Vorgehen nicht, auch wenn es oft nützlich, sogar notwendig ist, um einen Entschluß herbeizuführen. Jedenfalls gehörte diese Praktik zu unserer Ausbildung.

„Haben Sie Jesus gefunden?" fragte eine junge Kadettin einen

Mann, der bedrückt schien.

„Mademoiselle, ich wußte gar nicht, daß er verloren war!"

Ein anderer fragte einmal einen respektgebietenden und sehr aufmerksam zuhörenden Herrn: „Sind Sie gerettet?"

„Aber mein Lieber, ich bin Theologieprofessor!" sagte der gelehrte Herr herablassend.

„Gott kann sogar Theologieprofessoren retten..."

Wenn die Uhr 20 Uhr 30 zeigte, hatte Frau Malan schon ein paar Minuten ihre Lieder auf dem Klavier gespielt; nun stieg der Oberst auf das Podium, das eben erklingende Lied singend. Daran knüpfte er an, sprach, sang wieder, eine Stunde lang. Dann leitete er die Gebetsversammlung und lud die Leute ein, sich zu bekehren. Wir verfolgten all das mit gespannter Aufmerksamkeit, Zuschauer und Beteiligte zugleich.

Malan hatte Schwierigkeiten mit dem Internationalen Hauptquartier, weil er nicht an die Hölle glaubte. Neider – die es immer und überall gibt – zettelten eine Intrige gegen ihn an. Das kam dem General zu Ohren, der mit seiner bewährten Schroffheit sagte: „Ich kenne Malan, laßt ihn in Frieden."

An einem Frühlingsnachmittag flanierten er und ich vor der Versammlung auf den Boulevards. Es war ein Sonntag und wunderschönes Wetter. Die Luft roch nach Fröhlichkeit. Plötzlich blieb er stehen und packte mich am Arm.

„Péan, schau dir die guten Leutchen an, wie glücklich sie scheinen..." und dann zu sich selbst redend: „Nein, es ist nicht möglich, daß Gott sie alle in die Hölle wirft. Gott ist Liebe."

Dann, als ob er sich plötzlich an seinen Auftrag erinnerte, sie aufzuhalten auf dem Weg zur Hölle, begann er das schöne, von ihm komponierte Lied zu summen:

„Die Zeit ist kurz, das Werk zu tun,
die Zeit ist kurz, dem Bruder beizustehn..."

Jedes Ereignis ist Anlaß, das Evangelium zu verkünden. Als eine junge Offizierin plötzlich „zur Herrlichkeit aufstieg" – das heißt, sie war gestorben – hielt Kommissar Peyron den Gottesdienst auf dem Friedhof, wo viele Leute zusammenströmten: Gesang, Gebet,

Ansprache vor dem Grab, Aufruf, sich zu bekehren und schließlich die Ankündigung der Gedenkversammlung in der Salle Centrale. Am Abend drängte sich eine große Menschenmenge, mehrere sprachen über das kurze Leben unserer jungen Kameradin. Dann änderte Kommissar Peyron das Thema der Ansprachen und rief auf, Zeugnis abzulegen vom Heil und von der Freude, gerettet zu sein. Nach einer ersten spontanen Rede erhob sich ein Mann hinten im Saal, bat ums Wort und begann zu sprechen. Er sagte, er sei sehr bewegt gewesen über die Zeremonie auf dem Friedhof, er habe dabei zum ersten Mal mit der Heilsarmee zu tun gehabt, dann fuhr er fort: „Ich bin Angestellter bei einem Bestattungsinstitut, 47 Jahre alt und, abgesehen davon, daß ich ein Bruchband tragen muß, gesund…"
Allmählich fühlten wir uns unbehaglich, und der Kommissar auf dem Podium zeigte Unruhe.
„Äußerlich bin ich nicht übel, und da ich meine Frau verloren habe, dachte ich, hier könnte ich vielleicht…"
„Sicher, lieber Freund, wir werden uns mit Ihnen befassen", fiel ihm der Kommissar ins Wort, und schon teilte Brigadier Boisson die Menge mit vorwärts gerecktem Bart, um sich die Heiratsabsichten des sympathischen Leichenbestatters anzuhören.
Oberst Paglieri beugte sich vorn auf der Estrade zu seinen Nachbarinnen und meinte: „Das ist Ihre Gelegenheit."
Die gute Wallace war wütend und tief beleidigt, und wir hatten größte Mühe, ernst zu bleiben.
Auch nachts hörte die Aktivität nicht auf. Erst 3 Uhr früh kam ich nach Hause, nachdem wir die Büsche an den Champs-Elysées zwischen der Place de la Concorde und dem Rond-Point nach Clochards abgesucht hatten. Doch wir fanden nur ein paar Mädchen, die sehr enttäuscht waren, daß wir keine Kunden für sie abgaben. Dann kam das Seine-Ufer zum Trocadero hin an die Reihe. Ein armer Kerl, der am Brückenbogen des Pont d'Alma kauerte, war unser einziger Fund.
Ein andermal hatte ich Nachtdienst im Mouftard-Viertel. Ich zog den Karren mit der Suppe. Wieviel Elend sah ich, bis ich – wieder um 3 Uhr – nach Hause kam.

Im Juni 1926 wurde das „Palais der Frau" eingeweiht, ein großartiges Haus. Die Leiterin, Brigadierin Mangin, war eine echte Pariserin mit schneeweißem Haar und sympathischem Gesicht, der Verwalter, ein Schweizer, äußerst tüchtig bei der Arbeit. Etwa fünfzehn Offizierinnen und achtzig Angestellte standen im Dienst der 750 Mädchen, die in Paris studierten oder arbeiteten.

Tzaut, der ein Jahr nach mir die Kadettenschule absolviert hatte, wurde mit Bardiaux zum „Volks-Palais" kommandiert. Er hatte ein schweres Motorrad, und an unseren freien Tagen machten wir gemeinsam Ausfahrten in die schönen Wälder, die um die Hauptstadt herumliegen. Bei der Rückkehr legten wir im „Palais der Frau" eine Pause ein; in der dortigen Teestube gab es ausgezeichnete Kuchen, zudem waren wir nicht unempfindlich für die Reize der dort befindlichen Weiblichkeit.

Die Krankenschwester des Hauses, Kapitänin Julie Keller, ein sanftes, reizendes Mädchen, und die Seelsorgerin, Kapitänin Lea Richaud, eine Persönlichkeit mit glänzenden Eigenschaften, übten unbestreitbare Anziehungskraft auf uns aus.

An jenem Abend hielt ein hochgestellter Besucher aus England eine Versammlung im Palais. Der hübsche Saal füllte sich mit jungen Mädchen, die Leiterin erlaubte uns zu bleiben. Der Redner sprach englisch, die Frau des Privatsekretärs von Kommissar Peyron übersetzte. Um zu zeigen, welches Bedürfnis die menschliche Seele nach Gott hat, erzählte er von einem jungen Adler, der gefangen und mit Hühnern zusammen großgezogen wurde, und er verweilte lange bei diesem Adler auf dem Hühnerhof, bei seinen Gedanken über die Hühner um ihn herum... Die Mädchen bogen sich vor unterdrücktem Lachen. Tzaut und ich als einzige Männer außer dem ahnungslosen Redner, wurden das Ziel komplizenhafter oder spöttischer Blicke, während die Übersetzerin, in der Zwickmühle zwischen der Pflicht, textgetreu zu sein, und der Komik der Situation, schließlich dem Redner sagte, er habe sich vertan.

An einem Abend erlebte ich die große Freude, Simonin, meinen Freund aus der Zeit des Dienstes an der Salle Centrale wiederzusehen, den ich ein wenig aus den Augen verloren hatte; wir sprachen bis Mitternacht miteinander.

Es war ihm klar geworden, daß er dem Ruf Gottes, der an ihn ergangen war, nicht mehr widerstehen konnte, und er hatte sich, zusammen mit seiner Frau, entschlossen, Offizier zu werden. Sein Haus war allmählich zum Vorposten der Heilsarmee in seiner Gegend geworden, Versammlungen fanden in seinem Eßzimmer statt. Simonin und seine Frau bewarben sich also darum, Offizier zu werden; sie hatten zwei kleine Kinder.

Ich traf ihn oft in der Schule, manchmal auch, wenn ich Kadetten in sein Haus brachte, die dort Kinderversammlung hielten. Er wartete auf die Entscheidung des Hauptquartiers in seiner Angelegenheit.

Immer wieder fragte er mich: „Weißt du etwas Neues? Wie wird über uns entschieden? Heißt es ja oder nein?"

Da ich nichts wußte, fuhr er fort: „Jedenfalls kann ich nicht bleiben, wo ich bin, mit dem ständigen inneren Widerstand und dem wachsenden Widerwillen gegen meinen Beruf."

Damals war es seine Aufgabe, Unregelmäßigkeiten bei den Gas-Verbrauchern aufzudecken. Da er bei den Leuten seines Büros Zeugnis für die Gnade und Macht Gottes ablegte, hatte man ihn in die Wüste geschickt.

Ich nahm an, daß das Hauptquartier im Hinblick auf diese Bewerbung schwankte, weil es sich hier darum handelte, einen Mann aufzunehmen, der Familienvater war und im Begriff stand, seinen Broterwerb aufzugeben.

Die Monate vergingen.

„Unsere Bewerbung ist in der Versenkung verschwunden, scheint mir. Aber in Wirklichkeit ändert das nicht viel. Mit der Annahme oder Ablehnung legt die Heilsarmee einzig und allein die Länge meiner Arbeitstage fest und die Anzahl der Jahre, die ich ihr zur Verfügung stellen kann."

„Erklär mir das."

„Wenn ich nicht angenommen werde, arbeite ich am Tag für das tägliche Brot und nachts führe ich das Leben, zu dem Gott mich ruft. Werde ich angenommen, kann ich am Tag die von Gott geforderte Arbeit tun, und nachts auch, wenn es nötig ist. Das heißt, daß ich länger durchhalte. Hast du jetzt verstanden?"

Schließlich wurde Simonin angenommen; seine Frau und er traten im folgenden Jahr in die Kadettenschule ein, die Kinder wurden bei einer Freundin untergebracht, eine harte Prüfung für die Mutter: Glaubensgehorsam ist nicht nur ein schönes Wort.

Mein Halbrennrad tat mir gute Dienste, wenn ich in der Hauptstadt unterwegs war. Es ermöglichte mir aber auch von Zeit zu Zeit Ausflüge in die Wälder der Umgebung von Paris.

Nach dem Ende des Schuljahres 1926/27 hatte ich das dringende Bedürfnis, aus der Stadt zu flüchten, und beschloß, meine Ferien für eine lange Fahrradtour zu verwenden. Ich studierte die Karten und legte die Strecken fest – schon das war eine Freude, die ich genoß. Zuerst ging ich für einige Tage absoluter Ruhe nach Barandons, an der oberen Loire.

Das Haus, auf dem „Berg des Heils" erbaut, war ein großes Chalet aus Holz und Stein mit weit heruntergezogenem Dach und zwei Galerien an der Südseite. Es lag 1100 Meter hoch.

Sergeant Moyett von der Salle Centrale hatte das Haus erbauen lassen und der Heilsarmee geschenkt, damit ihre Offiziere einen Ort der Ruhe und Erholung hätten. Majorin Fretillère, eine einheimische, rauhe Bäuerin, leitete das Ganze. Sie war mit dem Haus, dem Garten, dem Geflügelhof und ihren Gästen verwachsen. Offiziere, Offizierinnen und ihre Kinder kamen bei ihr an, erschöpft, mager, blaß, ihre armseligen Koffer schleppend. Die Hände auf die Hüften gestützt, sah sie ihnen kopfschüttelnd und mit wehem Herzen entgegen:

„In was für einem Zustand sind sie bloß!"

Sie nahm sie unter ihre Fittiche, ließ den Arzt kommen, wachte über sie wie eine Mutter. Die schwere Arbeit machte sie ganz allein, pflanzte Gemüse, spaltete Holz, heizte die Öfen. Es roch gut das Holzfeuer.

Im Sommer aber, von Ende Juli bis Mitte August, mobilisierte die „Mission" Haus, Offizierin, Gemüsegarten und Hühnerhof, Zimmer und Versammlungsräume.

Unter den Tannen im Umkreis brachte das Lager der Jugend ein ungewohntes Leben in diese stille Welt.

Als ich am Bahnhof von Chambon-sur-Lignon aus der Schmalspurbahn von Saint-Etienne ausstieg, holte ich mein Rad aus dem Gepäckwagen und sah vom Dorfausgang aus zu dem Haus hoch, wo im Zeichen der kommenden Mission schon die Fahne flatterte. Erst ein Kilometer Straße, dann ein paar Ziegenpfade, und schon stand ich unten an der steilen Anhöhe, auf der das Chalet lag.

Paris hatte ich am Abend zuvor verlassen, nun fand ich die Luft hier köstlich rein. Es folgten acht Tage völliger Ruhe. Dann, an einem schönen Morgen – der Tag graute kaum – ging ich, ohne das Haus zu wecken, verstohlen davon, erst die Pfade hinunter zur Straße, und dann auf meinem Stahlroß weiter.

Noch war es kaum hell, das Land duftete im Erwachen, es herrschte vollkommene Stille. Als das Dorf hinter mir lag, warf ich noch einen freundlichen Blick auf das alte Gotteshaus zurück, dann kam die kleine Brücke über den Lignon, und vor mir lag die erste Steige der Straße nach Le Puys.

Der Lisieux wurde mit jedem Tritt in die Pedale größer, seine Farbe veränderte sich, je höher die Sonne stieg. Noch einmal zurückgeschaut. – Ein kurzer Blick zurück auf Baradon, das in leichtem Dunst hinter mir lag. Die Straße schlängelte sich schon zum Loire-Tal hinunter.

Nach dem Aufstieg war es angenehm, das Rad einfach laufen lassen zu können. In drei Stunden begegnete ich nicht einem einzigen Fahrzeug. Auf der Schwelle eines Hofes einmal einem Hund, ein paar Hühner liefen über die Straße, da und dort ein Schwein oder eine Ziege. Es war noch nicht 8 Uhr morgens.

In Le Puys nahm ich den Zug bis Langogne, was meine Reise abkürzte, doch ich hatte Eile, mein Rad wieder zu besteigen und auf der großen Straße nach La Bastide und Prevenchère zu fahren, die in vielen Windungen den Bergrücken vor Villefort folgt. Die Landschaft war unbewohnt und wild. Spärlich verstreute hellere Flecken zeigten ein Stück angebautes Land an und milderten die Rauheit dieser menschenleeren Gegend.

Ich genoß die Einsamkeit in vollen Zügen und trank die Freiheit durstig in mich hinein.

In Villefort machte ich eine kurze Pause, um die Waden auszuruhen, und dieser erste Tag endete in Florac, wo die Festlichkeiten und Tanzereien zum 14. Juli mit dem stillen Hochgefühl meines Tageserlebens lärmend und staubig kontrastierten. Völlig zerschlagen und todmüde, aber voll Glück schlief ich ein.

Hier in Florac hatte ich zehn Jahre zuvor die ersten Salutisten gesehen. Am Ausgang des Städtchens lag der Fischteich, der noch immer im hellen Sommersonnenlicht lächelte, und fern dort drüben das Haus an der Tarn-Brücke... damals war Krieg gewesen.

Jetzt ließ ich die gute Straße hinter mir und stieg und stieg zu Fuß nach Ventajols hinauf, durch einen Wald von Kastanienbäumen. Die großen Blätter milderten das starke sommerliche Licht. Die Eidechsen schienen zum Lied der Grillen zu tanzen, das Gehölz summte von Leben, die heiße Luft zitterte.

Ventajols lag oben auf dem Berg, seine alten Häuser leerten sich eins nach dem anderen. Wenn ein Herdfeuer erlosch, zündete keiner es wieder an, das Haus starb nach seinem letzten Besitzer. Die Herden wurden kleiner, es war wie eine unerbittliche Erosion des Lebens, das ins Flachland hinunterglitt oder auf dem Friedhof zum Stillstand kam.

Später ließ die Straße von Vébron ihren Farbfilm mit Tiefenwirkung abrollen, von Florac nach L'Aigoual fuhr ich ohne Geräusch oder Dunst oder Zeugen dahin – ich war glücklich. Die Stille rief die Menschen von einst wach.

Viele suchten vor Zeiten Zuflucht in diesen Bergen, um der Tyrannei des sogenannten allerchristlichsten Königs zu entkommen. Sie sahen diese Höhen, hörten diese Wildbäche, kletterten über diese steilen Pfade, bis sie von allen Seiten umzingelt waren. Dann gingen über eben diese Straße die einen in Ketten zu den Galeeren, die andern zu nächtlichen Kämpfen um ihren Glauben. Frauen und Kinder, das ganze Gebirge Gottes erhob sich gegen den Druck der Dragoner, damit Jesus in uns allen frei leben könnte.

In solcher Gesellschaft vergeht die Zeit schnell. Mein Schatten lief schneller, als ich nachkam, und verlor sich bald im Dunkel. Langsam war die Nacht hereingebrochen. Wie eine gute Mutter sagte sie zu mir: „Jetzt ist es Zeit aufzuhören." Ich machte Halt beim Pastor, wo ich meine ehemalige Kadetten-Aufseherin aus Marseille wieder-traf, die jetzt mit einem Evangelisten verheiratet war, der sich hier niederlassen wollte. Wie ich diesen Wunsch verstand! Doch mochte auch immer noch die Erinnerung an die Hugenotten in diesem Land lebendig sein, ihr Geist wohnte nicht mehr in denen, die heute hier wohnten. Wollte Gott verhüten, daß jemals die schlimmen Zeiten wieder auflebten, da die Mächtigen im Namen eines verzerrten Got-tes immer aufs neue Jesus in der Seele eines erwählten Volkes kreu-zigten. Aber möchten doch auch wir Christen unserer Tage die leidenschaftliche Hingabe jener Camisarden-Kämpfer haben.

Bei Saint-Jean-du-Gard endete das Gebirge. Nun lief die Straße zwischen Hügeln dahin, den Gardon entlang nach La Salle. Hier erfüllte nicht mehr die ruhmreiche Vergangenheit meine Seele, son-dern das Erinnern an meine Zeit in Malérargue. Ich schlug den schmalen Seitenweg ein, der zum Schloß führte, und überraschte meinen früheren Chef. Er war sehr gealtert.

„Ich habe die Landwirtschaft aufgegeben und wieder Pächter ge-nommen. Ich fand keine Leute. Kurz nach Ihrer Abreise ging Marcel auch, er ist irgendwo Verwalter in Tunesien…"

Er erschien mir traurig.

„Meine Mutter ist gestorben, meine Schwester und mein Neffe wohnen wieder in Paris. Ich bin ganz allein. Und Sie?"

Ich erzählte ihm von meiner Bekehrung und der Neuorientierung meines Lebens.

„Ich wünsche Ihnen Glück dazu, ich glaube, das bringt Ihnen mehr Erfolg als die Landwirtschaft."

„Für mich ist das keine Sache der Wahl, sondern des Gehorsams."

Dann machten wir noch einen Rundgang auf der Terrasse, und ich verabschiedete mich von diesem Einsamen.

Während des Aufstiegs zum Rez-d'Arès blieben die Erinnerungen an Malérargue hinter mir zurück, denn mein Etappenziel Monoblet nahte; drei Tage hielt ich mich auf dem Hof der freundlichen Salutistenfamilie Poujol auf. Das Ausruhen, die offene Kameradschaft taten Leib und Seele wohl.

Von hier aus bis Nîmes war der Weg lang. Die Sonne brannte herab auf das Land der Zikaden, und sie machten einen durchdringenden Lärm dazu. Das Licht tanzte wie mein Schatten bei jeder Radumdrehung. Oben auf einer Anhöhe angelangt, erstreckte sich die Heide nach allen Richtungen bis zum Horizont. Kein Haus, kein Baum weit und breit. Allmählich nahm die Sonne ihr abendliches Leuchten an, es wurde ganz still.

Um 22 Uhr kam ich bei Tzaut in Caissargues an.

Am nächsten Tag fuhren wir mit seinem Motorrad zum Baden, ein Ruhetag, der mir guttat.

Nach einem letzten Abstecher nach Marseille fuhr ich mit dem Zug hinauf nach Croix-Haute und von dort mit dem Fahrrad in das kleine Dorf Saint-Sébastien, wo Forissier Pastor geworden war. Das Land, das ich hier am Weg sah, war ganz anders, auch der Himmel war anders; zwischen den weißen Alpengipfeln bebaute, mit Leben erfüllte Landschaft – welcher Unterschied zu den ernsten, armen Cevennen. Das Wetter war noch immer schön, die Sonne sehr warm, doch in dieser Höhe wehte ein kühler Windhauch.

Forissier und ich freuten uns beide sehr über unser Wiedersehen. Die acht Tage, die ich im Pfarrhaus verbrachte, gaben Gelegenheit zu regelrechten Palavern. Er war allein, seine Frau mit den Kindern verreist. Wir führten ein Junggesellenleben mit Rührei, Kartoffeln und Obst – und wir diskutierten, bis ins Endlose.

Wir fuhren zwar auf demselben Meer, aber nicht mehr im selben Boot. Er hatte die Heilsarmee verlassen und war Missionar in Ubangi-Schari geworden, wo er mit seiner jungverheirateten Frau eine schlimme Leidenszeit erlebt hatte. Nach der Rückkehr studierte er in Montpellier und wurde Pastor. Ob er recht gehabt hatte? Ich wußte es nicht. Wenn wir an dieses Kapitel kamen, hatte er gute Gründe und ich – mit meiner anderen Vorstellung von Treue – ebenso gute vorzubringen. Jedenfalls blieben wir gute Freunde. Sicherlich war er eher zum Pastor als zum Salutisten geschaffen. Die Unabhängigkeit, nach der seine Natur verlangte, hätte er in der Heilsarmee nicht gefunden.

Mit seinen Gemeindegliedern hatte er Konflikte; er kämpfte gegen eine Sakramental-Religion, die manche praktizierten, er weigerte sich, nur derjenige zu sein, der tauft, konfirmiert, traut und beerdigt. „Es gibt noch Heidentum in dieser Gegend", sagte er, „manche halten mich für den Zauberer, der durch die Taufe den Himmel garantiert, und durch die Absolution von der Hölle rettet."

Ich stellte fest, daß seine Erfahrungen wie sein Studium den Glauben, den er als Kadett hatte, nicht verändert, sondern vertieft hatten, indem sie ihm einige Probleme aufgaben.

Und nun dachten wir auf verschiedenen Wegen...

Tagtäglich fuhren wir mit seinem kleinen Wagen durch sein Kirchspiel. Es war das Land von Felix Nef, dem Apostel der Alpen, der den Bauern das Evangelium gepredigt und ihnen beigebracht hatte, Kartoffeln anzupflanzen.

Alles hatte ein Ende. Zum letzten Mal bestieg ich mein Stahlroß und fuhr nach Grenoble. Im Zug nach Paris ließ ich die schönen Ferien noch einmal an mir vorüberziehen. Ich hatte mich selbst wiedergefunden, mich gefaßt. Ich hatte innige Gemeinschaft mit Gott und mit der Natur gehabt und Freundschaft und Freiheit genossen. Mein ganzes Wesen war durchtränkt von der Schönheit der Landschaften, die ich durchstreift hatte.

Im September 1927 kam der bedeutendste Jahrgang auf die Kadettenschule der Heilsarmee, man nannte ihn später die „Heiligen-Legion". Er umfaßte anfangs 32 Kadettinnen und 14 Kadetten. Der weibliche Stab war verändert worden, statt der Poujol kam die Brigadierin Rogivue an die Schule, eben aus Ungarn zurückgekehrt, wo sie Pflanzstätten der Heilsarmee gegründet und ihre Gesundheit ruiniert hatte.

Unter den Kadetten waren ein paar von meinem Posten Marseille II und Bastille. Auch die erste Bekehrte aus dem „Palais der Frau", M. P. Chaligne, wollte Offizierin werden, dazu kamen junge Menschen aus allen sozialen Schichten und allen Gegenden Frankreichs, außerdem zwei Armenier, zwei Belgier und drei oder vier Schweizer.

Der große Sozial-Plan von Kommissar Peyron errang immer mehr Bewunderung. Nach dem „Volks-Palais", dem Unterschlupf der Obdachlosen, dem „Palais der Frau" und dem „Haus des jungen Mannes" wurde das Riesenprojekt einer „Zufluchts-Stadt" in Angriff genommen, das Le Corbusier die Möglichkeit bieten sollte, seine sehr moderne Kunst zugunsten der Armen zu verwirklichen; ein Ehren- und Aktionskomitee, das Justin Godart, ein Senator und ehemaliger Minister, ins Leben rief, vereinte die höchsten Instanzen des Landes. Schließlich wurden alle Wohltätigkeitseinrichtungen der Heilsarmee zusammengefaßt und vom Staat als gemeinnützig anerkannt.

Unter der Leitung von Albin Peyron und seiner Frau hatte die Heilsarmee innerhalb von zehn Jahren ihre Mannschaft verdreifacht, die Zahl der Posten verdoppelt und die sozialen Einrichtungen vervierfacht.

Weihnachten 1927 wurde das erste große Festmahl für die Armen veranstaltet. Im Restaurant des „Palais der Frau" lagen tausend Gedecke auf, es gab eine Feier mit Darbietungen, zwei Christbäumen, Musik und Kerzenschein. Nach dem Fest konnten diejenigen, die nicht wußten, wo sie bleiben sollten – über 600 Menschen – im Kellergeschoß die Nacht verbringen, wo sie Strohsäcke und Wärme die Kälte draußen vergessen ließen. Am Morgen machte die „Heiligen-Legion" alles wieder sauber.

Für die Kinder wurde ein Riesenfest im Cirque d'Hiver organisiert. Auf dem Programm standen auch Szenen von der Vertreibung aus dem Paradies, der neue Sekretär Peyrons mit seiner jungen Frau spielten in – beinahe – stilechtem Kostüm Adam und Eva. Ich war der Teufel, die Kadetten die Dämonen und die Kadettinnen die Furien in einer Szene über das Elend der Welt. Bardiaux hatte eine „Heilsmühle" konstruiert, deren Flügel sich tickend drehten. Oben füllte man einen Clochard mit Bettelsack und Flasche ein, und unten kam ein Heilsarmeesoldat mit Tasche und Bibel heraus.

Für die Szenen an der Krippe hatte der Zirkus Kamele und Esel an uns ausgeliehen. Es war ein einziges Wunder.

Ich hatte meine Kurse über das Alte Testament verbessert, alle Kadetten schätzten sie. Beim Unterricht saßen die Kadettinnen auf den vorderen Plätzen, die Jungen weiter hinten. Als ich nach den Weihnachtsferien ins Zimmer trat, standen alle auf, und eine Kadettin flüsterte ihren Kameradinnen zu: „Da kommt der schwarze Teufel."

Samstag, 24. Februar 1927

Der Himmel war an diesem Abend so schön, daß ich fast sentimental wurde. Die zurückliegenden Tage waren sehr ausgefüllt gewesen, doch ich konnte mit Freude feststellen, daß mein geistliches Leben realer wurde. Ich liebte dieses freie Umherschweifen der Seele, träumend im Frieden Gottes.

Nach dieser Entspannung machte ich mich wieder an meine Unterrichts-Vorbereitung: die Eroberung des Landes Kanaan. Was man gern tut, fällt einem leicht und wird gut.

Im „Palais der Frau" hatte ich meine gute Freundin, die Seelsorgerin wiedergesehen, und sie hatte mir erzählt, eine der Kadettinnen glaube, ich hegte für sie wärmere Gefühle, und mir geraten, eine Aussprache mit dem Mädchen zu suchen.

Samstag, 25. Februar.

Das war ein harter Tag gewesen, voller Unterredungen mit den Kadetten, mühselig bei den einen, kompliziert bei anderen. Da machten mir meine beiden Kolleginnen, die für die weiblichen Kadetten verantwortlich waren, einen kleinen Besuch, der mich riesig freute. Wie reizvoll waren die beiden Mädchen, mein strenges Büro erschien mir ganz verwandelt; doch nach ihrem Weggang sah es wieder aus wie zuvor.

Meine gute Freundin, die Seelsorgerin, war weggereist, nach Südfrankreich. Ich hatte gedacht, die Trennung würde mir Kummer machen, doch ich hatte mich getäuscht.

Vor ihrer Bekehrung war sie Lehrerin in einem kleinen Dorf gewesen; Lea Richaud – so hieß sie – glaubte an nichts mehr, das Lehrerseminar hatte nicht viel Mühe gehabt, das bißchen Glauben zu zerstören, das noch in den Seelen der Bewohner dieses protestantischen Alpendepartements lebendig war. 1923 aber fand sie zum Glauben und zum Dienst Gottes in der Heilsarmee. Im Jahr darauf trat sie in die Kadettenschule ein und weihte so ihre ganze Begeisterung und außergewöhnliche Intelligenz ihrer neuen Berufung.

Nun, als Seelsorgerin im „Palais der Frau", kamen ihr ihre pädagogischen Kenntnisse sehr zugute. Es war ihr gegeben, voller Verständnis für andere offen zu sein, für deren Gedanken, ihre Gefühle, ihr Leben. Sie suchte die Mädchen auf, gab ihnen Ratschläge, zeigte Interesse für sie. So führte sie eine bestimmte Zahl der jungen Bewohnerinnen, die Gott und durch Lea Richaud den Weg zum ersehnten glücklichen Leben im Dienst anderer gefunden hatten, bei den ersten Schritten auf dem Pfad des Glaubens. Mehrere davon bewarben sich als künftige Offizierinnen der Heilsarmee.

War es nun, weil Lea Richaud mit mir über sie gesprochen hatte, oder aus irgendeinem anderen Grund, jedenfalls bemerkte ich, daß die Kadettin aus dem „Palais der Frau" beachtenswert war, schon durch ihre Aufmerksamkeit im Unterricht, ihr Wissen und ihre Intelligenz, aber auch durch ihr spürbares geistliches Leben und sicher auch durch andere Dinge... Ich kannte sie schon seit fünf Monaten, doch plötzlich wußte ich, daß sie es war, auf die ich seit fünf, sechs Jahren wartete. Sie war „die Richtige", davon war ich überzeugt. Im übrigen merkte ich sehr bald, daß meine Gegenwart sie verwirrte.

Die Schulregeln waren klar und deutlich: Während des Schuljahres durfte man kein Wort in dieser Richtung zueinander sagen – was klug war. Man mußte an anderes denken, als in dieser für die Entwicklung des geistlichen Lebens so wichtigen Zeit Süßholz zu raspeln.

Überdies war es verboten, sich mit einem Mädchen zu verloben, das nicht als Offizierin diente, und schießlich mußte man sich im voraus die Zustimmung des Generalstabs sichern.

Ich wollte ja gerne warten, bis die Kadettin Offizierin geworden war, und erst dann mit ihr sprechen, doch daß ich zuvor mit anderen darüber reden sollte, schien mir unstatthaft.

Schließlich plauderte ich möglichst unverbindlich von Zeit zu Zeit mit Lea Richaud und lockte ein paar Auskünfte über das Mädchen heraus. Lea kannte sie gut, und ich, ich wußte überhaupt nichts von ihr, nicht einmal ihren Vornamen. Eines Tages sah ich in Leas

Büro ein Foto meiner Holden; sorgsam notierte ich den Namen des Fotografen, der das Meisterwerk gemacht hatte, und begab mich eiligst in sein Geschäft. Er fand die Platte leicht heraus und machte mir auf meine Bitte hin sechs Abzüge! (Die kleine Unkorrektheit sei ihm gern verziehen!)

Trotzdem blieb ich fest und sagte zu dem Mädchen kein Wort. Mit ein bißchen Energie kann man die Lippen geschlossen halten – mit den Augen ist es anders; ich mochte mich wohl anstrengen, sie genau so anzusehen wie die anderen Kadettinnen, wenn unsere Blicke sich kreuzten, lasen wir viel Schönes in den Augen des andern. In diesem Stadium der Dinge war ich es mir schuldig, offen zu sein, und mußte nach den geltenden Bestimmungen mit meinen Vorgesetzten darüber sprechen. Ich flehte meinen Chef an, er möge dafür sorgen, daß niemand vor mir selbst mit ihr darüber rede. Er versprach es mir und gab mir einige weitere Auskünfte: Alter, Familie, Bildungsstand usw. Zum Abschluß sagte er:

„Ich verlasse mich auf Sie – kein Wort vor dem Ende des Schuljahrs."

„Und kann ich mich auf Sie verlassen? Kein Wort ihr oder anderen gegenüber vor diesem Zeitpunkt!"

Der Pakt wurde eingehalten.

März 1928.

Das Ereignis dieses Monats war der Besuch von General Bramwell Booth. Während des Besuchs unseres obersten Chefs wurde ich zu seiner persönlichen Verfügung abkommandiert. Das hatte einen Grund, den ich noch nicht wußte und dessen große Bedeutung ich nicht ahnen konnte. Ein paar Tage später wurde ich in das Büro des Landes-Chefs zitiert, wo man mir eröffnete, ich sollte in die Strafkolonie gehen.

Der General hatte mich beobachtet, ohne daß ich etwas davon merkte, dann hatte er Kommissar Peyron sein Einverständnis erklärt, und damit begann, was im wahrsten Sinn des Wortes ein Abenteuer werden sollte.

Ich wußte seit langem, daß der Gedanke einer Expedition der Heilsarmee in die Strafkolonie von Guayana erwogen wurde. Das Buch

von Albert Londres hatte die öffentliche Meinung erregt. Ein protestantischer Sträflingspfarrer, Pastor Kuntzel, hatte sogar in der Salle
Centrale über das Problem gesprochen. Doch ich war nicht über
das auf dem laufenden, was höheren Orts vor sich ging, und vor
allem nicht, daß ich Gegenstand der Überlegungen meiner Vorgesetzten war.

Reisevorbereitungen und Verlobung

Die Nachricht breitete sich schnell aus, und viele Leute zeigten ihr
Interesse am Problem der Strafkolonie, nicht zu vergessen diejenigen, die sich dem Hauptquartier gegenüber als Verwandte von Sträflingen zu erkennen gaben.
Nachdem die erste Erregung abgeklungen war, sahen die Dinge
gar nicht so einfach aus, wie ich zuerst gedacht hatte.
Das internationale Hauptquartier hatte beschlossen, einen englischen Heilsarmee-Offizier in die Strafkolonie Cayenne zu schicken,
damit er untersuche, wie dort ein Rettungswerk eingerichtet werden
könnte; und es hatte Kommissar Peyron beauftragt, bei den französischen Behörden, von denen die Deportierung in die Kolonien abhing, die nötigen Schritte für staatliche Genehmigungen zu unternehmen. Überdies sollte die französische Heilsarmee einen Offizier
französischer Nationalität benennen, der dem Londoner Delegier-
ten als Übersetzer und Verbindungsoffizier zum Pariser Hauptquartier dienen würde.
Ich war also in dieser Sache dem internationalen Hauptquartier in
London unterstellt, wo der General über einen Stab von etlichen
hundert Offizieren gebot, von denen einer der internationale Sekretär war. Bei dieser Gelegenheit ging mir die Weite der Arbeit dieser
Armee auf, in der ich nur ein kleines Rädchen war.
Das internationale Hauptquartier bewilligte mir einen Zuschuß von
710 Pfund für meine Ausrüstung und informierte mich, daß Oberst
Barr, damals Chef der Heilsarmee auf den Antillen mit Sitz in Trini-

dad, für die Sache zuständig sei. Des weiteren, daß ich mit dem Dampfer „Bolivar" der Königlich Niederländischen Kompagnie von Dover nach Trinidad reisen würde, und zwar Abfahrt Dover am 30. Juni und Ankunft in Trinidad am 14. Juli. Von dort sollte ich am 23. mit dem Oberst nach Cayenne weiterreisen und am 27. an Ort und Stelle ankommen. Die Rückfahrt von Cayenne war für September vorgesehen.

Am 6. Juni wurde mir aus London meine Kabinen-Nummer mitgeteilt. Die Kosten würde Oberst Barr übernehmen.

Die Dinge klärten und überstürzten sich. Ich mußte meinen Dienst in der Schule versehen, die Gespräche mit den Kadetten beenden, was um so wichtiger war, als sich das Ende des Schuljahrs mit Riesenschritten näherte, die letzten Unterrichtsstunden geben und die Schlußexamen vorbereiten.

Dazwischen mußte das Nötige für meine Reise unternommen werden. Etienne Matter, ein Ingenieur, der als Generalsekretär der „Gesellschaft für Hilfe an entlassenen Strafgefangenen" seit langem erfolglos versuchte, ein Sträflingspfarramt in Guayana zu unterhalten, war ein Freund von Kommissar Peyron. Er half mir bei meinen Vorbereitungen und führte mich wie ein Vater durch das Labyrinth des Kolonialministeriums, um mich mit den zuständigen Beamten bekanntzumachen.

Schon 1904 schickte diese wohltätige Gesellschaft, der er vorstand, einen ersten Kundschafter nach Cayenne, Pastor Paul Richard, 1905 Pastor Cazalet, 1908 Pastor Assalit und sicherte so eine kontinuierliche protestantische Seelsorge in der Strafkolonie bis zum Kriegsausbruch 1914. 1923 schließlich fuhr Pastor Kuntzel nach Saint-Laurent am Maroni, doch ertrug er das Klima nicht und mußte ein Jahr später zurückkehren. Wegen der Schwierigkeit, geeignete Leute zu finden, und der unguten Aufenthaltsbedingungen blieb die Strafkolonie seither ohne Seelsorger. So setzte Etienne Matter seine ganze liebevolle Energie ein, um mir die Reise zu erleichtern.

In all den fieberhaften Vorbereitungen hatte ich auch noch die Angst, ob ich vor der Abreise mit der Kadettin meines Herzens würde reden können. Bis jetzt war noch kein Wort durchgesickert, doch die Schule würde nur wenige Tage vor meiner Abreise aufhören. Ich wagte es also, dem Kommissar in einem Brief zu schreiben, wie ratlos ich sei, und ihn um eine Ausnahme von der Regel zu bitten. Das war unnötig, denn in diesem Augenblick ereignete sich eine ganze Reihe von wahren Theatercoups: Ein Telegramm vom internationalen Hauptquartier teilte mit, daß Oberst Barr unverzüglich Trinidad verlasse, seine Reise also annulliert sei, was nicht Sache von Kommissar Peyron war. Es gelang ihm, das internationale Hauptquartier zu überzeugen, daß ich die Erkundung sehr gut allein durchführen könne, alle Genehmigungen erteilt seien, alles bereitstehe – und er gewann das Spiel.

Ein zweites Telegramm verfügte meine Abreise für den 6. Juni, damit ich Oberst Barr noch in Trinidad antreffen sollte; er hatte alle Dokumente und Studienpläne. Daraufhin schrieb ich noch einmal an den Kommissar wegen meiner Verlobung.

Ein drittes Telegramm überließ endlich dem Kommissar die Leitung und volle Verantwortung in der Angelegenheit. Ein Seufzer der Erleichterung! Man hätte tatsächlich nicht sagen können, wie die Strafvollzugsbehörden in Guayana mit der Tatsache fertiggeworden wären, wenn dort ein Engländer hätte Untersuchungen anstellen und den Bericht darüber ins Ausland geben wollen. Der Skandal, den das Buch von Albert Londres in Frankreich ausgelöst hatte, genügte, und die Behörden hätten sich sicherlich gegen die Gefahr eines außerhalb der französischen Grenzen veröffentlichten Berichts geschützt.

Meine Abreise wurde endgültig auf den 5. Juli festgesetzt, der Kommissar antwortete auf meine Briefe, damit stelle sich die Frage einer vorzeitigen Verlobung nicht mehr. Ich durfte mich also gleich nach Ende des Schuljahrs verloben. Unsere Heirat mußte im März des kommenden Jahres beantragt werden, ein Jahr Probezeit wurde den Verlobten auferlegt – das alles schien mir nicht allzu lustig.

Die Einsegnung der jungen Offiziere fand am 13. Juni 1928 in der üblichen aufgeregten Stimmung statt. Ich marschierte an der Spitze der Kadetten und Kadettinnen in die Salle Centrale ein, wo eine große, mitfühlende Menschenmenge auf sie wartete.

Die Kadettin Chaligne erhielt ihren Marschbefehl zum Posten im Quartier Latin. Am nächsten Morgen ging ich mit dem Einverständnis meines Vorgesetzten in die Schule der Kadettinnen, einen großen Strauß weißer Blumen im Arm. Brigadierin Rogivue führte mich in das Eßzimmer der Offizierinnen, und hier erwartete ich die frischgebackene Leutnantin. Sie kam auch bald, so bewegt, daß die Brigadierin sie ins Zimmer schubsen mußte und dann vor der Tür Wache stand, damit uns niemand störte. Das Gespräch war im übrigen kurz, es war nicht notwendig, viel zu reden. Wir waren uns einig, und Worte hätten nur abgeschwächt, was uns miteinander verband.

Aufgewühlt von Glück kehrte ich in mein Zimmer zurück. Welch ein Frühling blühte in mir...

Die ersten Sommertage waren ein Paradies. Sicher, ich dachte auch an meine künftigen Aufgaben und legte letzte Hand an das, was vorbereitet werden mußte; gleichzeitig schrieb ich für den Schulleiter die Schlußberichte über die Kadetten.

Zwei Tage später trat meine Leutnantin ihren Dienst am Posten im Quartier Latin an. Jeden Tag trafen wir uns für kurze Zeit. Und dann nahmen wir acht Tage Urlaub im Baskenland. Unsere Liebe wurzelte immer tiefer in der Liebe, die wir beide Gott entgegenbrachten. Nur mit Mühe konnten wir unser Glück fassen.

Etienne Matter schrieb mir: „Mein Lieber, mit freudiger Bewegung höre ich, daß Sie sich nach Guayana einschiffen wollen, und ich danke Ihnen im Namen der Sträflinge und Verbannten für den Beweis der Liebe, den Sie ihnen geben, für die Ermutigung, die Sie ihnen bringen, und für das Werk der Wiederaufrichtung, das Sie, wie ich hoffe, organisieren werden."

Im letzten Augenblick übergab mir das Pariser Hauptquartier noch einige Dokumente, die ich für die Reise sehr benötigte. An den Bahnhof kam noch ein ehemaliger Sträflingsseelsorger, um mir Lebewohl zu sagen, meine Leutnantin begleitete mich bis zur Station Austerlitz, ein wenig Zeit noch, sich zu verabschieden, kaum daß wir uns gefunden hatten; doch der Dienst erzwang unsere Trennung. Ich schiffte mich an Bord der „Puerto Rico" ein, die am

15. Juli 1928 über die Antillen und Saint-Laurent-du-Maroni nach Cayenne auslief. Die Uhr am Turm des Hafens von Saint-Nazaire zeigte 17 Uhr 30, als das Schiff vom Quai ablegte. Lang stand ich an der Reling, bis der Abendnebel Himmel und Erde ineinander verschwimmen ließ, so wie sich in mir der Dienst an Gott und den Menschen verschmelzen sollte.

III. VERWEGENER KURS

„…denn die Waffen unserer Ritterschaft sind nicht fleischlich, sondern mächtig vor Gott, zu zerstören Befestigungen…"

Paulus

Erste Mission im Sträflingsland

Als die „Puerto Rico" ihr letztes Tau schießen ließ, schien mir, als müsse ich den Himmel verlassen. Meine Gedanken gingen ins Baskenland, wo wir die letzten Tage verbracht hatten. Jeden Augenblick erlebte ich noch einmal. Die Liebe, die in uns brannte, ließ uns das Begehren überwinden, und wenn wir auch durstig blieben, das Band, das uns miteinander verband, wurde nur stärker dadurch. Ja, ich verließ das Paradies; würde ich es wiederfinden im Spätsommer, wenn meine Mission erfüllt war? Von nun an hieß es zwei lange Monate auf den ersten Brief warten.

Der Essensgong rief mich in die Wirklichkeit zurück. Ich hatte an die 36 Stunden hintereinander geschlafen, zwei Nächte und einen Tag. Der Kabinensteward war unruhig geworden und hatte den Arzt geholt, der aber beruhigte ihn:

„Sicher hat er vor der Abreise zuviel getrunken, lassen Sie ihn seinen Rausch ausschlafen…"

Meine „Betrunkenheit" war von Müdigkeit und Gemütsbewegungen ausgelöst. So hatte ich denn auch keinerlei Kopfschmerzen, als ich am zweiten Morgen versuchte, eine vertikale Haltung einzunehmen, was wegen der Dünung gefährlich war. Ich brauchte noch einen ganzen Tag und eine Nacht, bis ich mich an die See gewöhnt hatte. Der Steward stellte mir einen Liegestuhl an Deck, wo ich meine erste Mahlzeit zu mir nahm. Danach renkte sich alles wieder ein. Wir waren 24 Stunden von den Azoren entfernt, und es würde 14 Tage dauern, bis wir Guadeloupe erreichten, den ersten Zwischenlandeplatz.

Morgens nach dem Aufwachen betete ich, das brachte mir Gemeinschaft mit Gott und den Lieben, die ich verlassen hatte. Nach dem Frühstück kam ein kleiner Spaziergang an Deck, um in Bewegung zu bleiben, dann ließ ich mich mit meinem Handwerkszeug im Liegestuhl nieder, also mit Bibel, griechischem Neuen Testament, dazugehörigem Wörterbuch, Notizheft und technischen Büchern für meinen Auftrag. Eine Stunde Meditation und Bibelstudium, dann eine Stunde Beschäftigung mit juristischen und strafrechtlichen Fragen.

Die Erholung bestand darin, daß ich einen Brief an meine Braut schrieb, den ich in Pointe-à-Pitre aufgeben wollte – 14 würde sie auf einmal bekommen! Ich dagegen mußte mich mit Geduld wappnen und von der Hoffnung leben.

Je mehr ich mich in die Themen einarbeitete, die mit meiner künftigen Mission zusammenhingen, desto stärker hatte ich das Gefühl, in einen Dschungel einzudringen. Das begann schon mit dem Bericht von Oberst Barr.

Und die Zusammenfassung der Instruktionen meines Hauptquartiers über meine Aufgabe war klar:

Sie sind vom Kommissar im Namen des internationalen Hauptquartiers zum Beauftragten ernannt worden, der sich nach Französisch-Guayana begeben und dort eine Untersuchung über die Lebensbedingungen der Sträflinge anstellen soll, und dies im Hinblick darauf, daß man dort, wenn möglich, ein Sozialwerk für sie einrichten wird.

Weniger klar schienen mir die folgenden Warnungen:

Selbstverständlich haben wir uns nicht einzumischen in die Frage nach Recht oder Unrecht der Strafen und auch keine Meinung über die Art und Weise zu äußern, die die Republik Frankreich bei der Behandlung dieser Menschen gewählt hat. Das einzige, was uns hier wie überall und immer interessiert, ist menschliches Leiden. Und das Ziel der Heilsarmee in der ganzen Welt ist es, diese Leiden zu lindern und gleichzeitig den Trost der Religion, Glauben und Hoffnung zu bringen, ohne die wir keinerlei Erfolg erhoffen können. Ich zweifelte daran, daß es möglich sei, vor Ungerechtigkeiten die Augen zu verschließen.

Die Ausdrucksweise dieses Memorandums, über das ich vor meiner Abreise nicht mehr hatte diskutieren können, hinterließ ein Unbehagen in mir. Ganz offensichtlich zeigte sich darin eine Sicht der Dinge, die ich nicht glaubte teilen zu können. Doch würde man weitersehen, wenn man erst an Ort und Stelle war.

Zum Schluß des Memorandums wurden die großen Linien des Projekts gezogen: „…Einrichtung eines Evangelisations- und Rettungswerks unter den Sträflingen… Schaffung einer landwirtschaftlichen Kolonie für diejenigen, die ihre Strafe verbüßt haben… Die französische Regierung dazu bringen, die Frauen der Sträflinge, die sich in der Kolonie gut geführt haben, nach Guayana zu schicken und sie nur zurückzuholen, wenn sie dem allgemeinen Leben dort schaden sollten… Diejenigen Verurteilten, die sich befriedigend führen, nach Ende der Strafzeit oder auch vorher nach Frankreich zu repatriieren."

Das war alles.

Das war nicht genug. Wie würde ich mit alledem fertigwerden? Die Bücher, die ich studierte, gaben mir eine Vorstellung von dem Land; *Ausdehnung*: ein Drittel Frankreichs, *Bodenbeschaffenheit*: sumpfig, *Klima*: tropisch, *Bebauung des Bodens möglich und auch praktiziert*: hauptsächlich Zuckerrohr, *Bevölkerungsdichte*: sehr gering, 30 000 Menschen.

Auch die Sträflingswelt hatte ihr Fach-Schrifttum. Mir schien sie verwirrend mit ihrer Einteilung der Gefangenen in drei Gruppen: Deportierte: Verbrecher, Mörder usw. Verbannte: Rückfällige. Politische Deportierte. Die Gruppen selbst waren wieder unterteilt in Sektionen und Untersektionen: kurz, da lebten etwa zehntausend Menschen auf fünfzehn Lager verteilt, die von Cayenne bis zur Grenze nach Surinam reichten.

Schließlich gab es noch die Welt der Entlassenen, etwas über zwei-tausend Menschen, von denen etwa tausend in den Städten und Flecken, die übrigen im Busch und der Polizeiaufsicht entzogen lebten. Diese ganze Bevölkerung wurde von rund 400 militärischen Bewachern unter dem Befehl eines Obersts und einer zivilen Be-hörde in Schach gehalten. Kurze rechtliche Ausführungen weihten mich dann in das Vorgehen ein, das die Strafkolonien speiste und ihnen alljährlich 500 Verurteilte zuschickte.

Ich würde also alles, was ich eben las, mit dem vergleichen müssen, was ich sehen würde, die Institutionen und die Menschen.

Wie waren sie wohl, diese Menschen in der Strafkolonie? In meinem ganzen Leben war ich noch in keinem Gefängnis gewesen und hatte kaum je einen Gefangenen gesehen. Ich stellte mir die Sträflinge vor, wie Victor Hugo Jean Valjean in den „Elenden" schildert, und die Kolonien nach dem Bericht von Albert Londres mit ein wenig Leseerinnerungen an die eingekerkerten Glaubenszeugen unter-mischt. Ich hatte auch den Bericht von Pastor Paul Richard vorlie-gen, der die Strafkolonie als Seelsorger bereist hatte, doch das war vor einem Vierteljahrhundert gewesen. Immerhin erschien mir das, was er schrieb, objektiv. Als er in Cayenne war, schleiften die Ge-fangenen noch ihre Kugel hinter sich her. Glücklicherweise wurden zur Stunde meines Gebets alle Probleme vom Licht des Evangeliums erhellt. Evangelium, das heißt Jesus in der Welt, mitten unter den Menschen, und mögen sich auch die Institutionen geändert haben, der Charakter der Menschheit scheint mir in den letzten 2000 Jahren nicht sehr viel anders geworden zu sein. Es war also unbedingt nötig, daß ich die Kenntnisse, die ich mir jetzt erwarb, und das Urteil, das ich mir an Ort und Stelle bilden würde, im Gleichgewicht hielt; nur so konnte ich zu einer gerechten Vorstellung von Men-schen und Verhältnissen kommen.

Am Ende wurde mir die Zeit zu kurz, ich konnte meine Lektüre nicht abschließen. Die Ankunft des Dampfers in Pointe-à-Pitre war für den 17. Juli frühmorgens vorgesehen, am gleichen Abend wür-den wir Martinique anlaufen. Am nächsten Morgen sollten die Rei-senden nach Cayenne von der „Biskra" übernommen werden. Es war keine angenehme Veränderung, denn die Einrichtungen an Bord waren nicht sehr bequem und die Hitze wurde immer größer, je mehr wir uns dem Äquator näherten. Dagegen gab es ungezwungenen Kontakt mit den anderen Reisenden, fast alles Beamte der Verwaltung auf der Strafkolonie.

Rasch waren Bekanntschaften gemacht, und während der sieben letzten Tage meiner Reise konnte ich meine theoretischen – aus den Büchern und Schriften gewonnenen Kenntnisse aus den Erklärungen und Kommentaren ergänzen und korrigieren, die diese Spezialisten mir reichlich lieferten. Es gab lange Gespräche über die Kolonien, die Sträflinge, das Wachpersonal, die übrigen Bewohner, die Regierung in Cayenne.

„Sie werden sehen, es gibt zwar den Gouverneur in Cayenne, aber in Wirklichkeit hat der Direktor der Strafkolonie-Verwaltung das Regiment."

„Und warum das?"

„Weil der Etat der Strafkolonie-Verwaltung dreimal größer ist als der der Kolonialbehörde in Cayenne. Er hat also das Geld."

„Und die Gefangenen?"

„Eine Bande von Nichtstuern, Banditen und Gaunern..."

Das war ein unerschöpfliches Thema für die Beamten: was die Häftlinge alles anzettelten, welche Gegenmaßnahmen vom Strafvollzug kamen und was der und was jener, versuchte und gelungene Ausbrüche... Abends fühlte ich mich dann immer noch ratloser, manchmal sogar etwas bedrückt. Auf welche Galeere hatte ich mich eingeschifft!

Beim zweistündigen Aufenthalt in Port-of-Spain lernte ich Oberst Barr kennen, der eben im Begriff war, nach Asien abzureisen. Ehe er von Bord ging, befahl er mich der Gnade Gottes an.

In Demerara fand ich eine Heilsarmee-Truppe vor, die aus Eingeborenen und ein paar Engländern bestand. In Surinam bildeten Indonesier, die hier in Generationen heimisch geworden waren, eine sehr aktive Heilsarmee.

Am 23. Juli kamen wir in Saint-Laurent-du-Maroni an, dem Herzstück der Strafkolonie, oder besser dem Hirn, denn was das Herz anging… Ich blieb an Bord, meine erste Visite sollte dem Gouverneur gelten; ich würde also drei Tage später mit der „Biskra" nach Saint-Laurent zurückkommen.

Tatsächlich erreichte ich Saint-Laurent dann erst am 28., dank der liebenswürdigen Maßnahmen, die die Verwaltung für meinen Empfang ergriffen hatte; denn hier hielten sich nur Leute auf, die bei den Strafvollzugsbehörden persona grata waren.

„Sie sind also der Vertreter der Heilsarmee, dessen Besuch mir das Ministerium angekündigt hat", fragte der Oberst und Direktor der Strafkolonie-Verwaltung. „Mein Stellvertreter wird sich mit Ihnen befassen, ich stehe Ihnen zur Verfügung, wenn Sie mich brauchen." Dieser hohe Beamte, ein Berufssoldat, hatte mich auf den ersten Blick als harmlos eingestuft.

„Ich dachte, Sie seien zu zweit… Man hatte mir sogar einen fünfundvierzigjährigen Engländer angesagt. Wie alt sind Sie denn?"

Ich gab ihm die Antworten, die ihn endgültig beruhigten. Die monumentale Organisation der Strafkolonie-Verwaltung, die seit nunmehr 75 Jahren unbestritten über 12 000 Sträflinge und 500 Beamte herrschte, hatte nichts zu fürchten von diesem Siebenundzwanzigjährigen, der von allem nichts wußte und noch dazu schüchtern war. Wenn ein Albert Londres das Riesengebäude nicht hatte erschüttern können, wie sollte es dann diesem kleinen Heilsarmee-Soldaten gelingen – mochte er denken.

Nachdem ich diesen ersten offiziellen Kontakt hinter mir hatte, beeindruckte mich am meisten die Sträflingsbevölkerung, die Tausende von Gefangenen, die einfach überall waren; sieben davon hatte ich bei mir im Haus, von der Strafkolonie-Verwaltung zu meinen persönlichen Diensten abkommandiert – sicherlich auch, um mich zu überwachen –, fünfzig vor der Türe draußen jäteten die Zufahrt, Hunderte kamen und gingen ohne Unterlaß. Es war ein Alptraum. Alles, was ich mir vorgestellt hatte, erwies sich als falsch. Ich mußte meine Urteile revidieren.

Dann kam der Abend, an dem die „Biskra" die Anker lichtete, um über die Antillen nach Frankreich zurückzufahren. Sie hatte einen dicken Packen Briefe für meine Vorgesetzten und meine Braut an Bord. Wie mochte es ihr gehen? Seit über einem Monat wußte ich nichts von ihr.

Als ich sah, wie das Schiff losmachte, fühlte ich mich gefangen. Heimgekehrt, aß ich eine Mahlzeit, zubereitet von meinem Gefangenen-Koch, wurde bedient von einem Gefangenen, ein dritter spielte stehend den Butler; dann ging ich schlafen, und zwei Wach-Gefangene hüteten meinen Schlaf.

„Sie haben nichts zu befürchten", sagte mein Kammerdiener-Gefangener, „wir sind hier, um Sie zu beschützen, denn wissen Sie, hier muß man sich vorsehen!"

Die Galeere umschloß mich.

Das veränderte Leben, die Hitze, die Moskitos, sicher, all das waren Dinge, an die man sich gewöhnen mußte, aber die Menschen, diese mageren, tätowierten Menschen, diese Tausende geschorener Menschen in der rotweiß-gestreiften Sträflingskleidung, alte, junge, zweitausend Araber, Mörder, Sadisten, Diebe... Es war zum wahnsinnig werden, sie waren einfach überall.

Nach Tagen schon zappelte ich mich in diesem Sumpfloch ab. Tagtäglich fuhr ich in die Lager im Busch oder die Strafanstalten in den Orten. Sowie ich ankam, begannen Dutzende von Gesprächen, Beichten, schmutzigen Geschichten, bewegenden Geständnissen. Völlig erschöpft kehrte ich heim und verbrachte einen Teil der Nacht damit, alles aufzuschreiben, damit ich nichts vergaß. Alledem mußte nachgegangen werden. Meine Nächte wurden von bösen Gesichten heimgesucht.

Ich wurde nervös und ungeschickt. Um auf die Iles de Salut zu gelangen, wo über tausend Sträflinge waren, brauchte ich über dreißig Stunden Fahrt in einer Nußschale, die die Küste entlangschiffte und schaukelte wie eine Wiege. Als ich mich auf einen Klappstuhl setzen wollte, fiel ich hin, brach mir den rechten Ringfinger und wurde ohnmächtig. Auf den Inseln angekommen, erhielt ich einen Verband.

Trotzdem mußte es weitergehen, ich hatte mich noch mit den Freigelassenen zu befassen und meine Mission zu beenden. Schon einen Monat lang lebte ich jetzt in dieser Schreckenswelt. Eines Nachmittags warf mich ein Sonnenstich nieder. Ich erwachte im Hospital von Cayenne, wo der Major, der schon andere Fälle erlebt hatte, mir verkündete, ich hätte einen Anfall von Sumpffieber. Das hatte gerade noch gefehlt.

„Ist das schlimm?" fragte ich ihn in aller Unschuld und gleichzeitig nicht eben erbaut bei dem Gedanken, allein zu sein in diesem Land, wo die geistige und physische Umwelt wenig beruhigend wirkten.

„Ja und nein", lachte er, „man stirbt daran oder behält einen Dachschaden. Sie brauchen nur uns anzusehen, wir sind alle meschugge."

Die Entlassenen, von denen ich Hunderte gesprochen hatte, waren entsetzt, mich so krank zu wissen; man verbot ihnen, mein Zimmer zu betreten.

Mühselig wieder auf den Beinen, machte ich noch ein paar offizielle Besuche, und als die „Biskra" angesagt wurde, stieß ich einen Seufzer der Erleichterung aus. Meine Aufgabe war beendet. Nun mußte nur noch alles geordnet und überarbeitet werden.

Doch in welchem Zustand würde ich heimkehren?

Der Postdirektor kam selbst, um sich von mir zu verabschieden, und brachte mir ein dickes Paket Briefe. Sie waren zwar einen Monat alt, doch für mich wie ein erfrischender kühler Regen. Die halbe Nacht las ich sie wieder und immer wieder. Sie brachten mir meine Seelenruhe wieder.

Wieder an Bord, hatte ich 21 Tage Zeit, um meine Notizen zu vervollständigen. Ich machte mich unverzüglich an die Arbeit. Bald brachte mir die Luft der offenen See neue Kraft, und überdies sah ich „sie" nicht mehr. Dennoch waren sie da, gegenwärtiger denn je. In der Nacht hörte ich ihr herzzerreißendes Rufen, als ich Cayenne verließ:

„Wiederkommen, wiederkommen! Bald wiederkommen!"

Ich hielt mich abseits von den fröhlichen Passagieren, mir war nicht nach Lachen zumute.

Seit 75 Jahren gab es diese Strafkolonie, fast 65 000 Menschen waren dorthin gekommen ohne Hoffnung auf Rückkehr.

Das gesunde Leben an Bord half mir, aus meiner Umdüsterung herauszufinden, freundliche Reisegefährten, der Schiffsarzt, der

Proviantmeister kümmerten sich teilnahmsvoll um mich. Gleichaltrig wie ich, stimmten sie meinen Gedanken vollkommen zu, waren
aber mehr als skeptisch im Hinblick auf die Folgen meiner Arbeit.
Endlich, am 13. September, lief die „Perou", die mich in Fort-de-
France an Bord genommen hatte, in den Hafen von Le Havre ein.
Auf dem Quai ein paar Gestalten von der Heilsarmee und meine
liebe Braut. Mir traten die Tränen in die Augen. Doch nicht den
Himmel fand ich hier wieder. Die Menschen und Dinge hatten sich
nicht verändert, aber ich war ein anderer geworden, mir klebte die
Hölle an der Haut.

Zurück von der Teufelsinsel

Ein Heilsarmeesoldat in der Strafkolonie! Das Gerücht lief durchs
Land, und in wenigen Tagen war ganz Frankreich alarmiert, das
Hauptquartier überschwemmt von Journalisten. Die großen Tages-
zeitungen in Paris und in der Provinz brachten große Artikel über
das Problem dieser Art von Strafvollzug.
Auch in der religiösen Presse und in Monats- und Wochenschriften
erschienen zahlreiche Informationen. Sogar ausländische Zeitungen
schalteten sich ein und äußerten die Hoffnung, diese „Kampagne"
möchte zur Auflösung der Strafkolonie führen.
Überall große Überraschung, die Behörden konnten es nicht fassen.
Diese harmlose Bewegung, wie die Heilsarmee es war...
Meinem Hauptquartier schien dieses breite Echo zuviel zu werden,
es fühlte sich erschreckt und überfallen durch dieses öffentliche
Aufsehen. Nunmehr würde jedes Zurückweichen, wenn man je
daran gedacht haben mochte, eine Art Flucht sein. Ich selbst war
völlig überwältigt davon. Wenn ich alles überdachte, war ich tief
bewegt, mir schien, der Atem Gottes blähe unsere Segel. Was für
eine Ermutigung!

Ich nahm wieder meinen Dienst an der Kadettenschule auf, aber ich schaffte es nicht mehr wie früher, den Rhythmus der Zeit wiederzufinden. Diese drei Sommermonate verursachten einen Bruch zwischen dem, was ich gewesen, und dem, was ich nun war. Trotzdem gab ich mir Mühe, den Anforderungen des Programms gerecht zu werden.

Der Schülerjahrgang war beträchtlich kleiner als der vorhergehende, doch schien er vielversprechend. Ohne inneren Antrieb machte ich mich wieder an die Unterrichtsarbeit. Meine Müdigkeit deprimierte mich, nachts hatte ich Angstanfälle, so daß ich zum Fenster stürzte, als müßte ich ersticken. Der Arzt stopfte mich voll Chinin, doch das schien die Fieberanfälle nicht zu stoppen, es verdarb mir nur den Magen.

„Das ist Sumpffieber", sagte er, „und zwar ein hartnäckiges."

Wenn es so weiterging, mußte ich die Arbeit einstellen. In einer eiskalten Nacht hörte der Kadett Simonin ein Geräusch und erwischte mich auf dem Balkon, schweißtriefend und zitternd vor Kälte. Am nächsten Morgen sah ich aus wie eine Leiche. Meine Braut war entsetzt, meine Vorgesetzten machten sich Sorgen, und ich dachte zum ersten Mal an meine Gesundheit, und mir war das peinlich. Mehr schlecht als recht machte ich weiter. Kadett Jean Bordas bekam den Auftrag, mich nachts zu überwachen. Damit er trotzdem schlafen konnte, dachten wir uns folgendes aus: Wir banden uns mit einer langen Schnur aneinander, er in seinem Schlafsaal, ich in meinem Zimmer. Wenn ich nun im Schlaf unruhig wurde, wachte er auf und kam zu mir.

An einem Sonntagmorgen hatte ich mitten in der Versammlung einen Fieberanfall, mein ganzer Organismus geriet in Aufruhr, und ich fing zu husten an wie ein alter Zigarrenraucher. Von da an mußte ich im Bett bleiben. Vierzehn Tage lang kam ich nicht aus meinem Zimmer. Der Arzt verordnete drei Wochen vollkommene Ruhe, so verfrachtete man mich nach Saint-Georges-les-Bains.

In Saint-Georges traf ich die freundliche Majorin wieder, die mich vor zehn Jahren in Audincourt aufgenommen hatte. Nun war sie Leiterin dieses Erholungs- und Genesungsheims. Mütterlich führte sie mich in ein Zimmer, in dem ein schönes Holzfeuer brannte, das mir Leib und Seele erwärmte. Vom Fenster aus sah ich über das Rhone-Tal bis zu den Alpen des Vercors, von Valence bis hinter Livron.

Die Majorin verwöhnte mich regelrecht und wachte darüber, daß meine Ruhe absolut eingehalten wurde. Der Arzt zeigte sich optimistisch. Ich verließ das Bett nur, um mich in einem Liegestuhl zu Füßen der großen Zeder unterhalb der Terrasse niederzulassen, wenn die Sonne schien. Dann sog ich tief den Duft der Berge ein. Alles war hier still und schön, es roch feucht nach Erde, Gras und Blumen. Das Blau des Himmels, das verwaschene Grau der Berge, das Grün der Felder und das Leuchten der Herbstblätter flossen zusammen zu einem einzigen Gemälde. Ich war nur halb bei Bewußtsein, ohne Kraft, ohne Energie, eingewiegt von dieser Umgebung.

In Paris machte man sich Sorgen. Es war sicher, daß ich meinen Aufenthalt hier verlängern mußte. Eine kleine Besserung erlaubte mir dann und wann einen Spaziergang.

Mein Körper hielt Ruhe in Saint-Georges, meine Gedanken waren in Paris. Der Kommissar verfolgte den Gang der Dinge in Guayana, wo die Schwierigkeiten sich häuften. Würde ich eines Tages wieder ausreisen und meine Pläne verwirklichen können? Das war mein großer Wunsch, mehr noch, mir schien, das war ein Befehl, den Gott mir gab. Aber dann... warum war ich krank?

Inzwischen gingen die Transporte mit Sträflingen weiter ab, die Entlassenen verzweifelten weiterhin. Ihr Ruf bei meiner Abreise von Cayenne riß immer wieder neu die Wunde auf, die ihr Elend mir geschlagen hatte: „Wiederkommen... Wiederkommen..." Meine Gedanken waren oft bei ihnen. Ich verstand das alles nicht. War Gott denn nicht der Allmächtige?

Gegen allen Augenschein gingen die Dinge allmählich voran. Der Kommissar rief das Ehrenkomitee der Sozialwerke zusammen und holte sich seine Zustimmung zum Plan eines Sozialwerkes in Guayana. Unterstützt von einer Reihe von Parlamentariern übergab er dem Kolonialminister einen Bericht und erbat die Genehmigung und Unterstützung der Regierung zur Aufnahme der Arbeit in der Strafkolonie. Das Ministerium jedoch, etwas mißtrauisch geworden durch die weitreichende Diskussion des Problems, gab zur Antwort, man sei dabei, die Frage zu studieren. Maurice Sibille, der Alterspräsident der Abgeordnetenkammer, befaßte sich daraufhin mit der Sache und brachte einen Gesetzesvorschlag ein, der die Strafvollzugsbestimmungen bei Zwangsarbeit mildern sollte; Verurteilten, die nicht des Landes verwiesen werden konnten, sollte die Verbannung erlassen, und der Zwangsaufenthalt der Entlassenen in Guayana sollte ganz abgeschafft werden. Der Abgeordnete gründete seine Argumentation auf die Untersuchung von Albert Londres und die der Heilsarmee. Die Vorlage wurde ohne Debatte zur Abstimmung gebracht; sie blieb ohne Erfolg, denn ein reaktionärer Senator würgte sie ohne weitere Umstände ab.

Der Kommissar schrieb mir oft. Er fühlte sich hin und her gerissen: Einerseits wurde von der einen und anderen Seite gedrängt, ich sollte über die Strafkolonie sprechen, andererseits machte er sich Sorgen um meine Gesundheit. Im Brief vom 2. November 1928 hieß es: „...überall sehe ich die Anzeigen für die Versammlung am 6. ... ich weiß nicht, wer Sie vertreten könnte..."

In der folgenden Woche schrieb er: „Wie steht es mit der Plauderei am Radio? Geben Sie mir umgehend Antwort. Ist sie noch immer auf den 8. datiert? Sie ist angekündigt, mir wäre lieber, wenn man sie auf den 15. verschieben könnte."

Der Generalsekretär war schlicht ungeduldig, daß ich endlich meine Arbeit an der Schule wieder aufnähme, und drängte mich unablässig, die Korrekturen meines Berichts fertigzumachen, der noch ins Englische übersetzt werden mußte.

Ich hatte mich soweit erholt, daß ich bis zum Dorf gehen konnte, wo ich mir beim Gemischtwarenhändler Tinte kaufte. Es standen ein paar Leute im Laden; nachdem der Besitzer mich mit großer Zuvorkommenheit bedient hatte, hörte ich ihn, kaum hatte ich den Rücken gedreht, halblaut sagen: „Das ist der Kapitän Péan, Sie wissen doch, der, von dem alle Zeitungen geschrieben haben..."

Einen Augenblick zögerte ich: Sollte ich mich ernstnehmen oder darüber lachen? Das zweite hat mich gerettet.

Wieder warfen mich starkes Fieber und Hustenanfälle aufs Bett. Es war besorgniserregend. Der Kommissar gab Anweisung, man solle mich regelrecht mästen – doch ich spürte, wie meine Kräfte schwanden. Nach drei Tagen im Bett gesellte sich dem Sumpffieber noch eine Grippe mit Bronchitis hinzu; ich mußte alle Verpflichtungen absagen. Verzweiflung erfaßte mich. Schließlich fuhr ich nach Paris zurück, und dort mußte ich ins Krankenhaus.

Meine Mutter und meine Braut, beide in höchster Sorge, alarmierten das Hauptquartier. Nach einer großen Beratung wurde beschlossen, ich sollte zu meiner Mutter nach Tebessa in Algerien gehen und dort den Winter verbringen; auch der Arzt riet mir zu. Meine Braut begleitete mich bis Marseille.

Ich war nur noch ein Schatten meiner selbst. Ohne darauf antworten zu können, betrachtete ich die Briefe, die jeden Tag von Angehörigen der Sträflinge eintrafen; sie wollten Nachricht haben, andere baten um ein Gespräch. Vereinigungen fragten nach Vorträgen. Und ich konnte nicht mehr. Eine harte Prüfung.

Jemand hatte mir gesagt, Gott habe kein anderes Mittel als das Leiden, um auf eine Seele einzuwirken; mir schien das nicht mit der Vorstellung übereinzustimmen, die ich von Gott habe. Vielleicht müßten wir Gott mehr Gelegenheit geben, an uns zu arbeiten, ohne zu diesem schmerzhaften Mittel greifen zu müssen.

Die Zeit in Paris war nicht sehr fröhlich. Es hieß, die Schulangelegenheiten einem vorläufigen Vertreter zu übergeben, einige anstehende Probleme zu regeln, die Noten durchzusehen und Vorbereitungen für meine Entlassung aus dem Krankenhaus und die Reise nach Algerien zu treffen.

Am 29. November verließen wir Paris, und am 3. Dezember begleiteten meine Braut und ihr Vater mich zur Joliette, wo ich mich an Bord der „Sidi Feruch" mit dem Ziel Bône einschiffte.

Der Gedanke an das Wiedersehen mit meiner Mutter machte mich fröhlich. Es war schon einige Jahre her, seit sie sich in Tebessa niedergelassen hatte, wo sie nützliche Arbeit leistete. Sie gab ihrem Leben einen Sinn und allen ein Beispiel des Mutes.

Von Tebessa nach El Oued

Die „Sidi Feruch" legte am Quai Bertagna in Bône an, wo ich vor 18 Jahren als kleiner Junge zum ersten Mal algerischen Boden betreten hatte. Heute erwarteten mich dort nur meine Erinnerungen. Am nahen Bahnhof stieg ich in den Zug.

Von Duvivier an brauchten wir eine zweite Lokomotive, um die Atlashänge zu überwinden und Souk-Ahras zu erreichen, das etwa tausend Meter hoch liegt; dort mußte ich in eine Schmalspurbahn umsteigen, die mich zur Endstation Tebessa bringen sollte. Zuckelnd fuhr die kleine Bahn durch die Steppenlandschaft der Hochebene.

Bei Sonnenuntergang und in einem eiskalten Wind, der alle Leute von der Straße gefegt hatte, kam ich an. Ein Kind führte mich an den Befestigungen entlang zum Haus meiner Mutter.

Das ziemlich ausgedehnte Gebäude hatte eine einzige Eingangstür. Ich trat durch die dunkle Vorhalle in einen geschützten Innenhof. Das Bellen des Hundes und das Geschrei von Jacques, als er mich sah, ließen das ganze Haus – meine Mutter, meine kleine Schwester Juliette und zwei englische Missionarinnen – zusammenlaufen. Der große Hund führte sich wie rasend auf, während eine wunderschöne phlegmatische Katze sich auf der Türschwelle räkelte. Es war tiefe Nacht!

Meine Mutter, die mich nicht im Kalten stehen lassen wollte, machte die Begrüßung so kurz wie möglich und ließ uns alle in das große gemeinsame Wohnzimmer eintreten, das von zwei Petroleumlampen erhellt wurde. Die Schatten tanzten im Rhythmus des Holzfeuers, sprangen und umschlangen sich in seltsamen, ständig wechselnden Formen, je nach den Launen der prasselnden Flammen. Das Krachen der Scheite, die sich verzehrten und ihren Duft verströmten, um uns Wärme zu schenken – hier war die vertraute Welt meines Daheims.

Am nächsten Tag lernte ich die Leute und das Haus näher kennen. Es hatte etwas von einer Karawanserei und einer kleinen Festung.

Wenn Medani abends die schweren Balken vor die Eingangstür legte, fühlte ich mich geborgen wie in meiner Spielzeugburg von einst.

Mama und die Engländerinnen versahen einen Besuchs- und Versammlungsdienst, Jacques arbeitete am Bahnhof und Juliette ging zur Schule. Ich machte mich ans Basteln, um die Einrichtungen zu verbessern, und half bei den Kinder- und Männerversammlungen.

Die Neuigkeit von meiner Ankunft sprach sich bei den Arabern herum, die meine Mutter kannten und achteten. Ich hatte Adressen von Sträflings-Angehörigen mitgebracht; nachdem sie durch Medani informiert wurden, kamen sie, um mich zu besuchen; er diente mir als Dolmetscher. Anschließend schleppte er sie in den Versammlungssaal, las ihnen ein Stück aus der Bibel vor, und dann sprachen alle ein Gebet aus dem Koran – eine ziemlich ungewöhnliche Szene.

Die Luftveränderung und die Höhenlage taten mir wohl. Das Hauptereignis des Tages war die Post, die Nabelschnur, die mich mit dem Leben meiner Braut und meines Hauptquartiers verband. Diese beiden Zentren meines Interesses verbanden sich eng, denn ich wußte wohl, daß ich – sobald ich wieder gesund war – vereint mit meiner Leutnantin meine Arbeit fortsetzen und die Forderungen meines Herrn erfüllen würde.

Die Aussicht, aufs neue den elendesten der Menschen dienen zu können, und die Briefe meiner Braut hielten das Bewußtsein meiner Berufung wach. Sie schrieb mir jeden Tag, sie wußte wohl, welche Kraft mir dieser Briefwechsel gab, wenn ich schwach werden wollte, weil ich mich angesichts einer verbauten Zukunft krank und nutzlos fühlte. Auch für sie war dieser Schwebezustand bedrückend. Doch Gott war da. Am 24. Dezember feierte Mama mit Jacques, Juliette, den beiden Engländerinnen, Medani und mir Weihnachten. Wir sangen Weihnachtslieder, wir lasen die Weihnachtsgeschichte, wir aßen unser Weihnachtsmahl, doch ich war nur mit halbem Herzen dabei. Zum ersten Mal seit zehn Jahren konnte ich die Weihnachtsfreude nicht ganz teilen; mein Gesundheitszustand und meine Untätigkeit bedrückten mich ebenso wie die Tatsache, daß ich immer wieder daran denken mußte, was dort unten am Maroni, auf den Inseln, in Cayenne geschah. Meine Mutter spürte das und wollte mir die Last, die ich trug, erleichtern. Da es mir deutlich besser ging, schlug sie mir eine Reise in die Sahara vor

Nach einem günstigen Bescheid vom Arzt sagte ich gern zu; im Augenblick plagten mich keine Sumpffieber-Anfälle mehr. Ich setzte mich also mit einem Garageninhaber in Verbindung, der versuchte, mich bei einer regelmäßig verkehrenden Autoverbindung zwischen Tebessa und El Oued, im Herzen der Souf-Oase, unterzubringen.

Am 27. Dezember vor Morgengrauen setzte ich mich neben den Chauffeur, während sich hinter uns drei Araber zwischen Bündeln und Packen ein Plätzchen suchten. Alle waren wir in unsere Decken eingemummelt, es fror Stein und Bein. Der Chauffeur, ein schlauer Malteser, ahnte die Fahrspur mehr, als daß er sie sah, und bemühte sich, den Steinen auszuweichen, die den Weg versperrten. Noch vor Tagesanbruch fuhren wir über die Pässe des Sahara-Atlas.

Als die Sonne den Horizont bleich werden ließ, zeigte sich unseren Blicken eine holprige, vollkommen nackte Fläche; es sah so aus, als sei sie von aller Vegetation skalpiert. Kein Baum, kein Haus, kein lebendes Wesen, nur Steine, immer wieder Steine, und eine undeutliche Spur, die sich um die Hügel wand.

Etwas hinter Négrine bemerkten wir einige Palmwipfel, das Zeichen für eine Wasserstelle. Hier liefen die Pisten von Tozeur in Tunesien und die von Biskra zusammen, und plötzlich sahen wir die Wüste, ein Meer von Sand, soweit das Auge reichte. Der Chauffeur fuhr langsam, er suchte den Weg hinunter auf die Sandfläche, die 50 bis 60 Meter unter uns lag. Man durfte hier an diesen Felsflanken keinen Unfall riskieren, so wenig wie eine Panne drunten in dem Sand-Ozean. Unten angekommen lag Algerien hinter uns. Die Sonne wurde heiß, und einer nach dem andern zog den Mantel aus. Als wir abfuhren, lag die Temperatur bei − 5 Grad, um 10 Uhr zeigte das Thermometer + 25 Grad.

Wir fuhren auf gerader Strecke. Die Piste war gekennzeichnet durch zwei Meter hohe, konische Steinhaufen, die alle zwei bis drei Kilometer aufgeschichtet waren.

Fünfzig Kilometer weit dehnte sich das Gelände flach aus, der Boden war sandig oder steinig, manchmal bemerkte man spärliche Flechten oder einen Dornenbusch. Dann erreichten wir die ersten Dünen, die so hellgelb waren, daß sie am Horizont mit dem vor Hitze weiß gewordenen Himmel verschwammen. Die Luft zitterte von der aufsteigenden heißen Strömung.

Schließlich überließen die Dünen der Ebene das Feld. Das sah aus wie ein Strand ohne Ende und ohne Meer. Rechts tauchte eine Kamelherde auf, dann ein viereckiger Bau mit einer schneeweißen Kuppel, dann eine Palmenpflanzung: Guemar. Wir umfuhren die Oase und hielten auf El Oued zu, das wir gegen 17 Uhr erreichten, begrüßt vom durchdringenden Geschrei einer Kinderschar.

Ich verabschiedete mich von meinen Reisegefährten, ein Junge nahm meinen Koffer und führte mich zu einer guten Frau, die mir eine Kamelzunge zum Abendessen zubereitete und ein Zimmer mit einem guten Bett vermietete.

Das Ende des Jahres – und was für eines Jahres! – erlebte ich in der Wüste. Das Jahr 1929 begann ich in der glücklichen Einsamkeit, die der Gemeinschaft mit Gott so dienlich ist. El Oued war die Hauptoase, das Zentrum von etwa dreißig anderen, die fünf bis sechs Kilometer voneinander entfernt darum herum lagen. Um die zehntausend Berber lebten hier.

Der Bachaga, der über die Oasen herrschte, residierte in Kouinine; sein Sohn El Lahmine besuchte mich und lud mich für den nächsten Tag ein. Überdies holte er mich dann ab, und auf Maultierrücken verließen wir El Oued. El Lahmine war etwa gleich alt wie ich, er studierte in Constantine. Durch den schönen Januarmorgen ritten wir wortlos Seite an Seite und genossen die Stille der Wüste. Nach einer Stunde tauchten das Minarett der Moschee und die weißen Kuppeln der Hauptgebäude auf. Es war Markttag; nicht ohne Mühe bahnten sich unsere Reittiere einen Weg durch die Menge der Käufer und Verkäufer. El Lahmines Autorität und meine Uniform waren der Grund für manches Zeichen der Ehrerbietung und zuvorkommendes Grüßen.

Am Eingang des Dorfes überließen wir unsere Tiere einem jungen
Mann und gingen zu Fuß durch enge Gassen zum schönen Haus
des Bachaga. Die Frauen hatten ein ausgezeichnetes Essen zubereitet, das uns von einem Soldaten des Caid serviert wurde. Nachmittags nahm mich Lahmine zum Besuch einiger Palmenhaine in der
Umgebung mit. Die Bäume, der Schatz der Oasen, werden in weiten
Mulden – etwa hundert Meter im Durchmesser und 10 bis 15 Meter
tief – angepflanzt, damit die Wurzeln das Grundwasser erreichen.
Deshalb sieht man von Ferne nur die buschigen Palmwipfel über
der Erdoberfläche aufragen, als seien die Stämme im Sand eingesun-
ken. Ständig müssen Männer den Sand aus diesen Vertiefungen wieder nach oben bringen, der Wind versucht ohne Unterlaß, sie aufzu-
füllen – eine wirkliche Ameisen-Arbeit. An der tiefsten 'Stelle ist
der Brunnen, und unter den Palmen finden sich armselige Gemüse-
beete.

In keiner Oase war eine Frau zu sehen, sie lebten eingeschlossen
in den Häusern, aus denen sie nur abends hervorkamen, um Wasser
zu schöpfen.

Danach gingen wir zur Moschee. Diese religiösen Bauwerke dienen
der inneren Sammlung und drücken gleichzeitig Freude aus: durch
die Eleganz ihrer Formen, das Zackenwerk des plastischen
Schmucks und das Schimmern der Mosaiken und Glasfenster im
einfallenden Sonnenlicht. Lahmine las mir Suren aus dem Koran
vor, und so entstand zwischen uns eine religiöse Verbindung. Er
las so gesammelt, daß es in keiner Weise abstoßend oder feierlich
wirkte, und er las arabisch, so daß es wie Musik klang. Als er es
französisch wiederholte, verstand ich, doch das war nicht mehr das
gleiche:
Bete einen einzigen Gott an.
Bete.
Besuche mindestens einmal die Heiligen Stätten.
Gib den Zehnten deiner Güter, ein Pferd für fünfzehn Schafe,
ein Kamel für zwanzig usw....
Gott anerkennt ein Almosen nur dann, wenn es einem Menschen

gegeben wird, der nicht arbeiten kann.
Halte den Fastenmonat Ramadan ein.

Still gingen wir hinaus. Das Licht, das sanft und gedämpft ins Innere
sickerte, überfiel uns draußen mit seiner ganzen Wildheit. Wir gingen zu den Dünen, gerade als man einen Toten zu Grabe trug.
„Es ist ein Alter", sagte Lahmine, „denn die Leute im Zug singen.
Wenn es ein Junger ist, weinen sie laut."
Mein Maultier wurde wiedergebracht. Lahmine hatte einen Kurier
herkommandiert, der bis El Oued vor mir her reiten sollte. Sehr
höflich und freundschaftlich verabschiedeten wir uns voneinander.
Dann erlebte ich mit, wie eine Karawane entstand. Mehrere Tage
lang kamen regelmäßig Kamele aus den benachbarten Oasen mit
Datteln und Stoffen und von Norden mit Tee, Zucker, Messingge-
rät, Holzkohle und hundert anderen Dingen. Die knienden Kamele
ließen sich geduldig mit Kisten und Ballen beladen.
Gegen Abend setzte sich der Zug langsam in Bewegung, begleitet
von den Segenswünschen der Honoratioren und der Kameltreiber.
Wie eine lange Schlange wand er sich um die Düne und verschwand
im Dunkel, von der Stille verschlungen.
Kaum war jeder von uns nach Hause zurückgekehrt, erhob sich
ein Wind, erst warm, dann immer kälter. Er blies die ganze Nacht.
Am Morgen waren die Straßen voll Sand, man fegte ihn weg, aber
der Sturm verdoppelte seine Stärke, ganze Sandwirbel gingen auf
uns nieder. Die Karawane hatte sich – schon weit entfernt – niedergelassen, Tier neben Tier, die Menschen zwischen den Beinen der
Kamele. An der Windseite bedeckte der Wind sie mit dem gelben
Sandstaub. Abends legte sich der Sturm, die Karawane schüttelte
sich, als ob sie aus dem Wasser käme, sog die kühle Nachtluft ein
und zog weiter durch die wieder friedlich gewordene Wüste.
Vor Morgengrauen stieg ich auf die große Düne, die die Oase be-
herrschte. Über den Himmel zog sich noch der glitzernde Fluß
der Milchstraße, es war ganz still. Nach und nach zeichneten sich
die Linien der Häuser und der Dünenkämme ab. Plötzlich erhob
sich in der Ferne eine Stimme, erst melodisch singend, dann wie
ein Schrei, ein Freuden- und Triumphschrei: „Allah Kebar

...ar...ar..." Zehnmal hintereinander wurde es in die endende Nacht gerufen. Und im selben Augenblick erneuerte sich das lärmende Leben in der Oase so rasch, daß der Ruf des Muezzins davon fast zugedeckt wurde. Von seinem Minarett herab hatte er sein Volk aufgeweckt mit den Worten: „Gott ist groß."

Und nun traten die Kuppeln der Oase am bleicher werdenden Horizont hervor, die Sonne tauchte in all ihrer Majestät empor und sandte ihre blitzenden Strahlen aus.

Gegen Abend stieg ich wieder zur Düne hinauf. Ich lag im warmen Sand, beobachtete, wie die Sonne langsam dem Horizont zuglitt, wie die Farben immer leuchtender wurden bis zum großen Feuerbrand am Ende. Und als die bläuliche Nacht sich über die Oase breitete, lud die Stimme des Muezzins zum Abendgebet ein: „Allah Kebar... Hamdulilla... Gott ist groß. Er sei gepriesen."

Alle Männer traten heraus, wandten sich nach Osten, warfen sich nieder, sprachen ihr Gebet und erhoben sich... Gott ist groß.

Nach Tebessa zurückgekehrt, suchte ich den Arzt auf; Röntgenuntersuchung und Gewichtsüberprüfung fielen gut aus; er war zufrieden.

„Sie können Ihre Arbeit wieder aufnehmen", sagte er zum Schluß. Immerhin war der Husten geblieben, vor allem morgens, was meiner Mutter gar nicht gefiel.

„Solange du hustest, kommt es nicht in Frage, daß du abreist. Hier hast du Höhenluft, das Klima ist trocken, und ich sorge für dich." Mütterliche Liebe und Zärtlichkeit, aber auch der Wunsch, mich so lange wie möglich in ihrer Nähe zu behalten. Für die Araber war ich der Mann, das Haupt, der Herr. Meine Mutter, die viele Zuhörer aus muslimischen Familien hatte, wußte, wie schwach ihre Stellung als Frau war. Ich bewunderte sie.

„Vor den Augen aller dieser Araber ein christliches Leben zu führen, das ist die Art der Evangeliumsverkündigung, die ich mir vorgenommen habe und die ich leisten kann. Hier kann ich nützlich und wahrhaftig sein, hier bin ich jemand und bringe etwas zustande." Nach einer Pause setzte sie hinzu:

„Sie wissen das."

Und dann, mit einem schalkhaften Lächeln:
„Gott auch."
Jeden Morgen las sie ihre arabische Bibel, auch ihre Andacht hielt
sie auf Arabisch.
„Ich muß noch Hebräisch lernen", sagte sie zu mir, „diese Sprache
fehlt mir zum richtigen Verstehen des Alten Testaments."
Bei der Rückkehr aus der Wüste hatte ich viel Post vorgefunden.
Auf die Briefe meiner Verlobten stürzte ich mich wie ein Kamel
auf ein Wasserloch.
Inzwischen war es Ende Januar geworden. Ich bereitete mich darauf
vor, meine Tätigkeit in Paris wieder aufzunehmen.
Medani hatte seinen Freunden erzählt, daß ich abreisen wolle, und
nun sahen wir einen ganzen Zug von Männern und Knaben ankommen, jeder trug auf dem Kopf eine große Kupferschale mit Lebens-
mitteln: Kuskus, Braten, Hühnchen, Gemüse, Obst, Honigku-
chen... Der ganze Hof füllte sich mit fröhlichem Leben, der Caid
schickte uns eine Diffa! Wir waren überwältigt. Die Misses hoben
die Arme zum Himmel, Katze und Hund leckten sich beim Geruch
des Fleisches die Lippen, Jacques jubilierte, Medani platzte fast vor
Freude. Drei Tage lang taten wir kaum etwas anderes als essen und
Nachbarn bewirten.
Am 6. Februar nahm ich Abschied. Alle waren traurig. Ich fuhr
nach Constantine, dann nach Philippeville, wo ich mich wieder auf
der „Sidi Feruch" einschiffte. Nach 60 Stunden Überfahrt im Sturm
entließ sie mich, ein wenig benommen, in Marseille an Land. Die
Fische hatten sich durch eine Zwischenperson an der Diffa des Caid
ergötzt.

Prüfungen und Heirat

In Marseille wurde ich auf Ansuchen des Hauptquartiers gründlich
untersucht. Röntgenaufnahmen, Analysen, verschiedene Kontrol-

len. Nach drei Tagen große Bestürzung: Infektion des linken Lungenflügels. Ein harter Schlag.

Ich fuhr nach Paris und ging sofort zum „Volks-Palais", wo vom Hauptquartier ein Zimmer für mich reserviert worden war. Ein sehr herablassender Angestellter wies mir ein Zimmerchen unter dem Dach an, das all sein Licht von einem winzigen Fenster an der Decke bekam. Ein Bett, ein Tisch mit Wasserkrug und Schüssel, kein Stuhl, nicht sehr sauber... ein großes Grau senkte sich über meine Seele. Ich saß auf dem Bett und fühlte mich furchtbar elend. Mein Gott, erbarme dich meiner Schwäche. Tuberkulosekrank, das hieß: aus mit den Plänen in der Strafkolonie, aus mit den Heiratsgedanken, aus mit dem tätigen Leben. Ein harter Schlag.

Schmerzhaft versuchte ich die Frage in mein Inneres zu bohren, sie ließ sich nicht vertreiben, sie war hartnäckig, versuchte es wieder und immer wieder, wie die schwarzen Fliegen, die man nur loswird, wenn man sie totschlägt: „Wenn Gott wirklich allmächtig ist..."
Ich wies sie ab, bäumte mich auf, kämpfte mit dem bösen Gespenst. Die Schlange umwand mich, der Druck wurde stärker, ich meinte zu ersticken. Ein Klopfen an der Tür riß mich aus meiner Starre. Freudlos, entmutigt sagte ich: „Herein."

Ein Kopf streckte sich durch den Türspalt, ein Lächeln trat auf ein armseliges Gesicht:

„Erkennen Sie mich nicht wieder?"

Ich sah den Mann an, ohne mehr zu begreifen.

„Ich bin Richeton."

Ich sprang auf und faßte seine Hand.

„Aber wie kommen Sie hierher?"

Er setzte sich neben mich aufs Bett.

„Ich bin letzte Woche aus Cayenne zurückgekommen. Ihre Braut, Leutnantin Chaligne, hat mich am Bahnhof erwartet, mir den Mantel und ein wenig Geld gegeben und mich dann hierher gebracht. Sie sagte mir auch, Sie kämen bald. Ihnen und Monsieur Matter verdanke ich es, daß ich begnadigt worden bin und zurückkommen konnte."

Er sprach langsam, ruhig, wie ein Mensch, der noch nicht ganz zu sich gekommen ist.

„Sie müssen wissen, nach Ihrer Abreise hat sich manches verändert. Man hat sich ein wenig mit uns, den Entlassenen, beschäftigt. Wenn Sie wüßten, wie alle auf Sie warten!"

Er sprach in einem fort.

„Richeton, wie bin ich glücklich, daß Sie hier sind."

„Ich werde nicht der letzte sein, Sie holen noch viele heraus. Haben Sie sich vom Sumpffieber erholt?"

„Ich hoffe es… ich bin sehr krank, Richeton."

Er schaute mich verdutzt an.

„Sie?"

„Tuberkulose."

„Aber das wird sich geben, Sie müssen sich behandeln lassen, es gibt zu viele, die Sie brauchen. Und dann, sehen Sie mich an: Ich habe auch geglaubt, für mich sei alles aus und fertig. Aber Gott hat mir wieder Mut gegeben, als ich Sie da unten getroffen habe. Ich bin bloß ein armseliger Kerl, und Gott hat Mitleid mit mir gehabt. Dagegen Sie, wissen Sie, Sie wird Gott nicht fallen lassen. Und jetzt muß ich gehen, ich bin nämlich Nachtwächter."

Leise schloß er die Tür, und ich fing an zu weinen. Gott läßt keinen fallen. Der Druck der Schlange lockerte sich, ich konnte wieder atmen. Gott weiß, was er tut, und er tut, was er will. Neuer Mut überkam mich.

Dann schickte man mich in ein Sanatorium nach Digne. Traurig feierte ich dort meinen 28. Geburtstag. Meine Braut, meine Familie und ein paar Freunde stützten mich mit ihren Briefen. Dem Hauptquartier dagegen wurde es zuviel, mich so krank zu sehen, wie mir ein paar Bemerkungen zu verstehen gaben. Ich taugte zu nichts, machte große Kosten, und die Zukunft sah nicht vielversprechend aus.

Jede Tätigkeit war mir verboten außer Briefeschreiben, wenn es nicht zuviel wurde. Immerhin konnte ich eine Artikelreihe fertigstellen, die auf Wunsch des Kommissars veröffentlicht werden sollte. Er hatte trotz allem noch Vertrauen in die Zukunft. Am 26. April schrieb er mir:

„...Ich hoffe auch, daß wir Ihr Reisetagebuch veröffentlichen können. Was hielten Sie von folgendem Titel, wenn unser Projekt sich verwirklichen sollte: ‚Ein Salutist in der Strafkolonie‘ – mit einem Untertitel natürlich. Und dann müßte man die Finanzkampagne beginnen und von Gott den Mann erbitten, der diesen Block vom Fleck bringt, seien es nun Sie oder ein anderer. Ich fürchte, für Sie müssen wir – mindestens zum gegenwärtigen Zeitpunkt – den Gedanken aufgeben, Sie in dies mörderische Klima zurückzuschikken."

Im Juni schrieb er: „Ich habe die Absicht, das Manuskript von André Labarthe illustrieren zu lassen."

All das war nicht einfach, und schließlich legte sich nach irgendwelchen, mir unbekannten Interventionen der Generalsekretär quer. Er schrieb an den Kommissar:

„1. Der Name Charles Péan darf nicht auf dem Deckblatt des Buches erscheinen.

2. Der Brief, in dem er sich anbietet, wieder dorthin zu reisen, darf nicht erscheinen, denn er ist krank und wird nie mehr dorthin kommen.

3. Es darf nicht gesagt werden, daß er als Folge seiner Reise erkrankt ist, denn wenn er Rückfälle hat, hält die Öffentlichkeit die Heilsarmee dafür verantwortlich.

4. Ich informiere das internationale Hauptquartier darüber."

Ich war so angewidert, daß ich daran dachte, mein Manuskript zurückzuziehen. Glücklicherweise ließ der Kommissar nicht locker und bat mich, ihm den Text zu überlassen. Was ich auch ohne weiteres tat.

Nach sechs Monaten hatte sich mein Gesundheitszustand gebessert, und ich verließ Digne, um an der Mission in Chambon-sur-Lignon teilzunehmen. Von dort aus schrieb ich vorschriftsmäßig mein Gesuch um Heiratserlaubnis. Meiner Braut und mir fiel es immer schwerer, die Trennung zu ertragen. Sie hatte den Mut, sich einen Kranken aufzuladen. Natürlich widersetzte sich der Generalsekretär. Nun wurde ich ärgerlich, am Ende mußte ich ihm die Erlaubnis regelrecht entreißen. Bürokratische Verwaltung ist immer unmenschlich, und manchmal richten Kombinationen, Berechnungen und andere wenig glanzvolle Manöver, die mit der Mittelmäßigkeit einhergehen, Schaden an.

Dennoch sollte man auch diese Verwaltungsleute verstehen, die weder das Gefühl noch den Glauben in ihre geschäftlichen Angelegenheiten hineinreden lassen. Soweit es die Gefühle und Überlegungen angeht, mag man zustimmen, aber gewiß nicht beim Glauben.

Mich hielt die Überzeugung aufrecht, daß ich mich nach unserer Heirat vollständig erholen würde und dann dem Ruf zum Dienst nachkommen könnte.

Ich erhielt einen Marschbefehl auf den Posten Alès.

Endlich, in der großen Freude, am Ziel zu sein, holte ich meine Braut im „Palais der Frau" am 11. Oktober 1929 ab. Wir gingen miteinander zum Standesamt des 11. Arrondissements und am Tag darauf zur Salle Centrale, wo wir getraut wurden.

Nach ein paar Tagen Hochzeitsurlaub bei Forissier und seiner Familie fuhren wir nach Alès, um unseren neuen Posten anzutreten. Wir kamen an einem regnerischen Nachmittag Ende Oktober an. In den letzten paar Tagen waren wir der Mittelpunkt der Welt gewesen, von jetzt an mußte das der Posten Alès sein.

„Die Wohnungsschlüssel bekommen Sie bei der Bäckerin auf der anderen Straßenseite", hatten unsere Vorgängerinnen, zwei junge Offizierinnen, geschrieben, bevor sie ihren neuen Posten übernahmen.

Posten-Chef in Alès

Die Offizierswohnung lag im dritten Stockwerk. Der Vorplatz war wenig einladend, dann führte uns eine schmutzige Treppe in unser neues Heim. Es duftete nicht gerade süß; das ganze wirkte trostlos. Die Wohnung hatte zwei Zimmer und eine Küche. Im ersten Zimmer nahm ein großes Bett den meisten Platz ein, die Tapete löste sich von den mit Salpeter überzogenen Wänden, Reißnägel versuchten die Fetzen festzuhalten. Im anderen Zimmer gab es einen Tisch, vier Stühle, ein Sofa. An der Wand verdeckte ein Porträt von William Booth einen großen Fleck, dann hing da noch ein Bibelspruch. Die Küche war dunkel, ein Wasserhahn über einem steinernen Ausguß, ein alter Kohleherd, ein Tisch und ein Büffet vervollständigten die Einrichtung.

Auf dem Tisch lag ein Zettel unserer Vorgänger: „Mit unserem letzten Geld haben wir ein wenig Tee und Zucker gekauft. Viel Mut!"

Dann suchten wir einen anderen lebensnotwendigen Ort, nötig vor allem, wenn man von einer Reise kommt; es gab ihn nicht. An der Innentür der Rumpelkammer fanden wir einen weiteren Zettel: „Man muß fünfzig Meter bis zum Platz gehen, aber dort ist es nicht sehr angenehm; am Bahnhof ist es bequemer, aber zu weit weg." Meine junge Frau war fassungslos. Ich tröstete sie, so gut ich konnte, und machte mich unverzüglich daran, diese Räuberhöhle in Ordnung zu bringen, damit sie wenigstens etwas besser aussah. Aus unserem Gepäck holte ich einen Petroleum-Kocher und goß uns eine Tasse Tee auf, dann gingen wir an das Wohnzimmer, wo ich zuerst einmal Feuer im Kamin machte.

Eine unserer Kisten wurde zum Bücherschrank, eine andere zum Beistelltisch. Dann kam das Schlafzimmer an die Reihe, ein neuer Lampenschirm wurde angebracht, die Tapete geflickt, ein paar Familienfotos aufgestellt, und schon waren wir zu Hause.

Hier also sollten wir unsere Lehrzeit für das Glück zu zweien absolvieren.

Am nächsten Morgen waren wir gerade dabei, die Einrichtung unseres Heims zu vervollständigen, als es an die Tür klopfte.

„Sind Sie die neuen Offiziere?"

Unsere Arbeitskleidung rechtfertigte diese Frage.

„Wir sind Freunde der Heilsarmee. Heute ist Markttag, da kommen wir in die Stadt."

Der Mann an der Tür mochte mit mir gleichaltrig sein. Er hatte rote Pausbacken; seine Schwester, die neben ihm stand, war jung und anmutig. ·

„Wir haben da ein wenig Gemüse und Trauben von unserem Spalier. Wir wohnen oberhalb der Gemeinde Bagard –" und er erklärte uns den Weg.

Nachdem sie gegangen waren, sahen wir uns den Korb mit den Früchten der Bauernarbeit an; sie waren frisch und wohlriechend und hatten die Farbe der Freundschaft, sie machten uns das Herz warm.

Kaum hatten wir unsere Inspektion beendet, als eine Bäuerin an der Tür auftauchte:

„Hallelujah, ich bin Soldat des Postens und komme von Soustelle. Seien Sie herzlich willkommen!" Sie ließ uns ein paar Eier und einen kleinen Käse da.

Diese bescheidenen Gaben rührten uns, sie zeugten von freundlichem Entgegenkommen.

Seit wir wußten, daß der Markttag Besuchstag war, trugen wir schon vom Morgen an Uniform, unseren Freunden zu Ehren.

Von Zeit zu Zeit schrieb mir der Kommissar über den Stand der Dinge in der Strafkolonie, und immer kritzelte er in seiner fast unleserlichen Schrift ein paar freundliche Worte dazu. Ich hatte den Eindruck, daß er der Besserung meines Gesundheitzutandes ebenso aufmerksam folgte wie den Problemen der Strafkolonie.

Jeden Mittwoch besuchten wir unsere Kameraden von außerhalb und sprachen in den Dörfern über die Sträflinge, manchmal in der protestantischen Kirche, manchmal im Rathaus oder auch in einer der großen Küchen der Bauernhäuser in den Cevennen. Die Arbeit packte uns, wir liebten sie. Diese Abkömmlinge der Camisarden hatten die Liebe zur Bibel behalten, kein Haus, in dem man sie nicht sehen konnte. Auf der Rückfahrt mit dem Fahrrad sang unser Herz vor Freude und Dankbarkeit. Die paar Kastanien, Quitten und Eier in unserer Tasche waren etwas, das von Herzen kam und das Gefühl der Gemeinschaft weiterdauern ließ.

Unter der beharrlichen Fürsorge meiner Frau festigte sich meine Gesundheit immer mehr, mein Mut hob sich trotz ein paar Sumpffieber-Anfällen, die uns wachsam bleiben ließen.

Von Richeton erhielten wir einen rührenden Brief, in dem er uns alles Gute in Alès wünschte und dann schrieb: „…ich muß Ihnen sagen, daß ich am Weihnachtsfest im ‚Palais der Frau' teilgenommen habe, wo 1200 Gedecke vorbereitet waren, ebenso im ‚Palais des Volkes'. Dort habe ich vor allen Honoratioren den Weihnachtsmann gemacht…"

Das war wirklich ein Weihnachtsmann, der seine Rolle nicht erst lernen mußte, er kam von weit her!

Meine liebe Leutnantin tat großartige Arbeit im Besuchsdienst und in der Seelsorge; ich kümmerte mich um die Vorbereitung der Versammlungen, die wir gemeinsam leiteten. Gott war der Mittelpunkt unseres Daseins, er einte uns in der Arbeit und in der Liebe zueinander. Darin bestand unser Glück. Die Salutisten des Postens hatten uns liebgewonnen, und als unser erstes Kind zur Welt kam, freute sich der Posten ebenso darüber wie wir uns selbst.

Das Jahr 1930 ging mit einem Marschbefehl zu Ende, der uns an den neuen Posten Nizza versetzte.

Posten-Chef in Nizza

Bei der Ankunft in dieser Stadt des Lichts und der Blumen erhielt ich ein Geschenk: das erste Exemplar von „Terre de bagne". Es zeugt von der Hartnäckigkeit des Kommissars, der schließlich über diejenigen seiner Umgebung siegte, die sich der Veröffentlichung widersetzten. Gemischte Gefühle erfüllten mich, als ich das kleine Buch in Händen hielt, ein wenig wie ein Neugeborenes, das man überrascht betrachtet. Wieder stieg die Vision der Unglücklichen vor mir auf, die noch immer warteten. Gott wußte, daß ich sie nicht vergaß. „Richte dich nicht in deinem Glück ein", sagte mir eine innere Stimme.

Der Posten Nizza war nach der aufsehenerregenden Bekehrung einer Frau gegründet worden, die darauf bestand, daß die Heilsarmee einen Offizier dorthin entsende. Im Frühling 1929 kommandierte

das Hauptquartier die Kapitänin Jordan nach Nizza ab, nach einem
Monat folgte ihr ein Schweizer Offiziersehepaar, das ungeduldig
auf Ablösung wartete, weil sie nach Paris „aufsteigen" wollten. Wir
fanden also gut vorbereitetes Terrain und eine Handvoll aktiver
Leute vor. Der Versammlungssaal hatte eine sehr gute Lage an der
Kreuzung zweier großer Boulevards. Wir fanden auch bald eine
Wohnung nahe bei der russischen Kirche.

Da uns das in Alès ausgearbeitete Programm befriedigt hatte, beschlossen wir, es hier mit einigen durch Örtlichkeit und Umstände
gebotenen Änderungen ebenfalls anzuwenden.

Die „Säule" des Postens, man könnte auch sagen, seine Mutter,
war eben die Dame, die erreicht hatte, daß man Offiziere in diese
große Stadt schickte: Madam Simian, die rasch Sergeantin geworden
war.

Sie war Korsettmacherin von Beruf und wohnte mit ihren vier
Töchtern nicht weit vom Posten entfernt. Ihre Bekehrung hatte in
der Gesellschaft der Stadt viel Aufsehen gemacht, da sie allgemein
bekannt war. Die große, schöne Frau war von der Gnade Gottes
verwandelt. Ihre wunderbar geschickten Hände hatten ihr einen
großen, reichen Kundenkreis eingebracht, ihr Haus war jedermann
offen; deshalb stand sie, obwohl sie viel verdiente, meist ohne Geld
da.

Dutzende von Menschen verdankten es ihr, daß ihr Lebensschifflein
wieder flott wurde. Tag und Nacht öffnete sie Tür und Geldbeutel
im Namen des Herrn. Sie lächelte gern, war fröhlich und von ge-
nauester Ehrlichkeit, und sie lebte nur, um ihre Töchter großzuzie-
hen und Gott zu preisen.

Manchmal knieten wir auf offener Straße nieder und beteten für
die, die uns gehört hatten. Dann forderte einer von uns die Leute
auf, uns zu folgen, und, Konzertina voran, zogen wir singend die
hundert Meter bis zum Versammlungssaal.

Nizza war eine Stadt, in der Cafés, Restaurants, Bars, Theater, Kinos
und andere Lokale in großer Zahl für die Muße der Kolonialbeam-
ten, Pensionäre und Touristen zur Verfügung standen. Dies führte
uns dazu, daß wir unsere Aktivität dem anpaßten. Jeden Samstag

von 19 Uhr an versammelten sich die einsatzfähigen Kameraden in großer Zahl in unserem Saal. Wir hatten die Stadt in Einzelquadrate aufgeteilt und Patrouillen von 2 bis 3 Mann geschaffen, die in einem bestimmten Sektor unsere Zeitschrift verkauften, und zwar in allen Lokalen, wo ihnen der Zutritt erlaubt war. Die Weisung lautete: die Zeitschrift anbieten, Kontakt herstellen, Unglückliche oder Sorgenvolle herauszufinden suchen, ein hilfreiches Wort sagen, zur Versammlung einladen. Unsere Ausstrahlung sollte alle erreichen, die uns sahen.

Am Sonntagmorgen erzählte jeder freudig, wie alles gegangen war. Natürlich kamen neue Besucher in die Versammlungen, und als gute Pförtner bemühten wir uns, ihnen die Tür zum Himmel weit aufzutun und Christus als Retter zu zeigen.

Im Sommer hielten wir sonntagnachmittags Versammlungen am Strand. Im Winter veranstalteten wir jeden Mittwoch um 17 Uhr ein Konzert oder einen Vortrag in unserem Saal. Das war die Stunde, in der die Sonne untergeht und die die Genesenden fürchten, weil die Temperatur jäh zurückgeht.

In der freudigen Atmosphäre solcher Aktivität wurde unser zweites Kind geboren, der erste Sohn.

Wir waren zwei Jahre in Nizza, als ein „Offiziersrat" nach Saint-Georges zusammengerufen wurde, den Vorsitz führte Kommissar Peyron. Wir freuten uns hinzufahren; Saint-Georges weckte soviele gute Erinnerungen.

Wir waren fünfzig, die sich über ihre Probleme unterhielten. Manche hatten ernste Schwierigkeiten, andere mußten innere Kämpfe ausstehen, aus denen sie nicht immer als Sieger hervorgingen. Dennoch hieß es, nach außen gute Miene zu zeigen, aber ohne zu heucheln. Die Möglichkeit, so frei in einem verständnisvollen Kreis sprechen zu können, erleichterte uns, machte uns aber gleichzeitig auch die Größe unserer Berufung, unsere Grenzen und die ungenügende intellektuelle Zurüstung deutlich. Schon am Abend des ersten Tages empfanden wir stark die Notwendigkeit einer geistlichen Erneuerung.

Am nächsten Tag hörten wir einige Ermahnungen von unseren Vorgesetzten. Nach dem Abendessen fand um 19 Uhr die letzte Zusammenkunft statt, die, im Hinblick auf die Rückreisen am kommenden Morgen, früh enden sollte.

Diese letzte Versammlung blieb allen, die sie erlebt haben, im Gedächtnis. Es ging nicht mehr darum, laut gemeinsam zu beten, wie wir es oft tun, noch um das Anhören einer biblischen Ansprache oder den Beitrag einer Einzelstudie, sondern darum, sein Ich vor sich selbst und den andern aufzudecken. Es war die Stunde der Wahrheit.

„Will jemand Zeugnis ablegen?" fragte der Kommissar. In jedem erwachte eine gewisse Erregung. „Ich sollte sagen, was mir hilft und wohltut", „ich darf die andern nicht glauben machen, bei mir ginge alles gut", „ich kann nicht mehr, ich muß meinen Jammer hinausschreien…"

Ein Kamerad stand auf und bekannte bewegt und offen, wie ratlos er sei angesichts des Umfangs seiner Aufgaben und den geringen Ergebnissen, die er erzielte.

Nach einer Stille, ganz erfüllt von Mitgefühl und Verstehen, stand ein anderer auf und sagte, er fühle sich der Arbeit, die von ihm verlangt werde, unwürdig.

Ein paar baten Gott vor uns allen um Vergebung wegen ihrer Feigheit oder Gleichgültigkeit. Von Zeit zu Zeit stimmte der Kommissar ein Gebetslied an und trat dann wieder ganz in den Hintergrund, um das Wirken Gottes nicht zu stören. Der Heilige Geist ließ hier einen Lebensquell sprudeln, daß die Dinge wieder an ihren Platz gerückt, Urteile korrigiert, die Seelen erquickt wurden. Dann breitete sich Stille aus. Mit bewegter Stimme sagte der Kommissar: „Wir wollen uns erheben und unser Schlußgebet singen."

Dann segnete er uns und ließ uns gehen. Es war 3 Uhr morgens. Der Hauch des Heiligen Geistes hatte uns berührt.

Nach der Rückkehr in unsere Städte und Dörfer zündete das Feuer, das wir empfangen hatten, auch die Herzen in unseren Posten neu an.

Acht Tage später rief mich ein Telegramm nach Paris. Was wir hofften und gleichzeitig fürchteten, was wir mit einer gewissen Feigheit

aus unseren Gedanken verbannten, weil wir so glücklich waren –
das geschah.

Der Kommissar, Justin Godart, Etienne Matter und ich wurden
vom Kolonialminister empfangen; er gab der Heilsarmee die Genehmigung, ihre Arbeit in Guayana zu beginnen.

Im Hauptquartier fragte mich der Kommissar, ob ich mich in der
Lage fühlte, die Leitung der Sache zu übernehmen.

„Sie kennen als einziger die ganze Frage, und gesundheitlich geht
es Ihnen gut. Ihre Mitarbeiter können Sie sich auswählen."

Ich sagte nichts, ich dachte an die Freigelassenen, die warteten, ich
dachte auch an meine Frau, die Kinder, an unseren Posten, an alles,
was eine Ausreise bedeuten würde.

„Ich bin bereit", sagte ich, ein wenig bebend.

Aus dem Büro des Kommissars telegrafierte ich nach Nizza: „Zweites Ministergespräch positiv. Verlassen Nizza Ende Januar. An-
komme morgen."

Einige Tage später erhielten wir den Befehl, zum Hauptquartier
zurückzukehren und dort ein Sekretariat für Guayana aufzubauen,
das die Expedition der Heilsarmee in die Strafkolonien vorbereiten
und leiten sollte.

Unsere Kameraden in Nizza waren bestürzt. Wir wußten nicht,
wie wir ihnen diesen Entschluß annehmbar machen sollten; wir
erklärten ihnen, daß ich als einziger mit diesem Unternehmen be-
traut werden konnte. Schließlich verstanden sie es auch, aber es
war schmerzlich.

Drei Wochen später fuhr ich nach Paris, meine Frau und die beiden
Kinder blieben zurück. Sie wollten noch alles packen und auf die
Nachfolger warten. Als sie abreiste, stand der ganze Posten weinend
auf dem Bahnsteig, das Abteil war voll Blumen, der Abschied fiel
auf beiden Seiten bitter schwer.

Am 8. Februar 1933 empfing der Kolonialminister ein drittes Mal
die Delegation der Heilsarmee und gab seine Zustimmung zum Beginn der Arbeit in der Strafkolonie. Am 10. Mai bestätigte er:
„Hiermit akkreditiere ich Sie offiziell beim Gouverneur von Guayana, den ich gleichzeitig bitte, Ihre Arbeit unter den Strafgefangenen wie unter den Freigelassenen in jeder Weise zu unterstützen."
Dieses Datum war der Beginn des Sekretariats für die Sträflings-Ko-
lonie beim Hauptquartier.
Drei Ziele waren ihm gesetzt:
Ein beratendes Komitee zu bilden, dem unter dem Vorsitz der Ju-
stiz-, Kolonial- und Innenminister hohe Beamte dieses Ressorts,
Parlamentarier und wichtige Persönlichkeiten der Kolonien ange-
hören sollten. Dann sollte in der öffentlichen Meinung eine Bewegung zugunsten unseres Unternehmens ausgelöst werden, da wir
dazu bedeutende Mittel benötigten. Dafür sollte eine geeignete Do-
kumentation geschaffen und außerdem ein Lichtbildervortrag angeboten werden: „Was ich auf der Teufelsinsel sah" usw.
Drittens mußte das Sekretariat die Expedition vorbereiten, viele
Dinge bedenken und ernste Entschlüsse fassen. Da war vor allem
die Frage der Frauen und Kinder der Offiziere. Konnte man junge
Frauen mit ihren Männern inmitten der Entlassenen wohnen lassen?
Konnte ich mit meinen beiden kleinen Kindern ausreisen? Viele
Stunden Überlegen und Gebet führten zu dem Entschluß, daß die
erste Mannschaft mit einem Ehepaar ohne Kinder abreisen sollte
und die Zukunft bestimmen würde, wie es am besten weiterginge.
Mein Schwager und meine Schwester hatten sich bereit erklärt, unsere beiden Kleinen aufzunehmen, doch das Hauptquartier lehnte
den Gedanken ab, kleine Kinder von ihrer Mutter zu trennen. Daraufhin wurde entschieden, daß meine Frau das Büro für Guayana
im Pariser Hauptquartier leiten und während meiner Abwesenheit
die Koordination zwischen Paris und Guayana sichern sollte.
Von den freiwilligen Offizieren wurden sechs angenommen; drei

davon sollten mit mir abreisen, die anderen einen Monat später nachkommen. Einige weitere wurden für später vorgesehen.

Als erste unbedingt notwendige Voraussetzung mußten die künftigen Missionare die Eigenschaft mitbringen, daß sie Gott mehr liebten als sich selbst, also fähig waren, Menschen zu lieben, die nicht liebenswürdig waren. Zweitens mußten sie an unseren Auftrag glauben. Schließlich mußten bestimmte Charaktereigenschaften gegebensein: Sie durften nicht ängstlich sein, und sie brauchten Hartnäckigkeit, Ausdauer, Unternehmungsgeist, viel Geduld, Initiative, handwerkliche und landwirtschaftliche Fähigkeiten.

Die erste Mannschaft war also zusammengestellt, jeder hatte drei Monate Zeit, sich vorzubereiten. Wir sollten Frankreich am 8. Juli von Bordeaux aus verlassen.

Das nötige Gerät wurde sorgsam ausgesucht: Werkzeuggarnituren, Camping-Zubehör, Tropenkleidung, Apotheke, Küchengerät, Sämereien und vieles andere wurde systematisch in Koffer verpackt und stapelte sich im Büro des Sekretariats für Guayana und dem Flur des Hauptquartiers.

Noch drei Wochen trennten uns von der Ausreise. Viele liebe- und verständnisvolle Briefe kamen für meine liebe Frau. Sie würde allein zurückbleiben und die Kinder versorgen und über das Büro wachen, ohne etwas anderes für ihren Mann tun zu können als beten und hoffen.

Je näher die Ausreise rückte, desto hektischer wurden die Vorbereitungen. Auch mußte noch dies und das an Persönlichem geordnet werden. Kapitän Hausdorff, mein künftiger Stellvertreter, heiratete in der letzten Woche; seine junge Frau würde als erste Salutistin in der Strafkolonie leben. Zur Zeit war sie noch Privatsekretärin von Kommissar Peyron. Eine Hochzeitsreise auf die Teufelsinsel – etwas seltsam, oder nicht?

Ich versuchte zurückzudrängen den Gedanken, daß ich meine Frau und meine beiden Kleinen verlassen mußte. Sie hütete sich, darüber zu sprechen, aber ich spürte, wie weh ihr die Vorstellung tat. Man mußte sich schon im voraus mit Mut wappnen, um nicht im letzten Augenblick schwach zu werden. Sie brauchte noch mehr seelische

Kraft als ich. Das Leben eines Mannes ist seine Arbeit, das einer Frau – mindestens in Romanen – ist Mann und Kinder. Für mich wurde die Trennung aufgewogen durch das Interesse an der Aufgabe, die zu erfüllen war, durch die Verwirklichung unserer Pläne, die Durchführung unserer Mission, das Schaffen von Neuem. Für sie bedeutete es das Auseinanderreißen der Familie, für die sie allein die Verantwortung zu tragen hatte; daß sie ihre Gedanken auf zwei weit auseinanderliegende Welten richten mußte und trotz aller Sorgen über die Ungewißheiten eines solchen Abenteuers Ruhe bewahren sollte: Klima, Gesundheit, Umwelt, Gefahren... Eines war gewiß, ohne sie hätte ich nicht ausreisen können. Sie und ich, wir waren beide bereit, unsere Pflichten zu erfüllen.

Glücklicherweise waren inzwischen die Postverbindungen zwischen Frankreich und Guayana durch ein wöchentlich verkehrendes Wasserflugzeug rascher geworden.

Der Leutnant, der mit uns fuhr, war der Jüngste. Er hatte durch seine mennonitische Herkunft eine solide religiöse Basis und war mit Leib und Seele Landwirt. Da er verlobt war, sollte er später nach Frankreich zurückkommen und heiraten.

Am Vorabend der Ausreise, am 5. Juli, fand in der Salle Centrale die feierliche Einsegnung und Übergabe der Fahne statt. Die ausgesandten Offiziere traten aus dem Saalhintergrund vor und nahmen Platz auf der Estrade. Das war der Abschied, doch spürte man wenig Traurigkeit. Fromme Begeisterung erfüllte die Herzen. Bibelstellen wurden verlesen:

„Ihr werdet die Kraft des heiligen Geistes empfangen, der auf euch kommen wird, und werdet meine Zeugen sein bis an das Ende der Erde." Apg. 1,8.

„Sie aber gingen aus und predigten an allen Orten; und der Herr wirkte mit ihnen und bekräftigte das Wort durch mitfolgende Zeichen." Mark. 16,20.

Dann kam die Botschaft des Chefs des Generalstabs an die Ausgesandten:

„Dieser Abend der Einweihung unserer Pioniere, die nach Französisch-Guayana ausreisen, wird mit goldenen Lettern in die Ge-

schichte der Heilsarmee in Frankreich eingeschrieben werden. Die-
ser 5. Juli ist gleichzeitig der ‚Tag der Gründer' und der 68. Jahrestag
der Gründung der Heilsarmee. Der General, die ganze Heilsarmee
bitten Gott um einen triumphalen Erfolg für diese Expedition, die
vom Geist Christi angeregt und getragen ist. Wir sind stolz auf diese
ganze Hingabe an Gott und danken ihm dafür. Der Herr segne
dich und behüte dich!
Er lasse sein Angesicht leuchten über dir und sei dir gnädig. Der
Herr hebe sein Angesicht über dich und gebe dir Frieden."
Dann ergriff meine Frau das Wort mit der Schlichtheit der Leute,
die etwas zu sagen haben. Auch sie wünschte uns Gelingen, und
dann sagte sie, mich ansehend, die Worte des Elia zu Elisa: „Geh,
aber komme wieder!" Schließlich rief sie uns allen als Leitmotiv
die Botschaft des Propheten im Exil zu:
„Suchet der Stadt Bestes, dahin ich euch habe lassen wegführen,
und betet für sie zum Herrn; denn wenn's ihr wohlgeht, so geht's
euch auch wohl." Jeremia 29,7.

IV. UND NUN, GOTT BEFOHLEN!

*So stehet nun, umgürtet an euren Lenden mit Wahrheit
und angezogen mit dem Panzer der Gerechtigkeit
und an den Beinen gestiefelt, als fertig, zu treiben das
Evangelium des Friedens.*
*Vor allen Dingen aber ergreifet den Schild des Glau-
bens, mit welchem ihr auslöschen könntet alle feurigen
Pfeile des Bösewichts;*
*und nehmet den Helm des Heils und das Schwert des
Geistes, welches ist das Wort Gottes.*

Paulus

Expedition in die Strafkolonie

Lange Seereisen sind eine Wohltat. Wir hatten 21 Ruhetage, ohne
Post oder Telefon und ohne Sorgen, denn keinerlei Nachricht
konnte uns erreichen. Die Aufregungen der Abreise legten sich,
die Dinge rückten sich zurecht, der Geist klärte sich. Die „Antille",
die – zu unserem Vorteil – an die Stelle der „Biskra" getreten war,
nahm uns in Fort-de-France an Bord und machte den letzten Teil
der Reise zur schönen Kreuzfahrt. Doch als wir in die schmutzigen
Ufergewässer Südamerikas einfuhren, verwischten sich die Reise-
freuden.

„Wir sind bald da", sagte der Leutnant zu mir. Ich wußte es nur
allzu gut und antwortete nichts.

„Morgen sind wir in Saint-Laurent", verkündete Frau Hausdorff.
Wir trennten uns für die Nacht. Jawohl, morgen…

Als die Maschinen der „Antille" stillstanden, schreckte mich das nicht aus dem Schlaf auf; ich hatte auf diesen Augenblick gewartet und ging an Deck. Die Nacht war schwarz und sternenlos, kein Lufthauch wehte. Allein auf der Kommandobrücke wachte man. Ein Matrose wartete auf den Lotsen. Dann kam die Schaluppe der Strafkolonie-Verwaltung längsseits, und das Herz des Schiffes begann langsam wieder zu schlagen.

Allmählich trennte eine kaum wahrnehmbare Linie Himmel und Meer. Die Küste zeichnete sich ab, in der Mitte eingeschnitten, als wolle sie uns zur Durchfahrt einladen. Wir fuhren langsam auf diesen Riß zu, die Mündung des ruhig fließenden Maroni. Für uns war das der Morgen des großen Tages. Mich packte ein seltsames Gefühl, ich hatte Angst, wollte am liebsten dem Kapitän zurufen, er solle das Schiff stoppen... Warten Sie, warten Sie, kreuzen wir lieber noch ein wenig, bleiben wir im Stadium der Pläne und Projekte. Nein, wir gehen nicht dorthin, es ist zu hart, die Schlacht zu ungleich...

„Stimmt etwas nicht?" fragte mich Hausdorff, den ich nicht hatte kommen hören. Er entriß mich meinem Schrecken.

„Doch, doch, alles in Ordnung", antwortete ich mit gezwungenem Lächeln. „Wir sind da, hier drüben liegt die Taubeninsel, in einer Dreiviertelstunde gehen wir an Land. Ich muß mich anziehen." Ich ließ ihn mit seiner Frau zurück, die eben zu uns gekommen war. Nun waren wir alle an Deck, und von Land und Schiff aus erkannte man sich gegenseitig und rief sich zu.

Auf der Landungsbrücke standen die Amtspersonen, die eleganten Damen, die Händler und vor ihnen die Zwangsarbeiter, die die Taue festzurren und den Laufsteg befestigen mußten, mit ihren bewaffneten Bewachern, dahiner die Entlassenen, die sich an der Barriere drängten.

Ja, wir waren in der Strafkolonie, überall Sträflinge, vorn und hinten, auf allen Seiten, man konnte nichts tun ohne sie, sie waren das Leben des Landes.

„Guten Tag, Monsieur Péan", rief mir einer der Sträflings-Matrosen zu, und alle Blicke hefteten sich auf uns; schon lange Zeit wartete

man auf uns. In die Masse der Entlassenen kam Bewegung.
„Die Heilsarmee ist da!" schrie einer.

Alle Gesichter wandten sich uns zu. Ich hatte vergessen, daß sie
so abgezehrt, so heruntergekommen und häßlich waren, die Menschen, mit denen wir nun leben mußten. Unser Kampf begann.
Ein paar Händler auf der Landungsbrücke erkannten mich und be-
grüßten mich freundschaftlich.

„Wir haben Sie nicht mehr erwartet... nach fünf Jahren."
Unsere Begrüßung durch den Direktor und die Chefs der einzelnen
Ämter war korrekt, mehr nicht. Um 14 Uhr lichtete die „Antille"
die Anker mit Kurs auf Cayenne. In einem Monat würden wir hierher zurückkommen. Um 2 Uhr früh ankerten wir auf der Reede
der Inseln eine Stunde lang. Im grellen Licht des Bordscheinwerfers
versuchte das schwere Boot des Straflagers sich längsseits zu legen,
doch die Dünung war so stark, daß die acht über die Ruder gebeug-
ten Sträflinge hart gegen die feindlichen Wellen ankämpfen mußten.
Ein Wächter vorn, zwei hinten, und drei Passagiere nach Cayenne:
zwei aneinander gekettete Gefangene mit ihrem Bewacher. An Deck
waren nur wenige Leute, alles schlief, wie wohl auch die tausend
Sträflinge auf der Königsinsel und die Irren auf der St. Josephs-Insel.
Die Teufelsinsel, so sagte man mir, sei im Augenblick nicht belegt.
Ein Militär-Bewacher mit seiner Familie ging von Bord, um auf
die Insel zu kommen – ein gefährliches Unternehmen, denn man
mußte in dem Augenblick von der Schiffstreppe in die Schaluppe
springen, in dem die Dünung sie auf gleiche Höhe hob.
Ich betrachtete all das mit zusammengebissenen Zähnen. Man mußte
wohl wahsinnig sein, wenn man freiwillig hier lebte. Mir schien,
ich sei der einzige von uns vieren, der die ersten Schläge wahrnahm,
die anderen wußten gar nicht, was das alles bedeutete.
Als ich in meine Kabine zurückging, glaubte ich zu begreifen, was
Jesus empfinden mußte, als er auf diese Menschheits-Galeere kam,
um hier zu leben.
Beim Morgengrauen war die Flut so hoch, daß die „Antille" in
den Fluß von Cayenne einfahren und an der neuen Landungsbrücke
festmachen konnte. Der Tag brach an. Mir kam das Wort Jesu in

den Sinn: „…um dieser Stunde willen bin ich gekommen."

Eine Menge von Besuchern überschwemmte das Deck, und der Lärm war so groß, daß für Träumereien kein Raum blieb. Nun gab es kein Zögern, Bereden oder Aufschieben mehr. Alles war genauestens studiert und vorbereitet worden.

Das Hotel d'Estré wurde unser vorläufiges Hauptquartier. Nachdem wir dem Gouverneur und den Behörden unsere Antrittsbesuche gemacht hatten, mieteten wir schon am nächsten Tag ein leerstehendes Lager, in dem Hausdorff die Werkstatt einrichtete, während ich mich mit Klopfenstein auf den Weg machte, um Entlassene zu suchen, die eventuell bereit waren, mit uns zu arbeiten. Ein paar, die ich vor fünf Jahren kennengelernt hatte, fand ich wieder; sie waren außer sich vor Freude und lieferten uns Schreiner, Gärtner, Wachleute. Sowie unser Werkzeug ausgepackt war, gingen sie ans Werk und machten nach unseren Plänen Tische, Bänke, Feldbetten, Stühle. In der folgenden Woche mieteten wir ein großes Haus, Klopfenstein sorgte für die Einrichtung: unten das Restaurant, die Küche, der Versammlungssaal, im ersten Stock die Wohnung der Offiziere, das Büro und ein großer Schlafsaal, in dem sich gleich unsere Arbeiter einlogierten. Hausdorff zog mit seiner Werkstatt um und übernahm mit seiner Frau die Wohnung. Die alte Werkstatt wurde unser Lagerraum, mit einem Wächter selbstverständlich.

Nun durchforschten wir die Umgebung und pachteten schließlich das aufgegebene Gut Montjoly, hundert Hektar groß und zwölf Kilometer von Cayenne entfernt. Es lag auf einer wunderschönen Halbinsel, die man wieder urbar machen mußte und dann neu anbauen konnte. Drei Wochen später zog Klopfenstein mit zwanzig begeisterten Männern dort ein. Es lief alles wie am Schnürchen, auch unsere kühnsten Hoffnungen wurden übertroffen. Und erst jetzt begriff ich auch, warum ich Landwirtschaft hatte lernen müssen.

„Bei diesem Tempo werden Sie nicht durchhalten", sagte der Generalsekretär der Regierung zu mir.

„Wir müssen schnell machen und gut verankert sein, bevor die Stürme kommen, die früher oder später über uns hereinbrechen."

Unter unseren Männern waren einige sehr gute Leute, die Arbeit machte ihnen Spaß, sie hatte sehr viel größere Bedeutung als das Geld, das sie dafür bekamen. Sie fanden wieder Gefallen am Leben, weil sie etwas tun konnten – für sich selbst und andere ihresgleichen –, und weil sie, Tag um Tag, den Erfolg sehen konnten.

Als Kommissar Peyron mit seiner Tochter in Guayana an Land ging, waren wir erst fünf Wochen am Werk. Die Fahne wehte über dem Heim der Entlassenen in Cayenne, das aus diesem Anlaß eingeweiht wurde, und über Montjoly, wo schon ein Hektar Gemüseland angesät, eine Fischzucht angelegt und ein Obdach für den Offizier und die Männer im Bau war. Es war nötig, so rasch wie möglich unser Restaurant in Cayenne mit Gemüse, Fisch, Eiern, Schildkrötenfleisch usw. zu versorgen, damit wir derartige Dinge nicht kaufen mußten. Ein paar alte Mangobäume, die wir vom umgebenden Busch bereit hatten, lieferten das Obst.

Mit dem Kommissar, der drei Wochen in Cayenne und zehn Tage in Saint-Laurent blieb, war Kapitän Chastagnier angekommen, der für uns eine wertvolle Verstärkung bedeutete.

Der Leutnant rodete unverdrossen und methodisch die Halbinsel; das verjagte das Getier, Insekten und Schlangen. Das Gestrüpp wurde niedergebrannt und der Boden gesäubert. Chastagnier baute eine richtige Unterkunft für die Männer, das bisherige Obdach diente nun dem Geflügel. Später mußte wohl ein kleines Haus für die Offiziere gebaut werden. Hausdorff lieh Chastagnier einen unserer Schreiner aus, der an Ort und Stelle Tische, Bänke und Feldbetten fabrizierte.

Zwei Schwierigkeiten tauchten auf: Die Entlassenen stahlen uns unser Rohmaterial, unser Werkzeug, unsere Sachen; wir mußten sie, soweit wir sie nicht entbehren konnten, von anderen, mit ihnen im Komplott stehenden Entlassenen zurückkaufen, die behaupteten, sie hätten sie gefunden.

Mit dem Geld, das sie auf diese Weise erhielten, betranken sich manche so, daß sie die ganze Woche nicht wieder nüchtern wurden.

Der Gouverneur ließ mich rufen:

„Monsieur Péan, ich bin unzufrieden."

„?"

„Es hat nie so viele Betrunkene in Guayana gegeben, wie seit die Heilsarmee da ist. Wenn das so weitergeht, muß ich Ihre Tätigkeit in dieser Stadt verbieten. Sie geben den Leuten zu essen, damit sparen sie die paar Sous, die sie gebettelt oder gestohlen haben, und sie betrinken sich dank Ihrer Hilfe."

Das war nur allzu wahr.

„Die Einwohner von Cayenne beschweren sich und der Polizeikommissar wird ständig behelligt, weil Ihre Leute miteinander raufen oder die Passanten angreifen."

„Herr Gouverneur, die Leute trinken, weil sie unglücklich sind; betrunken vergessen sie ihr Elend."

„Schon gut, schon gut, das ist Ihre Sache, biegen Sie's irgendwie hin. Aber ich will keinen Skandal in dieser Stadt."

Ich war ziemlich niedergeschlagen, vor allem, als ich ihn, wie ich die große Treppe hinabging, zu seinem Generalsekretär sagen hörte: „Wenn es so weitergeht, werfe ich die einen ins Kittchen und die andern hinaus."

Wir mußten zum klugen Prinzip der Heilsarmee zurückkehren, nicht mehr diese ungesunde Mildtätigkeit ausüben, sondern die Entlassenen dahin zu bringen, daß sie sich selbst dazu verhalfen, aus diesem Elend herauszukommen.

In Übereinstimmung mit Hausdorff beschlossen wir, uns von allen, die einigermaßen auf den Beinen waren, die Mahlzeiten bezahlen zu lassen, und nur noch Kranken und Alten zu helfen. Das Essen konnte mit einer Stunde Arbeit, die Vollpension mit einem halben Tag abbezahlt werden. Das ging nicht ohne Geschrei, Zähneknirschen und Wortwechsel zwischen unseren Angestellten und den Herrschaften ab, die uns ihr Gesetz aufzwingen wollten.

Um die Diebstähle zu unterbinden, verdoppelten wir unsere Vorsicht, doch vergeblich, sie waren viel zu gewitzt. Unser Finanzsekretär vom Pariser Hauptquartier schrieb uns in aller Unschuld, wir sollten besser auf unsre Sachen aufpassen, und drohte, er werde sie uns nicht mehr 'ersetzen.

Damit hatten wir erreicht, daß alle Welt mit uns unzufrieden war.

Sowie der Kommissar und seine Tochter Cayenne verlassen hatten, um nach Frankreich zurückzukehren, machten Chastagnier und ich uns auf nach Saint-Laurent und richteten dort in einem großen Gebäude, das die Strafkolonie-Verwaltung uns freigab, ein „Heim der Entlassenen" ein. Nach etwa einem Monat Arbeit konnten wir die Schlafsäle für hundert Entlassene zugänglich machen. Nach und nach arbeiteten auch die Werkstätten, doch schwieriger war das Problem eines Restaurationsbetriebes zu lösen, denn hier hatten wir keine landwirtschaftlich genutzte Fläche zur Vefügung, und die Verbindung nach Cayenne war nur über See möglich, überdies außerhalb der monatlichen Postverbindung schwierig; wir konnten also nicht von unserem Gut Montjoly zehren.

In Saint-Laurent war das Trinker-Problem weniger sichtbar als in Cayenne, denn hier betranken sich alle außer uns, die man als Anormale ansah. Dafür waren die Diebstähle zahlreicher und bedeutender. Es war ein regelrechtes Plündern und ein großer Spaß dazu, außer für uns, die die Zeche bezahlen mußten und noch als Einfaltspinsel betrachtet wurden.

So regnete es Hiebe von allen Seiten. Das wäre zu ertragen gewesen, hätte uns nicht allenthalben eine Atmosphäre der Lüge, der Heuchelei, des Lasters und der Gewalt umgeben – klebriger Schmutz, der uns anhing.

Sonntags gingen wir in die Straflager und besuchten die Verurteilten, die ihre Strafe verbüßten, versuchten Kontakt mit ihnen aufzunehmen und wurden bald das Bindeglied zwischen ihnen und ihrer Familie, wenn sie eine hatten und sie sie nicht verleugnete.

Im November kam als Verstärkung die junge Leutnantin Palpant, die in Cayenne Kapitän Chastagnier heiratete; das Paar ließ sich in Saint-Laurent nieder. Im Dezember folgte Leutnant David Cornillon, den ich nach Montjoly zu Klopfenstein beorderte. Die beiden taten wahre Wunder. Mit David kam ein Hauch Côte d'Azur; dieser feine Kerl und harte Arbeiter war ein Fachmann der Landwirtschaft und liebte Gott so, daß er es schaffte, auch diese Menschen zu lieben. Für mich nahte das Ende meines Aufenthalts. Es war abgemacht, daß ich nicht länger als sechs Monate bleiben sollte; das hatten die

Ärzte kategorisch verlangt. Im übrigen ging es mir gut, ich mußte aus andern Gründen zurückkehren. Nach einem kurzen Sprung nach Cayenne verließ ich im Januar 1934 Saint-Laurent.

Nachdem ich diese Monate „vor Ort" verbracht hatte, war eine Überzeugung in mir gewachsen: Der Kampf, den wir in Cayenne zugunsten der Entlassenen und Verurteilten führten, war hart und hoffnungslos dazu; ein Sieg, wenn wir je einen erringen sollten, konnte nur in Paris erfochten werden.

War nicht etwas Anormales, von Grund auf Falsches an dieser ganzen Sache? Wir wandten Kraft, Energie, Zeit, Jugend und Geld für den Versuch auf, aus diesen Unglücklichen wieder gesellschaftlich bildungsfähige Menschen zu machen, während die Gerichte sie jährlich zu Hunderten zur Deportierung und Verbannung verurteilten im vollen Wissen, daß sie das endgültig zu Feinden der Gesellschaft machen mußte. Jedes Jahr brachte ein Schiff etwa 600 Verurteilte an den Maroni. In der gleichen Zeitspanne verschwand etwa die gleiche Zahl aus der Kolonie – durch Tod oder Flucht. Kaum ein halbes Prozent gelangte überhaupt bis zur Entlassung, und sie verkamen an Ort und Stelle, ob als Folge des verhängten Zwangsaufenthalts oder aus Mangel an Geld für die Rückfahrt. Von den 65 000 Sträflingen, die seit 1852 nach Guayana gebracht worden waren, waren 60 000 gestorben oder verschollen, die übrigen flohen. Möglicherweise ist ein Promille frei in seine Heimat zurückgekehrt – keiner weiß das, ich bin nicht davon überzeugt.

Sollten wir also unsere Tage und Nächte mit dem Versuch hinbringen, am Einzelfall zu heilen, was die Strafkolonie-Verwaltung in Massen zerstörte? Konnten wir es hinnehmen, unsere Rolle darauf beschränkt zu sehen, daß wir den Menschen, die zum Sterben auf Raten verurteilt waren, Resignation predigten und uns zum Komplizen der Justiz machten, die wollte, daß die gegen die Sträflinge ausgesprochene Strafe eine endgültige Eliminierung bedeutete? Das schien mir unmöglich. Wenn wir so weitermachten, nahmen wir uns selbst das Recht, die Botschaft vom Heil in Jesus Christus zu verkündigen. Wie schön würden wir aussehen, wenn wir von der Liebe und Gerechtigkeit Gottes sprächen und gleichzeitig die Ungerechtigkeit und Heuchelei der Freien hinnähmen; es wäre eine Karikatur Christi, die wir ihnen brächten.

Wir mußten unbedingt in Frankreich die Aufhebung der Strafkolonie verlangen und durch die Arbeit, die wir in Guayana taten, zeigen, daß das Strafvollzugssystem in der Kolonie verantwortlich war für die Demoralisierung – um nicht zu sagen für das Verderben – der Männer, die ihm anvertraut waren. Die Ungerechtigkeit des Systems anzuprangern, war unsere Pflicht. Überdies gab es uns das Recht, die Gerechtigkeit Gottes zu verkündigen, ob man uns nun anhörte oder nicht.

Doch wer waren wir, daß wir ein solches Ungeheuer von System angreifen konnten? Und wie sollten wir es anstellen, daß nicht die Menschen, denen wir helfen wollten, die Zeche bezahlen mußten? Denn eine solche Kampagne enthob uns nicht der Notwendigkeit, unsere Aktionszentren für die Entlassenen in Cayenne und am Maroni auszubauen. Ein paar Hundert hängen von uns ab. Man mußte auf der einen Seite angreifen, auf der anderen helfen. Wir waren den Entlassenen und der allmächtigen Strafkolonie-Verwaltung wehrlos ausgeliefert. Sicher, aber „Ist Gott für uns, wer mag wider uns sein?"

Wir mußten uns in Frankreich und in Guayana ganz einsetzen. Dazu gehörte eine verstärkte Koordinierung der beiden Sekretariate in Paris und Guayana, der Versuch, wieder Verbindung zwischen den Sträflingen und ihren Familien anzuknüpfen. Man mußte die sehr schwachen Möglichkeiten einer Repatriierung bis zum letzten ausnützen, um Begnadigungen beim zuständigen Ministerium vorsprechen, Geld für Heimreisen auftreiben und Aufnahmemöglichkeiten...

Vordringlich waren jetzt Aktivitäten in Paris, sowohl bei den Behörden wie in der öffentlichen Meinungsbildung, beim letzteren durch Wort, Schrift und Film. Und wenn wir dann alles eingesetzt hatten, mußte das Wichtigste kommen: das Eingreifen Gottes. Das war nur möglich durch unser eigenes Bemühen: Handeln, als ob Gott nichts vermöchte, beten und glauben, als ob wir nichts tun könnten.

An Bord bewegte man sich in leichter Kleidung, man warf Eisstück-
chen in unsere Gläser, und in unseren Kabinen surrten die Ventila-
toren.

Im Pariser Hauptquartier –
Verabschiedung von Kommissar Peyron

Im kältesten Winter lieferte mich der Dampfer „De la Salle" auf
dem Quai von Saint-Nazaire ab. Welcher Kontrast! Doch die
Heimkehr zu den Meinen erwärmte mich wunderbar.
Meine Heilsarmeefreunde empfingen mich festlich. Bald aber
glaubte ich ein gewisses Unbehagen zu spüren. Was ging in unseren
Reihen vor?
„Der Kommissar ist nicht mehr der alte", sagte meine Frau zu mir,
„du wirst es sehen."
Wirklich, als ich ihm voll Freude über den erfüllten Auftrag meinen
Rechenschaftsbericht erstattete, zeigte er nicht soviel Interesse wie
in der Vergangenheit. So schob ich es denn auch auf, mit ihm über
meine Pläne zu sprechen, ich las ihm nur ein Stück aus einem Brief
des Gouverneurs von Guayana vom 26. September des letzten Jahres
an die Mitglieder der Union Coloniale Française vor:
„...die wohltuende und methodische religiöse Verkündigung der
Heilsarmee wird, des bin ich sicher, die besten Auswirkungen haben. Eine gewisse Zahl Entlassener werden durch sie die Lust an
der Arbeit wiedergewinnen und ihren Platz in der Gesellschaft wieder einnehmen können."
Zu Hause sagte meine Frau zu mir:
„Seit dem Tod seiner Frau vor etwa einem Jahr hat sich unser Chef
sehr verändert. Ich glaube, er hält die Einsamkeit nicht aus. Letzte
Weihnachten kam er hierher zu uns und aß zusammen mit den
Kindern. Ich war erschüttert. Ich habe dir nichts davon geschrieben,
damit du dir keine Sorgen machst. Er ist fast den ganzen Nachmittag

geblieben, und als er ging, sagte er zu mir: ‚Jetzt gehe ich in mein leeres Haus zurück!‘ Er hat mir auch anvertraut, daß er die Kapitänin R. heiraten möchte, aber sie ist dreißig Jahre jünger als er, und so verweigert der General ihm die Erlaubnis und verweist auf das Reglement.“

Der Konflikt war ernst, und wir alle litten darunter.

Ein paar Tage später bat ich um eine Unterredung mit dem Kommissar. Ich unterbreitete ihm meinen neuen Plan. Er überlegte, schwieg eine Weile und stimmte dann zu.

„Fühlen Sie sich fähig, diesen Kampf zum guten Ende zu führen?“

„Ja, mit Ihrer Zustimmung und vor allem Ihrer Hilfe.“

Wieder Schweigen. Ich spürte sein Zaudern.

„Ich muß Ihnen etwas Privates sagen: Ich stehe in einem Konflikt mit dem General. Ich habe die Absicht, mich mit der Kapitänin R. zu verheiraten, das entspricht nicht dem Reglement, aber ich denke, man sollte eine Ausnahme machen.“

Er sah blaß und müde aus.

„Der General will, daß ich für zwei Monate verreise, und danach wird man weiter sehen.“

Langes Schweigen.

„Das darf Sie nicht daran hindern, Ihre Pläne voranzutreiben, aber von jetzt an können Sie nur auf sich allein zählen. Ich sehe niemand, der Ihnen im Hauptquartier helfen könnte. Sie haben ja gelernt, abhängiger von Gott als von den Menschen zu sein, nicht wahr?“

Und wir verabschiedeten uns bis zum nächsten Tag.

So wollte also das Internationale Hauptquartier unseren Kommissar, begleitet von seinem getreuen Sekretär, auf eine Vortragsreise nach Südamerika schicken, in der Hoffnung, daß er seinen Sinn ändere. Große Sympathie umgab ihn auf dem schweren Weg, den er jetzt ging. Vor seiner Abreise Anfang Juni konnte ich ihn noch mehrmals sprechen und ihn über unser Aktionsprogramm auf dem laufenden halten.

Meine Frau und ich bereiteten die Offensive vor. Zuerst galt es, eine Reihe von Besuchen bei wichtigen Persönlichkeiten im religiösen wie im politischen Bereich zu machen.

Der Abgeordnete von Guyana, Monnerville, stand der Sache sehr positiv gegenüber. Der Kolonialminister war höflich, aber er machte Politik. Die großen Gönner der Strafgefangenen waren alle angetan von unseren Vorstellungen, glaubten aber nicht an einen Erfolg, denn es waren sehr viele Privatinteressen im Spiel. Die unteren Beamtenränge stellten sich ganz offen gegen eine Aufhebung der Strafkolonie.

Marc Rucard, der Abgeordnete des Departements Vosges, sagte: „Wenn Sie Erfolg haben wollen, müssen Sie die öffentliche Meinung alarmieren, damit sie die Kammer ‚zwingt‘, eine Gesetzesvorlage in Erwägung zu ziehen.‘‘

Und der Präsident der „Gesellschaft der Gönner‘‘, (einer humanistischen Vereinigung), Batestini, setzte hinzu:

„Wenn ein Gesetz zur Aufhebung der Strafkolonie eine Chance haben soll durchzukommen, darf es nicht von einem Parlamentarier ausgehen, sondern muß von einem Minister kommen.‘‘

Pastor Marc Boegner versprach uns seine uneingeschränkte Hilfe, was wir sehr zu schätzen wußten.

Kurz, nachdem wir so unsere rückwärtigen Linien genügend gesichert hatten, konnten wir daran denken, eine Vortragsreihe zu starten.

Wir schickten an alle protestantischen Gemeinden, an bestimmte Clubs, an die Liga für Menschenrechte, an alle unsere Posten ein Rundschreiben, das vom Kommissar unterschrieben war und in dem er nach der Erwähnung unseres Gesprächs mit Minister Sarraut erklärte: „Ich habe den Autor des Berichts ‚Die Teufelsinsel‘ gebeten, in Frankreich Vorträge über seine beiden Reisen nach Guyana zu halten. Wenn Sie seinen Besuch wünschen, schreiben Sie ihm bitte gleich, damit er seine Rundreisen vorbereiten kann. Er wird seinen Vortrag mit Lichtbildern erläutern.‘‘ Und zum Schluß hieß es: „Die Strafkolonie ist eine Herausforderung an Zivilisation und Christentum. Sie sollten sich an diesem Unternehmen beteiligen, das die Ehre Gottes und das Heil der ärmsten unserer Brüder zum Ziel hat.‘‘

Sehr rasch gingen eine Menge positive Antworten bei uns ein, was uns sehr ermutigte. Das Hauptziel dieser Welle von Vorträgen war nicht, die nötigen Mittel für die Einrichtung und Erhaltung unserer Werke in Guayana zu erhalten, obwohl wir Geld sehr nötig brauchten, sondern das Gewissen des Volkes aufzuwecken und zuerst von den Parlamentariern, dann von der Staatsmacht die Aufhebung der Strafkolonie zu erreichen.

In Paris bereitete der Kommissar seine Abreise vor. Wir fühlten uns verwaist. Der Chef-Sekretär, der jetzt das Ruder führen sollte, konnte manövrieren, aber nicht kommandieren. Und eben in diesem unguten Moment erreichten uns aus Guayana ziemlich beunruhigende Briefe. Leutnant David in Montjoly war an Sumpffieber erkrankt und nach Cayenne gebracht worden. Kapitän Hausdorff überließ die Leitung des Heims seiner jungen Frau und zog auf den Gutshof hinaus.

Wir mußten uns in Frankreich beeilen, wenn wir die öffentliche Meinung des Landes mobilisieren wollten.

Meist war ich drei Wochen unterwegs, dann eine Woche im Büro. Niemals zuvor und danach habe ich so oft die Dritterklasse-Wagen der Eisenbahn benützt, beladen mit meiner Tasche voller Bücher, dem Projektionsapparat und 60 Lichtbildern. Ich frage mich wieso meine Arme nicht länger geworden sind, als ich das alles kreuz und quer durch Frankreich schleppte.

Jeder Vortrag zog einen anderen nach sich. Aus allen Gegenden gingen Einladungen beim Hauptquartier ein.

Aus Guayana erhielten wir viel Post, David schrieb von Montjoly aus, daß er wieder auf den Beinen sei: „...Hier versuche ich aus allen Kräften und von ganzem Herzen, die Entlassenen zum Heil in Jesus Christus zu führen. Erst dann sind sie wirklich frei."

Mit gleicher Post schrieb sein Kamerad: „...wir hatten drei neue Bekehrungen. Sie werden froh sein zu hören, daß (es folgen drei Namen) sich weiterhin gut führen. Als ich heute morgen ein paar von ihnen Post brachte, sagte der gute F. zu mir: ‚Wissen Sie, Leutnant, daß ich im Leben noch nie einen Brief aufgemacht habe? Ich habe nämlich noch nie einen bekommen.'"

Darauf schickte ich einen Brief an F., den ersten, den er bekommen sollte. Doch kurz darauf schrieb der Leutnant: „Ich bin sehr traurig, daß der Mann, dem zu schreiben ich Sie gebeten hatte, nicht mehr bei uns ist. Dagegen machen sich (es folgen fünf Namen) weiter gut. Und noch eine traurige Nachricht: H. wurde wieder ins Straflager gebracht."

Freuden und Enttäuschungen waren das tägliche Brot bei dieser Arbeit. Aus Cayenne schrieb Frau Hausdorff: „Frau T. wird Sie besuchen, ihr Sohn ist hier, mit 18 zu zwanzig Jahren Zwangsarbeit verurteilt. Er arbeitet jetzt bei uns. Sagen Sie ihr, daß alles gut geht." Und weiter unten: „Der Kapitän und ich, wir freuen uns sehr auf das große Ereignis, das uns bevorsteht. Ich bin bei ausgezeichneter Gesundheit."

Am 25. Juni schrieb sie dann: „Unser Kind ist geboren, es geht ihm großartig. Bei der Geburt gab es ein paar schwierige Augenblicke, aber das ist vergessen. Dienstag abend haben wir die Versammlungen mit unseren Angestellten aufgenommen." Dann folgte eine Reihe von Familien, die wir aufsuchen sollten.

Bald brauchten wir eine zweite Sekretärin für die Korrespondenz. Im September kehrte der Kommissar aus Südamerika zurück. Sobald mir ein Treffen möglich war, gab ich ihm die guten Nachrichten aus Guayana weiter. Unter vier Augen unterrichtete ich ihn über unsere Kampagne in Frankreich, die sich in einer Weise entwickelte, wie wir sie nicht hatten erhoffen können. Zu Hunderten schickte uns der Presse-Spiegel die Vortragsberichte und Artikel über die Strafkolonie zu. Da Erfolg erfolgreich macht, vervielfältigten sich die Einladungen.

„Und Sie, Herr Kommissar, wie geht es Ihnen?"

„Ich habe darum gebeten, daß man mich in den Ruhestand versetzt. Ich werde meinen Posten verlassen. Mein Nachfolger ist schon bestimmt; es ist Kommissar Isely. Ich könnte mir keinen besseren denken."

Ich war niedergeschmettert. Seit 17 Jahren führte dieser Mann unsere Bewegung in Frankreich, er hatte sie auf solide Grundlagen gestellt. Was sollte aus unserem kaum gestarteten Unternehmen werden unter einem anderen Chef, der die ganze Sache nicht kannte?

Ich war tief beunruhigt.

„Seien Sie standhaft, Péan, Ihre Kameraden, die Heilsarmee, Gott zählt auf Sie."

Der Chef-Sekretär schrieb mir:

„Sie werden die Sache von Paris aus leiten und von Zeit zu Zeit nach Guayana fahren."

Am 11. September 1934 nahm Kommissar Peyron Abschied von den Pariser Salutisten.

Ich war mit mir selbst uneins. „Ich habe wohl das Recht, auch ein wenig an mich selbst zu denken", hatte er zu mir gesagt. Durch seine Stellung, seine Persönlichkeit, seinen Einfluß auf uns, die jungen Offiziere, gehörte er aber auch ein wenig uns. Seine Stimme hatte uns Gottes Anweisungen vermittelt. Und das wollte er aufgeben, damit er wieder heiraten konnte. Andererseits, wie sollte man nicht verstehen, daß er mit seiner Widerstandskraft am Ende war, er, der immer für die andern alles gegeben, alles geopfert, alles getan hatte. Nun war er erschöpft, verbraucht, ausgepumpt, und seine Kinder – bis auf eines – verheiratet, konnten sich nicht so um den Vater kümmern. Und die Verantwortungslast für ein Land mußte schwer zu tragen sein, das konnte ich mir denken.

Da ich aus diesem Widerspruch nicht herausfand, verfiel ich auf den Abwesenden, der immer unrecht hat: Das Internationale Hauptquartier. Warum mußte man auf einen Mann seines Formats ein Prinzip anwenden, das ihn unter Umständen zerbrach und der Heilsarmee großen Schaden zufügte? War es christlich, derartig starr zu sein? Das so formulierte Reglement war verhältnismäßig neu, vor zwanzig Jahren hatte es noch nicht existiert. Und in zwanzig Jahren würde es sicherlich andere Regelungen geben. Damit das sakrosankte Prinzip Bestand hatte, wollte man einen Mann in seinem Lebensnerv treffen und ein großes Werk schwächen?

„Ich protestiere", sagte ich zum Chef-Sekretär. Aber er war Engländer, und die Leute von jenseits des Kanals sind hartnäckig. Unser romanischer Geist versteht sie nicht immer und nimmt ihre Unerbittlichkeit nicht ohne weiteres hin. In diesem besonderen Fall zeugte die Entscheidung davon, daß es ganz einfach an Fingerspitzengefühl fehlte.

„Reglement ist Reglement. Wenn man es ein einziges Mal nicht anwendet, heißt das, der Anarchie Tür und Tor öffnen."

„So richtig die Regel sein mag, die blinde allgemeine Anwendung ist es nicht. Die Heilsarmee in Frankreich wäre nicht das, was sie ist, hätte nicht Kommissar Peyron die kluge Biegsamkeit besessen, daß er die Regel dem Blick auf das Ganze oder dem Prinzip anpaßte. Cornelius wäre nicht bekehrt worden, hätte Petrus die heiligen Texte über alles gestellt. Und was wäre aus mir geworden, wenn man mir vor 15 Jahren die Unabänderlichkeit des sakrosankten Reglements entgegengehalten hätte?"

Letzten Endes erwies sich die anonyme Vorschrift als die stärkere Macht. Albin Peyron trat in den Ruhestand, was nichts änderte, da die Disziplin für Offiziere im Ruhestand genau so galt wie für die anderen. Daraufhin gab er, um dieser Tyrannei zu entkommen, seinen Grad auf und wurde einfacher Soldat. Das alles erschien mir unmenschlich, es widerte mich an.

Im Pariser Hauptquartier – Kommissar Isely

Die Erde drehte sich trotzdem weiter. Unser neuer Chef kam nach Paris und installierte sich im Hauptquartier auf dem Sessel Albin Peyrons.

Für mich wie für viele meiner Kameraden war Gustave Isely kein Unbekannter; ihm ging ein ausgezeichneter Ruf voraus. Als ich in die Heilsarmee eintrat, war er Generalsekretär von Kommissar Peyron. Persönlich wirkte er sehr anziehend; der mittelgroße Mann mit den vornehmen Gesichtszügen war von wacher Intelligenz, großer Bildung, absoluter Ehrlichkeit und Treue, manchmal allerdings vielleicht ein wenig hochfahrend. Er und seine Frau waren ein in jeder Hinsicht bemerkenswertes Paar. Um den ärgerlichen Eindruck zu verwischen, den Albin Peyrons Rücktritt hinterließ, schickte uns der General das Beste, was er hatte.

Die Pariser Salutisten hießen also ihren neuen Chef willkommen. Ein paar Tage später ließ er mich in sein Büro rufen. Mir wurde das Herz schwer, als ich ihn auf dem Platz seines Vorgängers sitzen sah. Nach meinen ehrlichen guten Wünschen und ein paar ausgetauschten Höflichkeiten, kam er gleich zum Thema:

„Erzähen Sie mir von Ihrer Arbeit. Ich weiß davon nur, was in den Zeitungen steht und das was Kommissar Peyron mir in einem kleinen Schriftsatz hinterlassen hat."

Ich schilderte ihm in kurzen Zügen das Schema unserer Aktion und suchte ihm den Sinn unserer Tätigkeit verständlich zu machen.

„Ich muß gestehen, daß ich in diesen – zugegebenermaßen für uns außergewöhnlichen – Dingen sehr unwissend bin. Trotzdem haben sie große Bedeutung. Ich will sie später gründlicher studieren. Im Augenblick kann ich Ihnen weder einen Rat noch Direktiven geben. Tun Sie ihr Bestes, Sie haben dazu bessere Voraussetzungen als ich. Und gehen Sie ruhig weiter vorwärts, doch halten Sie mich auf dem laufenden."

Dann fragte er mich, wie es meiner Frau und den Kindern gehe. „Und wie steht es mit Ihrer Gesundheit?"

Ich erzählte ihm kurz, daß ich im letzten Jahr in Guayana noch ein paar Sumpffieber-Anfälle gehabt hätte, daß das jedoch nach meiner Rückkehr nicht mehr vorgekommen sei; die Folgen einer Operation machten mir noch Beschwerden beim Reisen, für meine Arbeit aber habe das keine Folgen.

„Gott helfe Ihnen, Péan, ich habe Vertrauen zu Ihnen."

Als ich das Büro verließ, war ich sehr zufrieden, und voll Mut ging ich wieder an die Arbeit. Wenn man das Vertrauen des Chefs besitzt, hat man schon zu 50 Prozent die Chance, die Probleme zu lösen die einen plagen.

Vorträge und Aktion „Goldener Knopf"

Ende 1934 konstituierte der Kolonialminister durch Erlaß vom 17. Dezember ein beratendes Komitee, das den Auftrag hatte, *„auf Verlangen der Verwaltung die Fragen zu prüfen, die die physische und psychische Lage der in Französisch-Guayana internierten Gefangenen, zu Zwangsarbeit Verurteilten, Entlassenen, zwangsweise sich dort Aufhaltenden, Verbannten und Deportierten betreffen."*
Unter dem Vorsitz von Paul Matter, Oberstaatsanwalt am Kassationshof, dem Bruder unseres verstorbenen Etienne Matter, wurde das Komitee aus fünf Beamten, einem Journalisten und mir gebildet; unsere Ernennung erfolgte am 20. Januar 1935.
Es war ein Ereignis. Unsere Fachkenntnis wurde also berücksichtigt, was mich dazu ermutigte, mit den hohen Beamten Kontakt aufzunehmen; mehrmals hatte ich auch Zusammenkünfte mit dem Minister. Im übrigen stützten die wichtigen Zeitungen immer mehr unsere Aktion.
1935 konnte ich auch dem Wunsch nach Vorträgen entsprechen, die aus der Schweiz, Belgien und Nordafrika geäußert wurden, und damit unseren Einflußbereich beträchtlich erweitern.
Meine Schweizer Kollegen organisierten acht Vorträge, die sehr großen Erfolg hatten.
Im Frühling machte ich eine erste Rundreise in Nordafrika, etwas später folgte eine zweite. In der Strafkolonie befanden sich etwa zweitausend Nordafrikaner, und mir schien es notwendig herauszufinden, warum der Anteil der Araber, Kabylen und Berber an der Zahl der Sträflinge so groß war. Denn man mußte daran denken, daß diese Menschen eines Tages in ihre Heimat zurückkehren sollten, und das Nötige organisieren.
Unsere Posten in Algier und Bab-el-Oued ermöglichten mir interessante Kontakte mit muselmanischen Persönlichkeiten. In Bab-el-Oued hatte man mir von einem unschuldig Verurteilten erzählt; der Kommandeur dieses Sahara-Abschnitts schrieb dazu:
„Ich habe ihn den Gerichten übergeben, und das tut mir aufrichtig

leid. Er hatte Kamele gestohlen – hier ist das ein Sport. Sie haben ihm 20 Jahre aufgebrummt. Ich war wütend, eine Bastonnade wäre mehr als genug gewesen. Und jetzt ist da wieder einer, der in die Binsen geht."

Leider waren derartige Fälle zahlreich. 1933 hatte Kommissar Peyron die Erlaubnis erhalten, den „Nationalen Tag des Goldenen Knopfes" zu veranstalten. Diese große Kollekte sollte in ganz Frankreich durchgeführt werden.

Lange und genaue organisatorische Vorarbeit war dazu nötig, aber die ausgezeichneten Ergebnisse, sowohl was Werbewirkung betraf, wie auch in finanzieller Hinsicht, rechtfertigten sie vollauf. Diese Sammlung konnte alle zwei Jahre durchgeführt werden. Für 1935 betraute Kommissar Isely mich mit dieser schweren Aufgabe. Von Beginn des Jahres an mußte man sich darauf vorbereiten, unsere Büros einrichten und zwei Monate vor dem auf den letzten Maisonntag gelegten Termin die Kampagne beginnen.

Ich hatte also die Leitung dieser Organisationsarbeit, was meine Tätigkeit für Guayana nicht beeinträchtigte, im Gegenteil, es ermöglichte mir, unseren Einflußbereich zu vergrößern.

Ein Zentrum für handwerkliche und landwirtschaftliche Berufsausbildung in Morfondé mit einem 30 Hektar großen Gutshof, etwa 20 Kilometer von Paris entfernt, war das unseren Spendern vorgeschlagene Objekt.

Von Perpignan bis Dünkirchen, von Nizza bis Le Havre, von Metz bis Pau fuhr ich in den Monaten davor kreuz und quer durch Frankreich. Zwei Bücher lagen immer auf meinem Nachttisch, die Bibel und der Fahrplan. Es galt, in den einzelnen Departements unsere Komitees für den Tag des „Goldenen Knopfes" zu schaffen, zu organisieren und aufzusuchen; außerdem hielt ich immer auch einen Vortrag.

In einer großen Stadt hatte der Offizier unseres Postens den Vortrag organisiert, der Bürgermeister wollte die Schirmherrschaft übernehmen. Da er ziemlich wenig über die ganze Sache wußte, hatte die Frau des Kapitäns ein Gespräch zwischen uns vor der Abendveranstaltung arrangiert. Der Amtsdiener führte uns in das große Zimmer des Ersten Beamten der Stadt. In meinem bequemen Sessel versunken, wollte ich die etwas förmliche Atmosphäre durch einen Scherz auftauen:

„Herr Bürgermeister, vielleicht ist es nicht sehr angenehm für Sie, einen Menschen zu empfangen, der aus der Strafkolonie kommt." „Aber gar nicht", beeilte er sich zu versichern, „im Gegenteil, alle, die wieder auf den rechten Weg finden, sind würdig, daß man an ihnen Anteil nimmt."

Ich war so perplex, daß ich ihm nicht sagen konnte, ich hätte schon auf den rechten Weg gefunden, bevor ich in der Strafkolonie war. Zweifellos klärte ihn dann jemand auf, denn er hielt eine sehr schöne Eröffnungsrede, in der er nicht erwähnte, ich hätte mich aus tiefsten Tiefen erhoben...

Für die großen Vorträge versuchten wir, jemand aufzutreiben, dem wir die Kinder anvertrauen konnten, damit meine Frau mich begleiten konnte. Wir hatten eine präzise Technik der Zusammenarbeit entwickelt; sie wechselte hinten im Saal die Lichtbilder, ohne daß ich ihr ein Zeichen geben mußte. Es galt, die Aufmerksamkeit des Publikums 90 Minuten lang zu fesseln, was angesichts des Interesses, das die Frage auslöste, nicht schwer war. Die anschließenden Diskussionen bei den uns Einladenden dauerten oft bis spät in die Nacht.

In einer Stadt in Zentralfrankreich verlangte nach der Veranstaltung eine Gruppe von Männern, mich zu sprechen; ihr Äußeres hatte eine gewisse Ähnlichkeit mit dem mancher unserer „Klienten" in Guayana. Tatsächlich handelte es sich um Unterhändler, die mir fünfzigtausend Francs boten, wenn ich einem der Ihren zur Flucht verhelfen würde. Ich hatte Schwierigkeiten – der Pastor des Ortes mußte mir helfen –, ihnen klar zu machen, daß meine Armee keine derartigen Kämpfe führte.

„Und wenn wir die Summe verdoppeln?"

Oft gaben sich am Ende solcher Abende Mütter, Schwestern, Verwandte von Sträflingen scheu zu erkennen. Das bißchen, das wir ihnen sagen konnten, gab ihnen neuen Mut.

Trotz der zahlreichen Einladungen mußte ich die Reisen etwas einschränken; sie wurden zu erschöpfend. Wenn ich sehr müde war, fiel es mir schwer, meine Gedanken beisammenzuhalten. Meine Frau hinten im Saal merkte das, denn meine Sprechweise verlangsamte sich, aber sie hatte keinerlei Möglichkeit, mir zu Hilfe zu kommen. Eines Abends wäre ich in einem wie gewöhnlich übervollen Kino vom monotonen Geräusch der eigenen Stimme und der Dunkelheit im Saal beinahe eingeschlafen. Ich begann, die Lebensgeschichte eines unserer Sträflinge, eines Fürsorgezöglings, zu erzählen; ich sagte, er habe seine Eltern nicht gekannt, und endete – zwei sehr verschiedene Geschichten durcheinanderbringend – mit der Behauptung, er habe seinen Vater umgebracht... Meine Frau, höchst aufgeregt durch diesen seltsamen Bericht, klapperte laut mit der Platte des Projektionsapparats, was mich in die Wirklichkeit zurückrief; ich knüpfte wieder an, ohne recht zu begreifen, was vorgefallen war.

Oft wurde ich von Pastoren eingeladen, und ihr Mut und ihre Hingabe an Gott beeindruckten mich sehr. Sie und ihre Frauen kämpften darum, ihre Gemeinden am Leben zu erhalten, oft in kleinen Dörfern, wo ein Herdfeuer nach dem andern erlosch.

In einem dieser kleinen Nester im Departement Drôme waren nur sieben Personen gekommen, um mich anzuhören. Der Pastor war deshalb ganz durcheinander. Doch da ich fand, diese sieben – darunter die Frau des Pastors und eine taube alte Dame – hätten ebensoviel Recht darauf, mich zu hören, wie siebenhundert Leute, hielt ich meinen Vortrag. In der Kollekte fanden sich neben ein paar Geldscheinen zwei bronzene Sous-Stücke, die durch Klebestreifen zusammengehalten wurden, und dazwischen ein altes Goldstück.

Jeden Monat mehr hatte ich den Eindruck, an Terrain zu gewinnen, im Kampf Fortschritte zu machen; die Herausforderung lag auf dem Tisch. In Guayana gingen die Dinge ihren normalen Gang, das heißt, es gab eine Menge Probleme und Schwierigkeiten aller Art.

Das Ehepaar Simonin, die das „Haus des jungen Mannes" leiteten, wurde nach Valenciennes versetzt. Auf einer Reise durch dieses Gebiet verbrachte ich zwei Tage bei ihnen.

„Du bist ein komischer Kranker, du. Keiner hätte gedacht, daß du so in der Welt herumfahren würdest."

Und als ich ihm ein paar von meinen Übeln aufzählte, sagte seine Frau mit ihrer ruhigen, freundlichen Stimme:

„Im Grund ist es gut, daß Sie gesundheitliche Schwierigkeiten haben."

„Danke, ich würde sie leichten Herzens los!"

„Sicher, aber wenn Sie gesund geblieben wären, wären Sie mit den anderen in Guayana geblieben. Die Heilsarmee hätte sicher auch dort gute Arbeit geleistet, aber sozusagen die Existenz der Strafkolonie anerkannt und damit alles verdorben…"

„Um unseren Ruf wäre es geschehen gewesen", bekräftigte Simonin, „und auch um die Verkündigung des Evangeliums, denn einen Aspekt des Evangeliums, das ewige Heil, verkünden und den andern, die Ungerechtigkeit der Welt, verstecken… das geht nicht für mich. Der Kompromiß mit der Ungerechtigkeit ist der Tod des Christentums."

„Was hat unser Gründer getan, als er mit der Heilsarmee anfing? Er verkündete das Evangelium vom Heil in Jesus Christus, kämpfte gegen die Ausbeutung des Volkes, die Tyrannei der Bierhändler, wollte Gesetze zum Schutz der jungen Mädchen gegen Mädchenhandel, er erklärte allen den Krieg, die kleine Kinder in den Bergwerken arbeiten ließen, und stellte sich gegen viele andere Übel. Das entspricht dem Evangelium, oder nicht?"

„Deine Frau hat uns schon dreimal zum Essen gerufen…"

Bei einer der Komitee-Sitzungen spürte ich, daß eine ernste Schwierigkeit in der Luft lag: das Kolonialministerium wünschte „eine Verbesserung des Deportationswesens", während wir der Meinung waren, das Ganze müsse abgeschafft werden.

Glücklicherweise schrieb die „Dépêche Coloniale" in einem guten Artikel von Maurice Rondet-Saint:

„Mit der Strafkolonie muß der schreckliche Irrtum, das Hirngespinst Verbannung verschwinden. Seine Urheber hatten darin ein Mittel zur Besserung einer Gruppe von Verurteilten und deren Verwendung bei der Kolonisierung gesehen. Das Scheitern dieser Vorstellung ist

heutzutage eine Tatsache, die durch eine nur allzu lange Erfahrung
erhärtet wird. Davon ist man überzeugt, wenn man die Zeilen gele-
sen hat, die von der Leitung der Heilsarmee verfaßt wurden, einer
Organisation, deren Eingreifen dort eine bewundernswerte Geste
kühner Initiative im Dienst der Nächstenliebe im höchsten Sinn
darstellte:

‚Unsere verschiedenen Aktionszentren am Maroni und unser land-
wirtschaftlicher Betrieb Montjoly bei Cayenne können den Entlas-
senen nur sehr unvollkommen helfen, da sie physisch und psychisch
ruiniert sind durch ihren Aufenthalt in der Strafkolonie und die
Fortdauer ihrer Strafe oder die Unmöglichkeit, die Kolonie zu ver-
lassen. Und das verhindert, daß wir bei ihnen ein Echo auf unsere
Appelle finden.'"

Von nun an richtete ich meine Vortragsreisen so ein, daß ich an
den Sitzungen des Reform-Komitees teilnehmen konnte. Es kam
alle vierzehn Tage in der Rue Oudinot zusammen, und meine Uniform, die beim Pförtner und den Beamten, denen ich auf den Fluren
begegnete, zunächst sensationelles Aufsehen erregt hatte, ließ mich
für alle zur bekannten Person werden. Ich wurde sozusagen adop-
tiert.

In diesen Sitzungen fühlte ich mich nicht immer wohl, denn ich
verfügte weder über die nötigen Kenntnisse, noch war ich an solche
Zusammenkünfte gewohnt, was dazu führte, daß ich dann und wann
demütigende Schnitzer machte.

Nach der dritten Sitzung ging der Journalist aus dem Raum und
warf schmetternd die Tür hinter sich zu; er verliere nur seine Zeit
hier, sagte er dazu. Ich blieb als einziger Nicht-Beamter, sah aber
nicht recht ein, wohin die Arbeit der Kommission führen sollte.
Ich fürchtete, sie sei nur als Pflaster auf die Wunde gedacht, und
sie könne nur das eine bewirken: das Leben der Strafkolonie verlängern.

Mein Kommissar predigte mir Geduld.

Zwei Dinge beanspruchten meine Zeit und meine Gedanken: die
Vorbereitung eines Buches über die gegenwärtige Arbeit der Heilsarmee in Guayana und das Bemühen, ein paar Entlassene zu repatri-

ieren, für die wir Gnadenerlasse erbaten. Die Angelegenheit war heikel.

„Es ist nicht vorgesehen, daß einer von da unten wieder zurückkommt", sagte mir ein Polizeibeamter. „Sie waren keine Unschuldslämmer, als sie fortgingen, und sind es in der Strafkolonie auch nicht geworden. Sie würden sich besser nicht darum kümmern."

Damit ein Mann in seine Heimat – Frankreich oder Algerien – zurückkehren konnte, mußte folgendes geschehen:

Er mußte aus seiner Zwangsarbeitsstrafe entlassen werden, dann mußte aus der Verdoppelung, der zweiten Strafe eine zweite Entlassung folgen; überdies brauchte er die Genehmigung, die Kolonie zu verlassen, und schließlich – nicht das kleinste Hindernis – Geld, um die Reise Cayenne–Frankreich zu bezahlen, runde 1850 Francs; danach mußte er wissen, wohin er gehen und was nach seiner Heimkehr aus ihm werden sollte.

„Herr Kommissar, wir nehmen ein gewisses Risiko auf uns. Wenn einer von denen, die durch uns zurückgekommen sind, ein Verbrechen begeht, wird die Presse das aufgreifen und auf uns, die Heilsarmee, wird die Verantwortung fallen. Wenn andererseits die Rückkehr gelingt für einen und er sich wieder in die Gesellschaft integriert, öffnet sich für die andern leichter die Tür, wie es bei den dreien war, die heimkamen, Richeton, X und Y."

„Was meinen Sie dazu?"

„Ich glaube, die Repatriierung ist in erster Linie ein schlichter Akt der Gerechtigkeit diesen Menschen gegenüber. Wenn in Frankreich ein Gefangener aus dem Gefängnis kommt, dreht sich die Erde auch weiter. Außerdem ist für uns dort unten die Repatriierung ein starkes Mittel, Hoffnung zu wecken."

„Schon, aber ein Gefängnis hier und die Strafkolonie dort müssen nicht die gleiche Wirkung auf den Charakter der Menschen haben."

„Das stimmt, aber wir haben auch wertvolle Trümpfe in der Hand. Unsere Posten und Sozialeinrichtungen werden uns sehr helfen, diese Menschen wieder einzugliedern. Dazu kommt, daß nur solche zurückkehren werden, die bereits mehrere Monate, manchmal mehr

als ein Jahr bei uns in Guayana gearbeitet haben. Man muß schon annehmen, daß diese Zeitspanne unter unserem Einfluß, im täglichen Kontakt mit unseren Offizieren, ihnen die Augen über sich selbst geöffnet und die rettende Macht Gottes offenbart hat."
Gott gibt jedem Menschen, der auf Christus blickt, die Möglichkeit zum Neuanfang. An uns ist es, ihm die Mittel dazu zu verschaffen. Und haben wir nicht schon bei einigen gesehen, wie sich das verwirklicht?"
„Gut, machen sie weiter", schloß der Kommissar.
Genauestens vorbereitet von unseren Sekretariaten ging die Heimkehr einiger Männer vor sich. Ihre Einschiffung in Guayana war der große Tag für sie. In diesem Augenblick entzündete sich endlich auch die Hoffnung im Herzen aller Entlassenen, die noch an die Strafkolonie gekettet waren. Es gab also noch andere Möglichkeiten fortzukommen als die Flucht, die immer eine Art Selbstmordversuch blieb. Dieser Tag bedeutete eine große Veränderung in der trostlosen Atmosphäre unserer Häuser in Cayenne und am Maroni. Bei ihrer Ankunft in Frankreich war alles bereit, um sie am Hafen in Empfang zu nehmen, sie an ihren Bestimmungsort zu bringen, auf europäische Art zu kleiden und ihnen Gelegenheit zu geben, daß sie sich ein paar Wochen lang in unseren Einrichtungen akklimatisieren konnten. Nach 15, 20, 30 und bis zu 50 Jahren in den Tropen mußte das Leben in Frankreich nicht unbedingt leichtfallen. Wir nahmen Kontakt mit Familienangehörigen auf, wenn es noch welche gab, und mußten sehen, wie sie zu dem Heimkehrenden standen. Wir versuchten auch, die Verwandten des Opfers aufzusuchen und das Risiko dramatischer Auftritte zu vermeiden.
Vorsprachen bei Behörden, Suchaktionen füllten unsere Tage aus. Und die Polizei beobachtete alles mit einem gewissen Mißtrauen; sie wollte das Gesetz des Aufenthaltsverbotes, das den Entlassenen das Wohnen an bestimmten Orten untersagte, rigoros anwenden. So waren dem Entlassenen jeder Hafen, jede Grenzstadt, die Hauptstadt, der Ort seiner Tat und allgemein alle Großstädte verboten. Die ersten Gruppen, die ankamen, waren nur fünf bis zehn Männer stark, im Lauf des Jahres stiegen sie nach und nach auf zwanzig,

dann auf dreißig, und natürlich blieben sie in Saint-Nazaire oder Le Havre, wo sie ankamen, nicht unbemerkt. Trotz unserer Bemühungen, die Pressefotografen fernzuhalten, berichteten die Zeitungen jeden Monat darüber. Diese Publizität erschwerte unsere Arbeit. „Wenn sie sich bloß gut halten", sagte unser Kapitän vom Posten Le Havre ängstlich zu mir.

Wirklich, bei der Überführung vom Hafenbahnhof zum Hauptbahnhof (sie durften den Transatlantikzug nicht benützen) vergnügten sie sich, wenn es der kleinste Aufenthalt erlaubte, in den Kneipen der Gegend und wir mußten die Runde machen und unsere Männer wieder einsammeln.

Doch endlich funktionierte alles, und es funktionierte gut. Für den Augenblick gab es keine Rückfälligen. Bald waren in allen unseren Sozial-Einrichtungen ein paar dieser Männer angestellt, bevor sie außerhalb des Kreises der Heilsarmee eine Arbeit finden konnten, die ihnen zusagte. Dann mußten sie Neuankömmlingen Platz machen.

Es gelang uns, die Verfügungen des Innenministeriums zu mildern, so daß es nun geduldet wurde, wenn Entlassene, die dem Aufenthaltsverbot unterlagen, unter unserer Verantwortung in einem unserer Werke wohnten, auch wenn es sich in einer verbotenen Stadt befand. Dieser gute Wille bedeutete ein günstiges Vorzeichen.

Nachdem wir in Cayenne demonstriert hatten, daß die Abschaffung der Strafkolonie die einzige humanitäre Lösung war, die es anzustreben galt, mußten wir nun in Frankreich zeigen, daß die Rückkehr der Entlassenen keine öffentliche Gefahr darstellte.

Ich muß wohl wirklich im Zeichen eines Wandersterns geboren sein! Die zwei ersten Monate des folgenden Jahres sollten einer langen Reise durch ganz Nordafrika gewidmet sein. 37 Vorträge standen auf dem Programm. Gespräche und Bittgänge bei muselmanischen und französischen Behörden in Tunesien, Algerien und Marokko waren vorgesehen.

Manchmal ertappte ich mich bei dem Gedanken, daß ich wohl verrückt sein müsse, wenn ich so das Terrain vorbereitete für eine derart fragliche Eventualität wie die Abschaffung der Strafkolonie. Sollte der Virus des Glaubens dahinterstecken? Nachdem es uns gelungen war, ein paar Dutzend Entlassene heimzuholen, waren darunter jedenfalls auch Nordafrikaner, und wahrscheinlich würde ihre Zahl in dem Maß wachsen, wie sich die Repatriierung verstärkte.

In Nordafrika

Bei der Ankunft in Tunis an einem sonnenwarmen Winternachmittag meinte ich, ich käme in ein Traumland. Als wir in den Hafen einfuhren, war ringsum alles still und reglos, wie die bläulichen, dunstigen, fast unwirklichen Berge, die den Golf abschlossen. Lamarsa, Sidi-bou-Said schienen aus Papierhäuschen zu bestehen, die man auf die Hügel gesetzt hatte, deren Füße träge das Meer bespülte. Die gedrosselten Maschinen des Schiffes machten keinen Lärm, man konnte glauben, es würde von einer unsichtbaren Macht sanft in den Hafen gezogen. Weiches Licht umhüllte wie ein Schleier von Heiterkeit die nachmittägliche Bucht.

Doch rasch zeichnete sich das Ferne deutlicher ab, ich konnte eine Gruppe rosafarbener Flamingos mit schwarzgeränderten Flügeln erkennen. Und schon war die Stadt da, die großen Gebäude, geschäftiges Brausen, Menschen, die sich zu schaffen machten. Der Traum war zu Ende.

Später verbrachte ich im Wohnzimmer der Familie Cuénod einen tunesischen Abend. Meine Gastgeber waren der Arzt, der mich in sein Haus einlud, der Pastor von Tunis, der schon seit 33 Jahren hier lebte, ein berühmter Anwalt, der Präsident einer Wohltätigkeitsorganisation und einige Damen. Für mich verkörperte diese Gesellschaft das Leben der Levantiner, des Menschenschlags, der hier wohnte, besser gesagt, den Geist des Volkes in Tunesien, das sich aus den Völkern aller benachbarten Länder bildete, sie aufnahm und sich anglich.

Es wurde viel erzählt an diesem Abend.

Der Rabbiner aus der Synagoge in der Rue Zarkoum war 94 Jahre alt. Er hatte einen bemerkenswert klaren, wachen Kopf behalten, las aus den Propheten vor und erklärte sie den Arbeitern, die kamen, um ihm zuzuhören, und die ihm endlose Fragen stellten. Mehrere Stunden lang diskutierte und lehrte der Greis von seinem Stuhl herab die Heilige Schrift, das Gesetz, die Psalmen – und das alle Tage. „Denn", so sagte er, „es ist gefährlich, wenn man einem Menschen eine Wahrheit sagt, ohne sie zu erklären."

Pastor Cabentous und Rechtsanwalt Darmon begannen eine lange Diskussion über die Friedhöfe; hier hatte jeder seinen eigenen, die Katholiken, die Protestanten, die Juden, die Muslim, die Griechen, die Freidenker usw.

Die Malteser galten als sittenstrenge Leute, sie hielten Wort und glaubten, ein falscher Eid führe unbarmherzig ins Höllenfeuer. Ein Araber schuldete einem von ihnen, dem Kolonialwarenhändler des Viertels, zwölfhundert Francs und wollte nicht bezahlen. Der Malteser brachte die Sache vor den Richter. Der Araber versicherte, er habe schon bezahlt. Da sagte der Malteser zum Richter: „Herr Richter, laß ihn schwören."

„Aber wenn er schwört, muß ich deine Klage abweisen."

„Das macht nichts, tu's trotzdem."

Und der Araber, dem es auf eine Lüge mehr nicht ankam, schwor, er habe bezahlt. Die Klage des Maltesers wurde abgewiesen und er zur Zahlung der Gerichtskosten verurteilt. Nach der Verhandlung fragte ihn der Rechtsanwalt:

„Warum hast du das getan? Du hast doppelt verloren, die zwölfhundert Francs und die Gerichtskosten."

„Ph! was ist das schon! Zwölfhundert Francs…" Er spuckte geringschätzig auf den Boden. „…Aber er, er hat falsch geschworen, er wird geradewegs zur Hölle fahren!"

Seine Augen blitzten vor Befriedigung beim Gedanken an die unerbittliche göttliche Gerechtigkeit, die seinen Feind treffen würde. Und diese Rache kostete ihn nur zwölfhundert Franc.

„Aber", sagte der Rechtsanwalt, den diese Einstellung irritierte, „wenn Gott ihm nun vergibt?"

„Ah das, das würde ich niemals zulassen!"

Hier in Tunis lebten die Gefangenen sozusagen in Freiheit, sie machten die schwere Arbeit in der Stadt, dienten als Ordonnanzen, pflegten die Gärten, trugen Briefe aus. Sie flohen nie; wohin hätten sie gehen sollen? Wie in der Strafkolonie lag das Problem in der Entlassung. Keiner wollte weggehen: Gefangener sein hieß „Beamter" sein, und das war kein schlechter Platz.

Ich besuchte einen Herrn, den ich früher schon als Junge gekannt hatte, als ich mit seinen Söhnen gespielt und mich über die zahllosen Pannen seines Autos – des ersten in Bugeaud – amüsiert hatte. Er hatte sein ganzes Leben in Tunesien verbracht und dachte wie seine ganze Generation:

„Die jungen Tunesier dürfen nicht zur Selbstverwaltung kommen, wir geben ihnen nur subalterne Stellungen. Man muß das Prestige Frankreichs in den Augen der Eingeborenen heben. Die Tunesier mögen intelligent sein, aber sie sind trotzdem unterlegen, wir, die Eroberer, sind Herr und Meister in ihrem Land." Eine seltsame und gefährliche Denkweise.

Am nächsten Tag verabschiedete ich mich von meinen Gastgebern. Der alte Doktor umarmte mich und sagte mir, wie wohl ihm mein Besuch getan habe. In weißem Kittel und Käppchen war er einen Augenblick aus seinem Labor gekommen. Dutzende von Einheimischen drängten sich vor seiner Tür, sie hofften auf ihn, daß er ihren kranken Augen helfe. Seit 35 Jahren kämpfte er gegen das Trachom. Nun führte mich der Zug durch die Ebenen Tunesiens dem Atlas zu, der wie eine düstere Gewitterwolke den Horizont versperrte. Darüber war der Himmel klar und leuchtend blau. Überall weite Saatfelder, dazwischen Steppengras mit silbernen Brustbeerenbüschen durchsetzt und auf den kahlen Hügeln rachitische Kakteen. Blühende Ringelblumen lächelten dem Reisenden zu. Dann und wann sandte ein Eukalyptus-Gehölz seinen starken Duft aus und mischte ihn mit dem Geruch nach frisch umgebrochener Erde. All das weckte in mir die Erinnerungen an meine Kinderzeit, als wir durch die Olivenhaine einer alten Eselin nachrannten, die irgendwo ausgerissen war...

Ghardimaou – Paßkontrolle, Zoll. Adieu, Tunesien! Über uns waren die Berge des Tell-Atlas, die Luft wurde schärfer. Die Palmen wiegten ihre länglichen Blätter, als wollten sie uns in Algerien begrüßen.

Warum eine Grenze? Das Land war dasselbe, die Berge setzten sich fort. Heute morgen waren sie fern, milchig verschwommen gewesen, nun zeichneten sie sich klar von dem dunkel gewordenen Himmel ab. Auch die Menschen waren dieselben, sie sprachen dieselbe Sprache. Die kleinen Mohren sprangen umher und schrien, die Hunde bellten, die Frauen verschleierten sich – es war auch der gleiche Gott. Nur die Uhren gingen eine Stunde vor.

Langsam arbeitete sich der Zug den Berg hinauf. Er folgte dem Wadi, dessen Wasser sich in entgegengesetzter Richtung abwärts schlängelte, in einem von Tamarisken und Oleander gesäumten Bett. Je höher wir stiegen, desto mehr veränderte sich die Natur, die Felder verschwanden und machten Weiden Platz, wo Ziegen-, Schaf- und Kuhherden ihre Nahrung suchten. An die Stelle der Höfe traten Hütten, die den Nomaden-Hirten Obdach boten. Um alle Bahnhöfe herum, durch die wir fuhren, standen Eukalyptusbäume, doch sonst war der Boden kahl, Oliven wuchsen in dieser Höhe nicht mehr. Statt der goldenen Ringelblumen blühten nun kleine blaue Schwertlilien an der Strecke und milderten die Monotonie der ausgedörrten Höhen. Vereinzelt zeugten ein paar Kiefern vom Bemühen, neu aufzuforsten, doch dann kam wieder das vertrocknete Gebirge, rot durch sein eisenhaltiges Gestein, manchmal auch, je nach der Erosion, weiß oder gelblich.

Je weiter sich die Sonne nach Westen neigte, desto kühler wurde es. Um Mittag war es warm gewesen wie im Frühling, jetzt war draußen ein schöner Wintertag. Als wir auf Souk-Ahrras zufuhren, das alte Tagaste der Römer, tauchten wieder Bäume auf, Eichen und Korkeichen, dann einzelne Gärten.

Später wand sich der Zug durch die nun wieder mit Wald bedeckten Berge, es ging bergab, und bald kamen wir in die Ebene von Bône. Der weite Horizont wurde begrenzt von der Eydoug-Kette und den tunesischen Bergen.

Umflossen von einer Schleife des Wadi Seybouse lag an der Strecke
ein Stück Land mit kleinen Bäumen, deren Zweige sich unter der
Last vieler Goldkugeln nach unten bogen; im Licht der untergehen-
den Sonne leuchteten sie wie tausend kleine Sonnen – welch schöner
Orangengarten! Doch nun wurde es Nacht; das hinderte mich
daran, die Seite umzuschlagen und im Buch meiner Kindheit zu
lesen, das sich eben darbieten wollte. Kaum konnte ich die Bahn-
hofsschilder lesen und den Ruf des Bahnbeamten verstehen:
„Saint-Joseph... Barral... Mondovie..."

Bône! Wir kamen um 18 Uhr an. Die Stadt zeigte sich mir kokett
ganz in weiß, schimmernd im Mondlicht, wie eine alte Freundin.
Bône, Philippeville, Collo und Bougie waren Juwelen, Städte voll
Sonne, umgeben von großen Höfen, die an den grünen Hügeln lagen; und überall Blumen, Zypressen, Mimosen, Eukalyptus- und
Pfefferbäume, Palmen, Granatapfel-, Feigen- und Orangenbäume,
kurz alles was das mittelmeerische Afrika zu bieten hatte.

Die Bewohner dieser Küstenstädte zwischen Tunesien und der Kabylei waren hauptsächlich Europäer; Franzosen, Italiener und Malteser, doch der Stil der Städte war arabisch, geprägt von bestimmten
Bauten, dem Rathaus in Philippeville etwa, oder den Moscheen und
Eingeborenen-Schulen.

Doktor Schwebel, der erste Beigeordnete des Bürgermeisters, ein
Knurrhahn mit goldenem Herzen, empfing mich wie einen Bruder.
Unsere Familien waren seit Bugeaud miteinander bekannt. Bei meinem Vortrag quoll das große Kino über von Menschen. Das Publikum bestand aus Beamten, Intellektuellen, Kaufleuten, gebildeten
Arabern, eleganten Damen und verschleierten. Auch ein paar Männer mit wenig vertrauenerweckendem Äußeren waren darunter,
vielleicht Kandidaten für das Zubringerschiff zur Strafkolonie...
Diese ganze Menge vibrierte vor Spannung, erregte sich, lachte,
klatschte Beifall, drückte laut seinen Abscheu oder seine Begeisterung aus. Ein großer Teller, der ohne weitere Ankündigung oder
Aufforderung einfach neben der Tür wartete, wurde mit über zehntausend Francs gefüllt, ein Beweis, wie groß Interesse und Mitgefühl
waren. Ein Zuhörer gab Doktor Schwebel beim Hinausgehen ein

Zwanzig-Francs-Stück mit den Worten: „Ich habe zwar schon etwas gegeben, aber das ist besser, als ich je dachte."

In Philippeville hielt ich den Gottesdienst in der kleinen protestantischen Kirche und dann einen Vortrag im Hochzeitssaal des Rathauses.

Nun fuhr ich auf die Hochebene hinauf. Als wir die Pässe hinter uns gebracht hatten, kamen wir in die Hauptstadt dieser weiten, Tausende von Hektar umfassenden Flächen, Constantine; es lag wie ein Adlernest auf seinem Felsen, umflossen vom Rummel, der zweihundert Meter tiefer in seiner Schlucht grollte. Die Brücken, die Zugangsstraßen wirkten wie Fühlarme, die nach allen Seiten ausgriffen.

In der Stadt gab es keine abgeschlossenen Viertel für die Bevölkerungsteile mehr: Juden – über 20000 –, Araber als große Mehrheit und Europäer mischten sich, beobachteten sich, fürchteten sich, imitierten sich und bildeten ein seltsames Mosaik von 100000 Menschen. Die Juden wurden gehaßt, die Araber beherrscht, die Laizisten verachtet (denn für die Eingeborenen war ein Mensch ohne Glaube und ohne Gott ein minderwertiges Wesen; nur die Tiere beten nicht an) und die Franzosen gefürchtet.

An der Universität hatte ich einige Mühe zu sprechen, das Publikum war aus Platzmangel bis ganz nach vorn gekommen, und der Bürgermeister, der mich einführen sollte, konnte nur unter Schwierigkeiten das Podium erklimmen.

Dann fuhr ich weiter nach Westen. Die Strecke durch die von Windstößen gepeitschte, nackte und kahle Hochebene war eintönig. Kilometerweit kein Baum. Von Zeit zu Zeit niedrige Behausungen, Höfe von Eingeborenen, die sich in die Erde duckten, dann ein weißes, mit roten Ziegeln gedecktes Gebäude, das einen von Europäern betriebenen Hof anzeigte. Nur da gab es ein paar Bäume, Platanen, Akazien, Birken. Zu diesem Zeitpunkt überzog sich die eben gepflügte rötliche Erde mit einem feinen Flaum, Wintergetreide. In zwei Monaten würde die Hochfläche ihr grünes Kleid wiederhaben.

Ab und zu dann Trümmer alter Städte: Teveste, Timgad, Lambèze,

Djemila. Nach fünfzehn Jahrhunderten aus der Erde erstanden, kündeten sie vom Reichtum dieser heute wüstenähnlichen Landstriche.

Im Kino von Batna war die Menschenmenge so groß, daß die Polizei einschritt und Hunderte vor der Tür draußen blieben. Auch der engste Platz war besetzt, und das hatte seinen Grund. Vor wenigen Wochen hatte Batna ein Drama erlebt: Ein Waldhüter hatte einen eingeborenen Hirten getötet und war dann selbst von den beiden Brüdern seines Opfers umgebracht worden. Die Beteiligten waren tot, niemand konnte wissen, wer angefangen hatte. Immerhin war es wahrscheinlich, daß der Waldhüter den Hirten bei einem Vergehen ertappt hatte; vielleicht hatte er seine Schafe am Waldrand weiden lassen und eines war hineingeraten, der Waldhüter tauchte auf und wollte ein Protokoll aufnehmen. Die Forstverwaltung mußte streng sein, um die jungen Bäume zu schützen und diese Gegend wieder aufforsten zu können, sie ermunterte denn auch die Waldhüter, Übertretungen zu ahnden, ihre Beförderung hing sogar davon ab. Deshalb wurden sie von den Arabern gehaßt. Der Hirte war ganz sicher wütend. Was tat er? Niemand wußte es, doch er fiel den Kugeln des Waldhüters zum Opfer. Die Brüder, die das Schießen hörten und die Leiche ihres Jüngsten fanden, verfolgten den Waldhüter und rächten Blut mit Blut. Sie wurden mit ihrer Mutter verhaftet und acht Monate in Untersuchungshaft gehalten, Zeit genug, sie der Folter auszusetzen. Bei der Verhandlung beklagten sie sich, sie seien sehr oft geschlagen worden, sie gaben sogar die Namen ihrer Peiniger an: So hatte man sie unter anderem an den Beinen aufgehängt, bis sie endlich gestanden. Diese Quälereien, von der Justiz geduldet, sind ein Skandal, der uns in die Zeit der Inquisition zurückfallen läßt; damals waren sie öffentlich, heute finden sie heimlich statt, damals war ein Richter dabei, heute entspringen sie der Initiative eines Subalternen, und während der Operation treibt man die Passanten zu schnellerer Gangart an, damit sie nichts hören sollen.

Kurz, die beiden Totschläger wurden zu lebenslänglich und zwanzig Jahren Zwangsarbeit in der Strafkolonie verurteilt. Nur die alte

Mutter ließ man nach acht Monaten Untersuchungshaft frei. Sie kehrte in ihr Dorf zurück und weinte um ihre drei Söhne, die ihr so jäh entrissen wurden.

Am nächsten Tag ging die Fahrt nach Djemila. Die Kabylei veränderte seit ein paar Jahren ihr Gesicht. Reiche Landbesitzer wurden den Kabylen zum Verhängnis. Sie hatten nur so viel Land, daß sie eben vegetieren konnten. Wenn sie als Folge einer schlechten Ernte etwas leihen mußten, dann ging das so vor sich:

Der Wucherer: „Ich leihe dir tausend Francs, unterschreibe eine Quittung über zweitausend. Wenn du in sechs Monaten nicht bezahlst, nehme ich dir dein Land weg."

Meist nahm der unvorsichtige Eingeborene an, konnte aber am Verfallstag nicht bezahlen. Der unanständige Geschäftsmann eignete sich das Land für ein Nichts an und vergrößerte sein Gut. Das kleine Bürgermeisteramt eines Kabylendorfes war tapeziert mit Zwangsversteigerungs-Anzeigen von zahllosen Parzellen.

Wollte man zum Amtsarzt vordringen, mußte man an seiner Hilfskraft vorbei, und die erlaubte den Besuch nur, wenn der Kranke ein Körbchen Eier oder Geflügel anbot. Der für den Straßenbau Zuständige gab Arbeit oder nicht, je nachdem, was der arme Kabyle ihm schenken konnte, und so ging es weiter.

Dann und wann sah ich über dem Kabylenland große Vögel mit nacktem Hals, scharfen Augen und krummen Schnäbeln kreisen – Geier…

Die Kabylei ist sehr dicht besiedelt, die Bevölkerungsdichte erreicht die von Belgien. Nach Azazga besuchte ich Tizi-Ouzou, das nur 200 Meter hoch an einer Hügelflanke gegenüber der imposanten Djudjura-Kette liegt. Ich war Gast der Rolland-Missions-Gesellschaft, die hier seit vielen Jahren ein Knabeninternat, eine Weberei für Mädchen und ein Heim für verstoßene Frauen unterhielt. Nach Landesgesetz mußte eine Frau, die der Untreue überführt war, sterben, der Mann übrigens auch, doch der hatte zuviele Komplizen zur Hand, er konnte der Justiz entschlüpfen, während die Unglückliche im allgemeinen vergiftet wurde. Ihre Freundinnen rieten ihr in diesem Fall, in die Ebene hinunter zu gehen, dort würden die

Franzosen sie schützen. Doch es gab keine Einrichtung, sie aufzunehmen, außer dem Bordell, der einzigen Zuflucht vor dem Tod. Deshalb hatte Missionar Rolland dieses Asyl aufgebaut, und von da an konnten Verwaltungsbeamte, Richter und Caids eine Verstoßene in dieses protestantische Heim schicken. Die Frauen wurden hier, unter Umständen auch mit ihrem Säugling, aufgenommen und, wenn möglich, verheiratet.

Dies letztere Problem war weniger schwer zu lösen, als dies scheinen mag. Freier mußten im allgemeinen ihre Frauen kaufen, im Heim bekamen sie sie gratis. Unter Mithilfe der Wirtschaftskrise kam es dahin, daß Bewerber ins Heim kamen, die auch das Kind adoptierten. So kehrte die Frau in ihre feste Ordnung zurück, und das Drama war zu Ende.

Das weiße Algier, wie ein Halbmond am Meeresufer gelegen, war kaum mehr als einen Kilometer breit, aber sieben bis acht Kilometer lang. Die Heilsarmee hatte einen Hauptversammlungssaal und einen Evangelisationsposten im Viertel Bab-el-Oued. Viele Leute kamen in die Versammlungen, unsere Bewegung machte sich gut, sie entwickelte sich, unsere Kameraden in Uniform verkauften wöchentlich 800 Zeitungen. Meine Freunde Bordas leiteten die Arbeit hier. Während ich die Versammlung im Hauptsaal hielt, übernahm der Leutnant die in Bab-el-Oued. Da sehr viele Leute gekommen waren, um mich zu hören, hatte der Leutnant nur wenige Besucher: eine Halbirre, ein nach fünf Jahren Zuchthaus Entlassener und eine verschleierte Nutte. Das Eingangslied wurde ein Solo des Offiziers, nach dem Gebet begann die Irre zu lachen; dann las der Leutnant ein Stück aus der Bibel, was die Nutte ergriff; sie stand auf und rief: „Gut haste gesprochen, hab' alles verstanden, war sehr gut!" Am Ende der Versammlung weinte der Strafentlassene; er hatte verstanden, und für ihn war dies alles der Mühe wert.

Bei meinem Vortrag war der Saal wie überall leider zu klein. Während in der Oper bei einem vom Bischof veranstalteten Vortrag nur 150 Menschen zusammenkamen mußten wir 300 abweisen, nachdem wir schon an die tausend untergebracht hatten. Die Wirkung war sehr groß, am nächsten Tag sprach die ganze Stadt darüber, die Zeitungen brachten lange Berichte und unsere Kameraden fühlten sich sehr ermutigt.

„Erinnern Sie sich an die Schnur, mit der wir aneinandergebunden waren?" fragte mich Bordas.

„Und ob ich mich erinnere!"

Wir schwelgten in gemeinsam verlebten alten Zeiten.

„Geht es Ihnen jetzt gut?"

„Ja, sicher, aber leider mußte ich meinen Aufenthalt in Guayana 1934 abkürzen, dabei hätte ich länger bleiben sollen."

„Vielleicht sollten Sie das nicht bedauern, denn wären Sie dort geblieben, wer würde die Arbeit tun, die Sie jetzt auf sich genommen haben? Ihre Vortragsreisen helfen uns ungeheuer."

Diese Überlegung machte mich nachdenklich. Tatsächlich, wäre ich in Guayana geblieben, hätte die Kampagne für die Abschaffung der Strafkolonie nicht in Gang gesetzt werden können, und ebenso wenig die Vorbereitung für eine Repatriierung der Entlassenen nach Frankreich oder Algerien.

Und seltsam, den gleichen Gedanken hatte Simonin mir vorgetragen.

Ich fühlte mich zurechtgewiesen, weil ich unzufrieden, ja fast unwillig über meinen schlechten Gesundheitszustand gewesen war. Gott weiß alles; was er tut, ist immer vollkommen, und was er zuläßt, immer notwendig.

Wieder fuhr ich am Meeresufer entlang, fast hundert Kilometer, bis Cherchell, das am Fuß der hohen Berge kauert. Der Ort steigt in Terrassen auf, in den Gärten standen Orangenbäume, und zu dieser Jahreszeit strahlte alles von blühenden Mimosen und weißen und rosa Mandelblüten.

Doch das Wetter trübte ein, der Schirokko, der im Süden wehte, brachte einen warmen Gruß aus dem Land der Dürre. Den nächsten Tag verbrachte ich in Blida, einer Stadt mit orangengesäumten Avenuen am Rand einer fruchtbaren Ebene voll üppiger Weingärten. Dann kam Miliana, 1200 Meter hoch auf einer Bergnase gelegen, von der aus man einen herrlichen Blick in das weite Tal hatte, dessen Ende die hohen Atlasgipfel abschlossen. Von hier fuhr ich durch die Chelif-Ebene nach Mostaganem. Das weiß schäumende Meer brandete wütend gegen die roten Felsen, die von tiefen Spalten durchfurcht, von Tamarindenbüschen, kleinen Palmen und weißem Ginster bewachsen waren.

Das Theater war am Abend brechend voll. Wie in Miliana schienen auch hier die Mädchen der höheren Schule samt ihren Lehrern sehr interessiert. Der nächste Tag war Sonntag, der Tag der Ruhe, doch nicht für mich. Am Morgen im protestantischen Gottesdienst hielt ich eine einfache Meditation über das Sonntagsevangelium; um 16 Uhr hatte ich in Ouilis den ersten Vortrag über die Strafkolonie zu halten, dann einen zweiten um 20 Uhr 30, als Fortsetzung des gestrigen im Theater. Die Heilsarmee in der Strafkolonie, Christus in der Strafkolonie. Ich war sehr müde.

Dennoch machte ich mich aufs neue auf den Weg ins Innere, und nachdem ich die Küste bis Mocta entlanggefahren war, kam ich auf die Strecke nach Colomb-Béchar, die über zwei, drei Hochflächen Höhe gewinnt. Mascara, eine Kolonistenstadt von 30000 Einwohnern empfing mich mit Wind und Regen, doch das hielt nicht lange an, und schon am andern Morgen zeigten sich der blaue Himmel und die strahlende Sonne wieder von ihrer besten Seite.

Die nächste Station war Sidi-Bel-Abbès. Obwohl heller Sonnenschein war, wehte die Luft sehr frisch. Diese Stadt in 600 Meter Höhe war das Zentrum der Fremdenlegion, von hier kam der Ersatz für die Truppen in Indochina, Syrien und Marokko. Der Fremdenlegionär unterzeichnete eine Verpflichtung auf mindestens fünf Jahre unter irgendeinem Namen und irgendeiner Nationalität und brauchte keinerlei Personalpapiere vorzulegen. Nach diesen fünf Jahren hatte er Anrecht auf Entlassung und Pension. Die Disziplin war hart und wurde von den Unteroffizieren, je nach der Nase ihrer Untergebenen, der Farbe der Wolken, der Hitze oder der Laune ihrer Holden gehandhabt.

Nun stieg die Strecke hinauf nach Tlemcen, das 900 Meter hoch, umgeben von Gärten, Ölbäumen und Kiefernwäldern, an einen Ausläufer des Atlas geschmiegt dalag. Die sehr arabische und sehr jüdische Stadt hatte zwei Besonderheiten: Das Araberdorf Sidi-bou-Medine, das ein wunderschönes Minarett überragte, beherbergte die schönste nordafrikanische Moschee des 12. Jahrhunderts, ein wahres Wunder an Marmorfiligran, Mosaiken, Onyx, eleganten Bögen und anmutigen Arabesken. Der Mufti ließ uns ausnahmsweise ein. Inmitten des Hofes ein Becken für die Waschungen, dann die Kuppel, deren Fenster die Sonnenstrahlen färbten und mit ihnen spielten. Von jedem Gewölbeschlußstein hing eine Lampe aus zisiliertem Kupfer, im Hintergrund war eine Nische, von der aus der Mufti die Gebete leitete. Nirgends eine Statue, kein Altar, nur Koranverse an den Wänden, eingesponnen in ein Labyrinth von Verzierungen. Es herrschte eine Atmosphäre der Ruhe und Sammlung wie in einer Kathedrale, hierher kamen die Menschen täglich, um zu einem Gott zu beten, den sie nicht materialisiert haben; er ist ihnen zu groß, als daß man ihn darstellen könnte. Die Schlichtheit hier hatte nichts Karges, nichts von der Strenge mancher protestantischer Kirchen, man fühlte sich angeregt und beruhigt zugleich. Hier wie überall konnte ich mich mit den religiösen Häuptern über meine Arbeit und den Repatriierungsplan unterhalten, den ich ihnen für den Tag anpries, an dem wir die Araber würden heimführen können; und hier wie überall fand ich die gleiche wohlwollende ernste Aufnahme. Die Ex-Sträflinge würden hier einen guten Empfang bekommen; um sie brauchte ich mir keine Sorgen zu machen. Am Westhang von Tlemcen dann ein zweites Dorf, Mansoura, von dem nur Festungsruinen und ein riesiger Turm übriggeblieben sind, und das Minarett einer zerstörten Moschee. Mansoura war eine marokkanische Stadt, die vor den Toren von Tlemcen erbaut wurde, um es zu schlucken – doch das Gegenteil geschah.

Ehe ich mich nach Marokko aufmachte, war noch Oran an der Reihe. Unterwegs kam ich durch Temouchen und Trois-Marabouts; diese eigenartigen Dörfer waren von einer Gruppe von Bauern gegründet worden, die aus den französischen Alpen gekommen waren und sich hier angesiedelt hatten. Jetzt waren sie alle Besitzer großer Höfe. Mit ihrem Glauben hatten sie ihren Arbeitseifer, ihren Mut und ihre protestantische Rechtschaffenheit mitgebracht. Die einzelstehenden Höfe sahen wie Burgen aus, sie hatten noch immer

Schießscharten und nur eine einzige Tür, mußten sie doch einst die Kolonisten gegen Leute schützen, denen es nach ihrem Hab und Gut, nach ihrer Haut und ihren Frauen gelüstete. Jeder kämpfte also für sich und legte die Waffe erst im Morgengrauen weg, um Hacke und Pflug zur Hand zu nehmen. Diese Pioniere einer friedlichen Eroberung starben ohne Ruhm, nachdem sie dies vorher brachliegende Land reich und fruchtbar gemacht hatten.

Oran war die Europäer-Stadt unter den Städten Nordafrikas. Franzosen, Spanier und Juden bevölkerten es, nur wenige Araber. Man konnte in den hügeligen Straßen spazieren gehen, ohne einem Burnus oder Fes zu begegnen. Der Rathaussaal quoll über von Menschen, bald waren auch die Zugangswege verstopft, man konnte nicht mehr hineinkommen. Nur bedauernd gingen die später Kommenden wieder weg. Im Saal mußten Dutzende stehen, andere saßen auf der Erde, die Gewandtesten auf den Fenstersimsen. Es war erstickend heiß. In der ersten Reihe saß der Bürgermeister, Pfarrer Lambert. Was für ein Mann! Er war zum Bürgermeister gemacht worden, weil er nahe bei der Stadt eine Trinkwasserquelle gefunden hatte; vorher mußten die Einwohner es jeden Morgen vom Wasserträger kaufen.

„Wie finden Sie heraus, daß sich da oder dort der Grundwasserspiegel anbohren läßt?" fragte ich ihn.

„Ich liebe so sehr den Wein, daß ich Angstzustände bekomme, wenn ich über Wasser gehe."

Vom Priester hatte er außer der Soutane nichts mehr, und sein Bischof knirschte darob mit den Zähnen.

In Oudjda ging die Sonne unter, als ich ankam, und die Grenzstadt zeigte sich mir in gleißendem Mondlicht mit weißen, von Palmen und Blumen umgebenen Häusern. Es gab alte Adelssitze und einige moderne Bauten wie die Ortsbehörde, in der ich mit den Protestanten des Ortes zusammentraf.

Um 22 Uhr nahm ich den Zug nach dem 350 Kilometer entfernten Fez. Vom Abteilfenster aus sah man öde Sandflächen, die durch die blasse Helle wie Theaterkulissen wirkten. Der Zug war bequem, auf 20 Grad geheizt. Nach einer kurzen Nacht, die Augen noch voll Schlaf, stieg ich um 5 Uhr 30 in Fez bei −3 Grad aus; der Pastor erwartete mich auf dem Bahnsteig.

Diese große Scherifen-Stadt war im Norden was Marakesch im Süden: echtes Marokko. Fez bestand eigentlich aus drei Städten, einer französischen mit modernen Gebäuden, Banken, Kinos und Geschäften, einer jüdischen, die klar getrennt von der französischen an die arabische anschloß, von der sie durch Handel und Geldverleihen lebte, und der Medina, der arabischen Stadt, die sich lang zwischen zwei Hügeln hinzog, trutzig umgeben von ihrer Lehmziegelmauer; hier wimmelte es von über hunderttausend Eingeborenen. In dieser Stadt wäre ich gerne herumgestreift, es war angenehm warm, der Frühling kündete sich in diesen ersten Februartagen an. Statt dessen nahm ich an einer Kriegsgerichtsverhandlung teil. Man saß zu Gericht über einen Legionär, der angeklagt war, seinen Kommandeur getötet zu haben, eine Tragödie, die zwei Opfer fordern würde, den Bataillonskommandeur, einen Venezolaner, der eine schöne Karriere gemacht hatte, und den Legionär, einen Russen, der zum Tod verurteilt wurde. „Er tötete, weil er stehlen wollte“, behauptete die Anklage. „Die Waffe wurde ihm vom Ausland in die Hand gedrückt“, sagte die Verteidigung. Drei Tage Verhandlung um die Leiche, Spiel um den Kopf des Angeklagten. Alles war ziemlich verworren, wo lag die Wahrheit? Das Gericht war nicht frei, es stand unter dem Druck der Zeitungen; die Beredsamkeit des Verteidigers, die Persönlichkeit des Anklägers, die Atmosphäre im Saal, die Temperatur und tausend andere Dinge beeinflußten seine Entscheidung. Wo war Gerechtigkeit?

Schließlich kam ich in Casablanca an, der Endstation meiner langen Reise. Die große Hafen- und Handelsstadt wirkte auf mich wie ein marokkanisches Marseille. Der letzte Vortrag.

Geschafft! Durch einen glücklichen Zufall konnte ich von hier aus mit dem Flugzeug nach Frankreich zurückkehren. Es war mein erster Flug. Eine dreimotorige frühere Kriegsmaschine beflog eine reguläre Linie Casablanca–Toulouse. Start war um 4 Uhr früh, fünf Passagiere gingen an Bord.

„Setzen Sie sich nach vorn“, sagte der Pilot, „das erleichtert das

Abheben."
Erste Zwischenstation: Tanger; zweite, unfreiwillige: Algeciras, wo
bei der Landung ein Reifen platzte. Er wurde repariert, wieder auf-
gepumpt, der Propeller von Hand angeworfen, der Motor hatte
Fehlzündungen – schließlich etwas wackliger Abflug.
Die dritte Zwischenstation war Barcelona, als schon die Nacht ein-
brach. Dann kam der Flug über die Pyrenäen, der den Pässen folgte.
Um 20 Uhr landeten wir in Toulouse.
Am nächsten Tag traf ich in Paris gleichzeitig mit dem Telegramm
ein, das mich ankündigen sollte.
Die Bilanz meiner Reise lautete: Hunderte von Kilometern zurück-
gelegt, Tausende von Menschen interessiert, 17 835 Francs gesam-
melt und vor allem Kontakte im Blick auf die Zukunft angeknüpft.
Aber was war das für ein Leben gewesen! Meist mußten Züge und
Omnibusse schon beim Morgengrauen erreicht werden, jeden
Abend galt es, einen 90-Minuten-Vortrag zu halten, darauf folgte
eine Diskussion, dann Gespräche, die sich bis 23, 24 Uhr hinzogen.
Meine Korrespondenz wickelte sich im Telegrammstil ab, und die
Post rannte hinter mir her...

Dritter und vierter Aufenthalt in Guayana

Kommissar Peyron war mir ein ausgezeichneter Führer gewesen;
sein Nachfolger, Kommissar Isely, bremste den Fortgang meiner
Sache nicht nur nicht, sondern er war mir auch durch seine Klugheit
und sein Vertrauen eine unschätzbare Hilfe. Er beriet mich sehr
überlegt und war mir bei der Fertigstellung meines zweiten Buches
über die Strafkolonie behilflich. Das erste, „Terre de Bagne", stellte
das Problem heraus und legte den Plan fest, was wir tun konnten.
Das zweite erzählte, was wir wirklich taten. Die Nouvelle Revue
Française übernahm es, für die Veröffentlichung zu sorgen. Pierre
Hamp schrieb das Vorwort dazu, es bekam den Titel „Le Salut

des Parias" (Das Heil der Ausgestoßenen).

Vom Publikum wurde das Buch gut aufgenommen, aber nicht von der Strafkolonie-Verwaltung. Die Beamten der Kommission warfen mir manche kritische Äußerung vor, sie seien dem Strafvollzugssystem gegenüber übelwollend! Ich hielt das für ein gutes Zeichen. Wir schickten das Buch an zahlreiche Parlamentarier. Die Presse unterstützte unsere Aktion durch ihre Besprechungen, der Strom schwoll an, was es mir erleichterte, die herabsetzenden Bemerkungen der Herren aus der Rue Oudinot zu ertragen. Auch die Presse in Algerien, Tunesien und Marokko berichtete über die Neuerscheinung, ebenso die Belgiens und der französischen Schweiz.

Alles ging gut, jetzt durfte man nur die Geschwindigkeit nicht drosseln. Über all das sprach ich mit dem Kommissar in seinem Büro, als ein Telefonanruf unsere Unterredung störte:

„Hallo! Ist dort die Heilsarmee?"

„Ja."

„Eine Gruppe von Salutisten sitzt an den Tischen vor einem Café, sie trinken und rauchen und die uniformierten Frauen sind stark geschminkt. Es ist ein Skandal!"

„Aber das ist doch gar nicht möglich! Da muß eine Verwechslung vorliegen, Salutisten sind abstinent und rauchen nicht."

„Aber ja, sie sind in Uniform, und die Frauen haben das Hütchen auf, das man kennt."

„Wo ist das?"

Der Anrufer nannte ein Café in Neuilly und gab seinen Namen an. Da ich als einziger im Hauptquartier einen Wagen hatte, bat mich der Generalsekretär, mit ihm zu fahren, um die Angelegenheit zu klären. Innerhalb weniger Minuten waren wir an Ort und Stelle, und als der Wagen hielt, trauten wir unseren Augen nicht. Doch diese Salutisten sahen merkwürdig aus, und wir kannten nicht einen davon. Im übrigen betrachteten sie uns genau so neugierig wie wir sie, als plötzlich ein sehr schönes Mädchen auf uns zutrat und uns die Hand entgegenstreckte: Michèle Morgan. Großes Gelächter über das ganze Durcheinander! Es waren die Künstler, die den René Lefèvre-Film „Les Musiciens du Ciel" drehten, sie lächelten uns zu und freuten sich, daß wir sie besuchten, und als wir erzählten, warum wir gekommen waren, amüsierten sie sich sehr.

In meinem Rechenschaftsbericht über die Nordafrika-Reise machte ich dem Kommissar deutlich, daß es nicht allzu schwer sein dürfte, die nordafrikanischen Sträflinge, die wir repatriierten, wieder einzugliedern. Diese Überzeugung hatte ich in den vielen Gesprächen mit muslimischen und christlichen Honoratioren, betroffenen Familien und den Behörden gewonnen.

Eines Morgens fand ich bei der Ankunft im Büro einen sehr beunruhigenden Brief aus Saint-Laurent vor. Der junge Kapitän hatte zwei Entlassene, die mit Messern aufeinander losgegangen waren, trennen wollen. Fast hätten sie ihm den Bauch aufgeschlitzt, er kam nur mit dem Leben davon, weil er einem der Raufbolde, der sich auf ihn gestürzt hatte, den Arm brach. Ich wußte, wie stark der Kapitän war, und freute mich, daß er dem Anschlag entronnen war. Doch nun nahm die Angelegenheit eine verblüffende Wendung. Weiterlesend erfuhr ich, daß eine Stunde später die Polizei gekommen war und den Kapitän verhaftet hatte; der Staatsanwalt bezichtigte ihn der absichtlichen Körperverletzung. Ich mußte das zweimal lesen, um mich zu vergewissern, daß ich mich nicht täuschte. „Unser Mut ist ziemlich gesunken", schloß der Heimleiter, „aber wir unterstützen unseren Kameraden, so gut wir können. Die Situation ist ernst, unser Leben in Gefahr. Ein Glück, daß der Herr da ist, ihm vertrauen wir."

Ich stürzte zum Kommissar. Zusammen studierten wir den Brief. Die beiden Männer, die miteinander rauften, waren Araber, der eine, bekannt für seine Gewalttätigkeit, war zweimal wegen Mord verurteilt. Der Vorfall hatte sich um 22 Uhr im Schlafsaal zugetragen, der Koch hatte den Offizier geholt, und als dieser die Gegner zur Vernunft bringen und aus dem Schlafsaal entfernen wollte, stürzte sich der Rasende auf ihn.

Das eigentlich Schlimme war die Haltung des Direktors der Strafkolonie-Verwaltung in Saint-Laurent, der den Kapitän verhaften ließ, und des Staatsanwalts, der ihn unter Anklage stellte. Wut stieg in mir auf, wenn ich an all die Sträflinge dachte, die unter aktiver oder passiver Bestechung von Leuten gestorben waren, die bloß darüber lachten. Und nun hielt man sich an den harmlosesten unserer Offiziere. Natürlich war das die Rache der Strafkolonie, die wir ohne Unterlaß angriffen.

Als ich mittags nach Hause kam, sah meine Frau meine sorgenvolle Miene und fragte:

„Was gibt es denn?"

Ich reichte ihr den Brief des Majors. Sie war bestürzt. Nach langem Schweigen sagte sie:

„Ich glaube du mußt das nächste Schiff nehmen..."

Nachmittags ging ich zum Ministerium, wo man erklärte, man könne in dieser Sache nichts tun. Dann suchte ich das Büro einer Schiffahrtsgesellschaft auf, sechs Tage später fuhr ein Schiff nach Cayenne. Ich telegrafierte meine Ankunftszeit nach Saint-Laurent und meldete mich dann wieder beim Kommissar.

„Es ist gut, daß Sie nach Guayana fahren, es sind schon zwei Jahre, daß Sie dort waren, und Sie können, von dieser Affäre ganz abgesehen, an Ort und Stelle klaren Einblick über den Entwicklungsstand unserer Einrichtungen gewinnen, vor allem über die wirtschaftliche Seite unserer Tätigkeit."

Es war tatsächlich nicht leicht, das Geld zu sammeln, das man zur Unterstützung der Arbeit für die „schlechten Subjekte" brauchte. Außer dem, was meine Vorträge einbrachten, mußten die nötigen Mittel mindestens teilweise von den Einrichtungen selbst erwirtschaftet werden.

„Und Ihre Familie?" fragte der Kommissar. Sicher, das war das Schmerzliche an der Sache, die ständigen Trennungen legten meiner Frau die ganze Last der Verantwortung für unser Heim und die drei Kinder auf die Schultern. Aber auch sie war Offizierin, ihre eigene Berufung ließ sie meine Aufgabe verstehen und ganz teilen. Trotz allem, was diese monatelange Abwesenheit bedeutete, ließ sie mich reisen.

Ich ging in Cayenne von Bord. Meine Kameraden erkannten an meinem raschen Kommen, wie sehr wir an ihren Schwierigkeiten Anteil nahmen und welches Interesse ihnen das Pariser Hauptquartier entgegenbrachte. Für sie bedeutete es Sicherheit, zu wissen, daß sie nicht allein standen.

In Montjoly machten besonders unsere Bananenpflanzungen Fortschritte, und ein halbes Dutzend Pflanzer hatten sich, ermutigt durch unsere Erfolge, ebenfalls auf diesen Anbauzweig verlegt, der alle Chancen hatte, etwas abzuwerfen, und sei es durch die Prämie, die die französische Regierung jedem Pflanzer zugestand, der aus den Kolonien stammende Bananen nach Frankreich importierte. Mit Genehmigung des Gouverneurs bildeten wir eine Genossenschaft der Bananenpflanzer, deren Vorstand mich beauftragte, ihre Interessen im Mutterland, vor allem bei den Frachtschiffs-Gesellschaften, zu vertreten.

Meine meiste Zeit wurde selbstverständlich von „der Affäre" in Anspruch genommen, wie wir es nannten. Nach vielen Vorsprachen hatte ich ein letztes, vierstündiges Gespräch mit dem Chef der Kolonie; ich brachte ihm den Dolch, den der Araber nach seinem Angriff auf den Kapitän weggeworfen hatte. Von den Untersuchungsbeamten war dieses Beweisstück nicht mitgenommen worden.

„Würde unser Kollege angeklagt", sagte ich zu ihm, „wäre das eine so ungeheuerliche Ungerechtigkeit und so gefährlich für unsere Offiziere, daß wir sie wahrscheinlich alle nach Frankreich zurückberufen und Ihre Verwaltung dafür verantwortlich machen müßten." Der Gouverneur war sehr ärgerlich, denn die Justizmaschine lief. Ich schloß:

„Nicht nur in Frankreich würden wir über die Affäre berichten, sondern überall auf der Welt, wo die Heilsarmee arbeitet."

Vierzehn Tage später verfügte die Anklagebehörde von Cayenne, entrüstet über diesen Angriff auf uns, die Niederschlagung des Prozesses.

Ein tiefer Seufzer der Erleichterung –, doch unser Kampf war nicht zu Ende, ganz im Gegenteil.

Und in diesem Kampf kämpften wir mehr auf den Knien im Gebet als durch Aktionen und Vorstöße.

Unser Heim in Saint-Laurent sammelte zahlreiche betagte Entlassene, die ein regelrechtes Gewerbe aus dem Tierhandel machten.

Bei der Rückkehr nach Frankreich sollte ich Absatzmöglichkeiten für diese seltsame Ware ausfindig machen, für Insekten aller Art, Käfer, Vögel, Reptilien usw.; die Entomologen würden sich freuen. Nachdem ich auch dem Sumpffieber meinen Zoll entrichtet hatte – was meine Kollegen amüsierte, sie hatten solche Attacken ziemlich häufig zu bestehen –, dachte ich an die Rückreise, doch nicht ohne eine gewisse Besorgnis, denn die Fortschritte bei unserer Tätigkeit in Guayana waren zwar ermutigend, doch wurden die Schwierigkeiten, denen sich meine Kollegen gegenüber sahen, zahlreicher und bedeutender.

Die anfängliche Begeisterung der Entlassenen hatte einer fordernden Einstellung Platz gemacht, die von einigen übelwollenden Leuten genährt wurde. Auch die Haltung der Behörden uns gegenüber verhärtete sich. Unsere Erfolge in Frankreich riefen Reaktionen in Guayana hervor. Gewisse Schikanen, denen unsere Offiziere ausgesetzt wurden, waren Symptome wachsender Feindseligkeit. Das verwundete Ungeheuer wurde bösartig. Ich riet meinen Kollegen, sich in acht zu nehmen, und verabschiedete mich von ihnen. Beladen mit Nachrichten von ihnen und einer Menge Briefe ging ich aufs Schiff.

Bei der Zwischenlandung in Santander wunderte ich mich, daß ich keinerlei Post von zu Hause vorfand. Drei Tage später in Saint-Nazaire kein Mensch, keine Nachricht. Was war los? Drei Monate war ich nun von meiner Familie getrennt, und seit drei Wochen hatte ich kein Wort von ihr gehört.

Bei der Ankunft in Paris erwartete mich der Sekretär des Kommissars.

„Ihrer kleinen Tochter geht es nicht gut, deshalb konnte Ihre Frau nicht an den Bahnhof kommen." Er schob mich in ein Taxi.

Als die Wohnungstür geöffnet wurde, hörte ich das Freudengeschrei der Kinder, die sich auf mich stürzten, nur die Älteste nicht, sie rief von ihrem Bett aus und streckte mir die Arme entgegen: „Papa, Papa…" Meine Frau führte mich sehr bewegt ans Bett.

„Schau, Papa, ich kann nicht mehr gehen", und sie ließ das Beinchen am Bettrand baumeln.

Meine Frau zog mich aus dem Zimmer.

„Polio – sie ist gelähmt. Seit einem Monat. Ich wollte dir nicht telegrafieren, du hättest doch nicht zurückkommen können, und die Sorgen hätten dich belastet. Dabei brauchtest du alle Kraft dort bei unseren Kameraden, um die ernsten Probleme zu lösen, die sie haben."

Es preßte mir das Herz zusammen, daß ich hätte schreien mögen. Unser hübsches kleines Mädchen, das ich vor drei Monaten hatte wie ein Zicklein herumspringen sehen – warum, mein Gott, warum? So nistete sich die Krankheit mit ihrem häßlichen Gesicht bei uns ein. Und dennoch mußte es weitergehen. Die Zuneigung unserer Freunde verdoppelte sich, aber auch unser Glaube und Gottes Gnade; die ständige Prüfung ließ in uns ständigen Mut erwachsen. Teilten wir nicht schließlich das Los aller Menschen? Nur hatten wir das Privileg, daß wir unsere Last nicht alleine trugen. Die Bürde des Lebens, unter der jeder sein Dasein hinbringt, konnten wir teilen mit einem anderen, der uns zur Seite ging. Wie frisches Wasser war uns das Wort Jesu: „Nehmt auf euch mein Joch, denn es ist sanft…"

Die Abschaffung der Strafkolonie

Ich war kaum zurückgekommen, als ich auf meine Bitte um ein Gespräch ins Justizministerium gerufen wurde. Die Zusammenkunft war sehr herzlich. Minister Rucart sagte zu mir:

„Wenn ich Gelegenheit dazu habe, versäume ich nie, über die Heilsarmee zu sprechen."

Ich dankte ihm.

„Danken Sie mir nicht. Ich vergesse es nicht, daß ich durch Sie die Frage der Strafkolonie in Guayana kennengelernt habe."

Dann informierte er mich, daß eine Kommission aus Juristen und hohen Beamten des Justiz- und Kolonialministeriums gebildet werde, das die Modalitäten der Abschaffung der Strafkolonie studieser solle. Er wünsche, daß ich daran teilnehme. Er selbst werde die erste Sitzung leiten, zu der ich eingeladen würde.

Dann berichtete ich dem Minister über meine letzte Reise nach Guayana und legte ihm dar, wie notwendig es sei, für die Rückführung der Entlassenen nach Frankreich eine Organisation zu schaffen. Schließlich sagte er bereitwillig zu, die Schirmherrschaft für eine Veranstaltung zu übernehmen, die der Kommissar Ende Oktober in einem öffentichen Saal abhalten wollte. Er wünschte, daß aus diesem Anlaß außer einigen Herren aus der Rechtspflege und seinem Ministerium auch hohe Beamte des Kolonialministeriums und alle anderen Persönlichkeiten eingeladen würden, die uns bei der Organisation unserer Einrichtungen in Guayana behilflich gewesen waren. Die Dinge gingen zügig voran, und am 2. Oktober fand die erste Sitzung der interministeriellen Kommission für die Abschaffung der Strafkolonie statt. Am 14. Oktober schrieb Senator Justin Godard an alle seine Kollegen, Abgeordnete und Senatoren, Minister und sonstige Persönlichkeiten:

„Ich habe die Freude, Ihnen mitzuteilen, daß die Heilsarmee einen Vortrag über das Problem der Strafkolonie in Französisch-Guayana veranstaltet. Der Herr Justizminister gibt uns die Ehre und übernimmt die Schirmherrschaft…"

Die Veranstaltung war ein bemerkenswerter Erfolg. Die hochgestellten Persönlichkeiten, die auf der Estrade saßen, hatten einhellig für die Abschaffung der Strafkolonie optiert. Die Salle Gaveau war voll. In einer Loge neben der des Justizministers saß einer unserer Entlassenen mit seiner Frau; ich hatte die beiden eingeladen. Keiner kannte ihn, und doch war er eines der schönsten Beispiele für die Wiedereingliederung in die Gesellschaft: Er arbeitete nun als Kassenverwalter in einem bedeutenden Verlag und bewies, daß bei den Rückkehrern nicht Hopfen und Malz verloren war. Allerdings war sein Erfolg eine Ausnahme.

Die Sitzungen der Kommission für die Abschaffung der Strafkolonie fanden etwa wöchentlich statt. Schließlich, Anfang 1938, übergab sie ihre Schlußfolgerungen dem Justizministerium. Das Journal Officiel veröffentlichte den Bericht an den Präsidenten der Republik und das Dekret über die Strafkolonie:

Herr Präsident,

seit Jahren wird immer wieder scharfe Kritik an der Strafkolonie in Guayana geübt, obwohl sich inzwischen manches an der Lebenshaltung der Deportierten verbessert hat. Tatsächlich scheint dieser Strafvollzug keineswegs abschreckend zu wirken, auch bietet er den Verbrechern keinerlei Möglichkeit zur Besserung und Ehrenrettung. Andererseits schadet die Tatsache, daß in der einzigen französischen Besitzung auf dem amerikanischen Festland eine Deportierten- und Strafkolonie besteht, dem Ansehen Frankreichs, sowohl in Lateinamerika als auch in den Vereinigten Staaten. Die ausgebrochenen Sträflinge breiten sich in Brasilien, Venezuela, Kolumbien aus, wo sie überall gefährliche und ungesunde Gruppen bilden und ein Mißtrauen erwecken, das sich auch auf unsere unbescholtenen Mitbürger erstreckt. Eine solche Lage kann nicht länger geduldet werden, ohne Frankreichs Prestige zu beeinträchtigen. Außerdem muß eine Strafe, wenn sie bessernd wirken soll, den Verbrecher zu regelmäßiger Arbeit anhalten. Die Erfahrung hat jedoch gezeigt, daß die Sträflinge in Guayana infolge des Klimas als Arbeitskräfte für die Kolonisation nicht in Frage kommen. Eine Besserung der Sträflinge durch die Zwangsarbeit in der Kolonie erscheint demnach ausgeschlossen. Die Auflösung der Strafkolonie soll auf die Weise erfolgen, daß der Nachschub eingestellt wird; Guayana kann sich so nach und nach an eine neue Wirtschaft anpassen. Es wird also nicht zur Debatte stehen, die schon deportierten Sträflinge nach Frankreich zurückzuführen.

Dies, Herr Präsident, sind die Vorschläge, die wir Ihnen zur Zustimmung vorlegen.

Nach Anhörung des Ministerrates erging folgender Erlaß:

„*Artikel 1:* Die Strafe der Zwangsarbeit wird in einem Zuchthaus verbüßt mit der Verpflichtung zur Arbeit und der Verhängung von Einzelhaft bei Tag und Nacht.

Artikel 3. Für alle Verurteilten, die ihre Strafe verbüßen, seien sie nun in eine Strafkolonie deportiert oder nicht, wird vom Tage der Bekanntmachung dieses Erlasses an die zeitweilige Zwangsaufenthalt, den der Artikel 6 des Gesetzes vom 30. Mai 1854 vorschreibt, ersetzt durch ein Aufenthaltsverbot in gleicher Länge und der Zwangsaufenthalt auf Lebenszeit, der im selben Text vorgesehen ist, durch ein Aufenthaltsverbot von zwanzig Jahren.

Artikel 4: Die entlassenen Deportierten, die jetzt zwangsweise in der Kolonie festgehalten werden, werden einem Aufenthaltsverbot für die gleiche Zeitdauer unterworfen, die sie noch in der Kolonie bleiben müßten, und im Fall lebenslänglichen Zwangsaufenthaltes einem Aufenthaltsverbot von zwanzig Jahren, gerechnet vom Zeitpunkt ihrer Strafverbüßung an.«

So stand es im Journal Officiel vom 21. Juni 1938.

Ein paar Wochen später rief mich Kommissar Isely in sein Büro; wir sprachen von der Schlacht, die wir anscheinend gewonnen hatten.

»Ich habe einen Anruf vom Justizministerium bekommen...« Er sah mich spitzbübisch an. »Man hat mich gefragt: ›Meinen Sie nicht, Monsieur Péan sei reif für die Ehrenlegion?‹«

Diese Nachricht verblüffte mich.

»Aber, Herr Kommissar, das steht doch Ihnen zu, dem Chef, und nicht mir. Sie haben...«

»Nein. Sehen Sie, ich bleibe nicht mehr so sehr lange in Frankreich, und wir Schweizer haben keine Orden. Aber Sie haben noch ihre ganze Karriere vor sich, und das wird ihnen viel helfen. Vor allem bei der Form, die Ihre Arbeit gegenwärtig annimmt.«

Wieder ein paar Wochen später war meine Frau bei unserem Bäcker.

»O, Madame Péan, ich habe in der Zeitung das Foto von Monsieur Péan gesehen, er hat den Stern der Ehrenlegion bekommen.«

Durch diese brave Frau erfuhren wir die Neuigkeit.

Im Hauptquartier wurde für uns ein freundschaftlicher Teenachmittag veranstaltet. Als der Kommissar mir das Wort erteilte, drückte ich meinen Dank den anderen gegenüber aus, denn wenn ich diese ehrenvolle Auszeichnung erhalten hatte, so wegen des großartigen Zusammenhaltes, der uns im Dienst miteinander verband, vom Kommissar angefangen bis zu den Kameraden in Guayana, den Posten-Offizieren und Leitern unserer Einrichtungen

in Frankreich und Algerien, die keine Zeit und Mühe scheuten, um verlorenen Menschen zu einem neuen Leben zu verhelfen.
„Sie alle verdienen diese Auszeichnung", sagte ich.
Und der Kommissar schloß in seiner üblichen humorvollen Art:
„Dann schlage ich vor, daß der Orden von allen Abteilungschefs der Reihe nach einen Tag wöchentlich getragen wird und vom Major am Sonntag!"
Großes Gelächter.
Als Generalgouverneur Olivier bei einer Versammlung im „Palais der Frau" das Kreuz an meine Uniform heftete, erzählte ich, wie Gott vor fast zwanzig Jahren in Audincourt mein Herz angerührt hatte, als ich erlebte, daß die Salutisten der Familie eines Trinkers zu Hilfe kamen, und wie ich mich kurz danach rückhaltlos dem Dienst Jesu Christi verschrieb.
Doch ich hatte kaum Zeit zu verschnaufen, denn wenn wir auch ein paar Kämpfe gewonnen hatten, so blieb unser Weg doch noch gespickt mit Hinterhalten und Fallgruben. Trotz des Gesetzes, das die Strafkolonie abschaffte, wurde ein Transport von 600 Mann zusammengestellt, der von Saint-Martin-de-Ré nach Saint-Laurent abgehen sollte. Ich suchte den Direktor der Strafvollzugsverwaltung auf und drückte ihm mein Erstaunen aus.
„Das Gesetz hat die Deportierung in die Kolonie abgeschafft, das ist ein Sieg, gewiß, aber die Verbannung wurde aus materiellen Gründen beibehalten, wir haben in den Gefängnissen in Frankreich keinen Platz, man muß uns Zeit lassen zum Bauen".
Ich wurde ironisch:
„Man hat die Sträflinge aus Neu-Kaledonien, wo das Klima ausgezeichnet ist, weggeholt, weil sie zu lange lebten. In Cayenne sterben sie rasch. Das ist praktisch und sparsam, nicht wahr?"
„Man muß zugeben, daß die Gesetzgeber in der Deportation als Strafe eine Auslöschung sahen", antwortete er.
In mir stieg Ekel auf.
Das Schiff La Martinière würde also wie vorgesehen in See stechen. Das Untier war nur verwundet, es biß noch immer um sich. Und ich hatte gehofft, ich könnte endlich die Kampfwaffen niederle-

gen...

Der Transport nahm seine traurige Ladung von Menschenvieh an Bord, dann nahm er Kurs auf Algier, um noch mehr zu übernehmen. In Saint-Laurent-du-Maroni triumphierte die Strafkolonie-Verwaltung, und die Zeitung Paris-Midi schrieb:

„Rührung, Erinnerungsfotos! Vor ein paar Monaten beschlossen Marc Rucart und Marius Moutet, Minister der Justiz und Minister für die Kolonien, durch Gesetzeserlaß die Abschaffung der Strafkolonie. Der „La Martinière", die in so vielen Berichten, Erinnerungen, sogar Filmen eine Rolle gespielt hatte, wurde die Ehre der Wochenschau zuteil: Man demontierte die berühmten Käfige.

Die hohen Beamten, die Moralisten, die Parlamentarier aus Guayana drückten ihre Befriedigung aus.

Und dann – die Zeit verging, und wir erfuhren, daß der unglückselige Transport von Sträflingen nach Südamerika weitergehen wird mit 850 Verbannten als Ladung. Diejenigen, die sich freuten, reiben sich die Augen. ›Ist die Deportation abgeschafft worden, ja oder nein?‹ so fragen sie sich.

Vor kurzem wurde veranlaßt, daß man auf der „La Martinière" die Käfige wieder anbringt. Und Guayana, das gerade freier Atem geholt hatte, sieht aufs neue eine düstere Zukunft vor sich."

Als ob dieses Mißgeschick nicht genug gewesen wäre, erhielten wir umfangreiche Post aus Cayenne, wo neue Schwierigkeiten zwischen der Strafkolonie-Verwaltung und unseren Offizieren aufgetaucht waren, dazu Reibereien zwischen den Offizieren auf dem Gutshof und denen in Cayenne.

Als ich eben dabei war, diese Korrespondenz zu studieren, verlangten zwei alarmierende Telegramme mein Eingreifen. Das klang ernst. Ich wartete auf die Rückkehr des Kommissars, der auf einer Rundreise war, und machte ihm Meldung über das Vorgefallene.

„Ich glaube, ich werde hinfahren müssen", sagte ich ohne große Begeisterung zu ihm.

„Das glaube ich auch, aber ich wollte Sie nicht darum bitten."

Mittags ging ich nach Hause, müde von all dem Durcheinander und den Enttäuschungen. Meine Frau befaßte sich mit den Dokumenten, dann schwiegen wir lange, weil keiner von uns sich auszusprechen traute, was wir als unsere Pflicht erkannten.

Es war Anfang Januar 1939. Das nächste Schiff fuhr in knapp einer Woche. Uniformen mußten hergerichtet, Papiere besorgt, offizielle Besuche gemacht werden – eine fieberhafte Aktivität entfaltete sich. Ich küßte unsere beiden Ältesten, die in diesem Abschied nichts anderes sahen als die Vorbereitung auf eine schöne Reise, die sie auch gern machen würden, dann die Kleine, die Klettertouren veranstaltete, um an meine Wange heranzukommen, und dann das Baby, das sich an dem Trubel freute. Ich vertraute sie ihrer Mutter an, und ihr klarer, ruhiger Blick sprach von Mut und Zuversicht. An Bord fand ich einen aufmunternden Brief meiner treuen Weggefährtin und fühlte mich gestärkt.

Trotz eines Sturms, der eine ganze Woche lang tobte, war die Seereise für mich eine Erholung. In Cayenne kamen nach meiner Ankunft die Dinge wieder zur Ruhe, nach Aufregungen und Konflikten kehrte man zur Ordnung zurück. Es war der Name Jesu, im Gebet ausgesprochen und wirklich gemacht, der jeden wieder an seinen Platz stellte, den Dingen ihren wahren Wert zurückgab.

Zudem muß man sagen, daß in den Tropen Schwierigkeiten rasch ein scheinbares Ausmaß annehmen, das in keinem Verhältnis zur Wirklichkeit steht. Nach ein paar Jahren Aufenthalt dort werden die Menschen gereizt, es entstehen Spannungen. Wie hätten wir da aushalten können ohne die immer neue Hilfe Gottes? Tagtäglich kamen wir Offiziere zum gemeinsamen Gebet zusammen, und unser ganzes Wesen, Körper und Gefühl, wurden davon erquickt.

Nach der Rückkehr nach Frankreich war ich eben dabei, meinen Rechenschaftsbericht über den Aufenthalt in Guayana fertig zu machen, als mich der Kommissar rufen ließ. Ich überbrachte ihm die Grüße und Neuigkeiten von unseren Leuten in Guayana, er hörte aufmerksam zu. Dann schwieg er, er machte mir einen betrübten Eindruck. Was gab es sonst noch?

„Ich habe Sie rufen lassen, weil ich möchte, daß Sie es erfahren, bevor die Nachricht offiziell verbreitet wird: Ich ziehe mich aus dem aktiven Dienst zurück."

Das war eine schlechte Nachricht.

„Für die Heilsarmee in Frankreich wird das ein Schock sein. Sie haben in den fast fünf Jahren soviel getan, und mir waren Sie eine solche Unterstützung..."

„Ich habe keine Kraft mehr weiterzumachen. Ich kann nicht mehr schlafen. Das Territorium ist schwer zu leiten. Ich will auch in Zukunft aus besten Kräften helfen und in den Grenzen meiner Möglichkeiten literarisch arbeiten. Und, bitte, ich möchte keine Abschiedsversammlung, ich könnte weich werden."

Am 30. April verließen Kommissar Isely und seine Frau Frankreich, an ihre Stelle trat Kommissar Barrett. Als Isely einmal mit mir über seinen Nachfolger sprach, den er gut kannte, sagte er mit humorvollem Lächeln:

„Unglücklicherweise glaubt er, er könne französisch... aber er ist der einzige, der das glaubt."

In Wirklichkeit konnte er Französisches lesen und teilweise verstehen, was man ihm sagte.

René Lefèvre, dessen Film „Les Musiciens du Ciel" eben angelaufen war, lud unseren Chor zu einer Rundfunksendung ein und sagte dabei auch dem Kommissar Adieu:

„Sie verlassen uns also, lieber Kommissar, liebe Madame Isely. Sie haben mir viel Gutes getan. Als ich Ihnen das einmal sagte, gaben Sie mir zur Antwort: ‚Ich bin bloß der Briefträger, ich bringe ihnen nur die Gute Botschaft. Danken müssen Sie deren Autor.' Sie haben recht, aber man fühlt sich auch mit dem Briefträger verbunden, der sie bringt, besonders wenn er so freundlich und taktvoll ist wie Sie."

Ich selbst wurde vorübergehend zum Handlungsreisenden, der die Bananen von Montjoly in die „Hallen" brachte und die Kisten mit Insekten zu den Präparatoren und Entomologen.

Endlich kamen auch unsere Entlassenen in regelmäßigen Abständen zurück. Für sie machte ich noch eine Reise nach Nordafrika. Der nächste Transport würde 35 Männer bringen, davon 20 Nordafrikaner. Damit hätten wir die Zahl von 800 Repatriierten erreicht, und das zum Glück ohne allzu viele Fehlschläge, nur ein paar Verhaftungen wegen Landstreicherei oder Übertreten des Aufenthaltsverbotes, vor allem, wenn der Winter näherrückte – im Gefängnis bekam man zu essen und war vor der Kälte geschützt.

Die Begrüßungsversammlung für Kommissar Barrett fand am 4. Juni 1939 statt, als der politische Horizont sich schon gefährlich verdüstert hatte. Er machte mich zu seinem Privatsekretär, was mir weder gefiel, noch zustand. Um mich zu trösten, sagte er zu mir: „Sie können sich weiter mit den Dingen in Guayana beschäftigen." Ich arbeitete gerade einen Monat mit ihm zusammen, da brach der Krieg aus.

Er änderte nichts am Bestehen der Strafkolonie, und so dauerte auch die Arbeit der Heilsarmee weiter an. Ab 1947 widmete sie sich hauptsächlich der Heimführung der Sträflinge nach Frankreich und Nordafrika, etwa 3000 Menschen wurden von ihr betreut. Erst der Juli 1953 brachte den endgültigen Schlußpunkt unter die Geschichte der Teufelsinsel als Strafkolonie.

Konstanzer Taschenbücher